일본군'위안부' 문제의
무시효성

일본군'위안부' 문제의 무시효성

초판 인쇄 2020년 12월 15일 **초판 발행** 2020년 12월 30일
지은이 박용구 외 **펴낸이** 박성모 **펴낸곳** 소명출판
출판등록 제13-522호 **주소** 서울시 서초구 서초중앙로6길 15, 1층
전화 02-585-7840 **팩스** 02-585-7848
전자우편 somyungbooks@daum.net **홈페이지** www.somyong.co.kr

값 18,000원
ISBN 979-11-5905-569-0 93910

이 저서는 2018년 대한민국 교육부와 한국연구재단의 지원을 받아 수행된 연구임
(NRF-2018S1A5A2A03038605)

일본군 '위안부' 문제의

박용구·고케쓰 아쓰시 편

No Statute of Limitations on the Issues of "Comfort Women" in the Japanese Military Forces

무시효성

한국외국어대학교 일본연구소에서는 2018년 12월 '위안부' 문제를 가지고 국제학술대회를 개최하였다. 글로벌한 시야에서 바라봤을 때 일본 정부 및 우익 세력들의 노선이 얼마나 갈라파고스화된 것인지를 부각시키기 위해 주제는 '일본군 '위안부' 문제의 국제화'로 정했다.

주제에 관한 대화를 나누던 중 사석에서 호형호제하며 지내는 고케쓰 아쓰시교수로부터 '국제성과 무시효성'이란 말을 듣는 순간 심포지움의 방향이 명확히 정리되었다. 평상시 느껴왔던 고케쓰 교수의 관록에 감탄하면서.

'위안부' 문제가 처음 수면 위로 떠올랐던 1990년대 초와 비교해 볼 때 지금 두 가지의 새로운 국면이 전개되고 있다. 하나는 식민 지배국 일본과 피지배국 한국 사이의 민족 문제에서 국제사회의 구성원으로서 존중받아야 할 여성인권의 문제로까지 스펙트럼이 넓어진 것이다. 이처럼 '위안부' 문제의 본질을 여성인권에 대한 말살 행위로서 국제사회에 자리매김시킨 것은 그동안의 '위안부' 투쟁이 일궈낸 커다란 성과이다. 또 하나는 30년 가까운 세월이 지나는 동안 초고령화한 '위안부'들이 머지않아 이승에 존재하지 않게 될 것이란 점이다. 피해 당사자인 '위안부'가 사라진다는 것은 '위안부' 투쟁사에 있어 중대한 전환점이 될 것이다. '위안부' 문제는 모두 죽으면 해결될 것이라는 아베 신조安倍晋三를 비롯한 역사수정주의자들의 내심이 심히 우려되는 바이다.

'일본 정부는 우리들이 다 죽기를 바라고 있다.' 이는 국내에서 일본군의 만행을 최초로 공개 증언한 고故 김학순 '위안부'의 발언이다. 비단 김학순만이 아니라 죽음을 눈앞에 둔 모든 '위안부'의 한맺힌 절규로 보아야 할 것이다. '위안부' 문제의 전문가도 아닌 내가 감히 이 책을 기획하게 된 계기가 바로 여기에 있다. 죽는다고 해서 끝나는 것이 아니라 바로 그 순간부터 '위안부' 문제의 무시효성이 발효될 것임을 분명히 해두고 싶기 때문이다. 일본 우익들의 바람과는 달리 '위안부'의 살아생전에 이 문제를 해결하지 못한다면 가해자들은 길이길이 역사의 죄인으로 기록될 것이며, 돌아가신 '위안부'의 죽음은 '인권의 꽃·평화의 꽃'을 피우는 씨앗이 될 것이다.

'위안부'의 뜻을 계승, 발전시켜 나간다는 점에서 보면 국제성과 무시효성은 별개의 것이 아니다. '위안부'가 상징하는 인권과 평화의 가치를 국제사회의 구성원들이 공유할 수 있도록 그 국제성을 확산시켜 나가는 것이야말로 '위안부' 문제의 무시효성을 담보하는 최상의 방책이기 때문이다. 이런 의미에서 본서의 제1부에서는 ''위안부' 문제의 글로벌리티'라는 제목하에, 고케쓰 아쓰시 선생께 '위안부' 문제의 국제성과 무시효성을 다룰 수 있는 틀을 만들어줄 것을 부탁드렸다. 신기영 선생께는 '위안부' 문제가 초국가성과 무시효성을 획득해가는 과정을, 이지영 선생께는 '소녀상' 건립운동이 지니는 '위안부' 문제의 국제성과 무시효성을 집필해 줄 것을 부탁드렸다.

한편, 이처럼 인권과 평화라는 '위안부' 문제의 글로벌리티가 확산되어 나가고 있는 국제적 분위기와는 달리, 정작 '위안부' 피해의 당사국인 아시아 각국에서는 개별 국가의 정치, 경제, 역사, 사회, 문화적인 사정과 맞물려 쉽지 않은 상황이 전개되고 있다. 즉 각국의 사정을 들여다보면 무시효성을 살려 나가기 위해 해결해 나가야 할 난제가 만만치 않다. 그래서 본서의 제2부에서는 "'위안부' 문제의 로컬리티'라는 제목 하에, 한혜인 선생께는 한국, 이상훈 선생께는 일본, 이철원 선생께는 중국, 양멍저 선생께는 타이완, 마쓰노 아키히사 선생께는 인도네시아와 동티모르에서의 '위안부' 문제를 둘러싼 정부 및 시민단체의 입장을 소개해 달라고 부탁드렸다.

'위안부' 문제를 바라보는 시선은 제국주의와 식민지, 역사 인식과 책임, 인권 존중과 말살, 힘센 남성과 약한 여성 등 복잡다단하다. 이에 공동 집필된 이 책의 집필진 사이의 의견 충돌을 우려하기도 했으나 다행히 큰 문제는 없었다. 따라서 미세한 조정을 거쳐 집필자의 원고를 원문 그대로 실었지만 다만 한 가지, 집필자의 특별한 의견이 없는 한 용어만은 일본군 '위안부'의 약어로서 '위안부'로 통일하였다.

1990년대 초반 '위안부' 문제가 수면 위로 떠오르기 시작했을 때는 '정신대'라는 용어가 널리 사용되었다. 정신대란 일본이 전쟁 중 노동력 동원을 위해 만든 것으로 본질적으로 위안부와는 성격이 달랐으나, 여자근로정신대에 동원된 여성이 '위안부'로 끌려간 사례가 있었기 때문에 의미가 잘못 사용된 것으로 생각된다. 또한 일본에서는 보통 '종군위안부'라는 용어를 사용하고 있지만, '종군'이라는 말에는 '종군 기자'나 '종군 간호사'처럼 자발적으로 군을 따랐다는 의미가 들어 있어, 강제로 동원했던 일본의 역사적 책임을 은폐시키는 용어가 되므로 부적절한 표현이라 할 수 있다. UN 등 국제사회에서는 '일본군 성 노예military sexual slavery by Japan'라는 용어를 주로 사용한다. 1996년 UN인권위원회에 제출된 보고서는 이 문제의 성격을 명확히 규정하여 '전시하 군대 성 노예military sexual slavery in wartime'로 규정했다. 그러나 '성 노예'라는 표현은 당시 일본 제국주의의 강압과 여성의 처지를 잘 드러내는 용어이기는 하지만 생존자들이 자신을 '성노예'라고 부르는 데 대해 트라우마를 가질 수 있다는 우려가 나왔다.

'위안부comfort women'란 말에도 본질을 호도할 위험성이 있지만, 한국의 관련 연구자나 활동가 사이에서는 일본군을 가해 주체자로서 명확히 규정하고, 그들에 의해서 짓밟힌 여성인권에 역사적 의미를 부여한다는 뜻에서 위안부에 작은 따옴표를 붙여 일본군 '위안부'라는 용어가 일반화되어 있다.

이 책은 글머리에 밝힌 한국외국어대학교 일본연구소가 주최한 국제학술대회에서 발표된 글들을 수정·가필한 것이다. '위안부' 문제에는 시효가 있을 수 없다는 점을 널리 알려야 한다는 취지에서 국내는 물론 일본에서 동시 출판하게 되었다. 우선, 그 뜻에 공감하여 옥고를 투고해주신 모든 집필자 분들께 감사의 말씀을 드린다. 투고는 물론 소중한 조언, 일본어판의 꼼꼼한 감역, 일본의 출판사 섭외까지 해주신 공동 편집자 고케쓰 아쓰시 선생께 무엇보다 큰 감사를 드린다. 원고의 취합과 한일 양국어의 문장 교정·잡무까지 도맡아 처리해 준 이권희 선생을 비롯한 공동연구원 팀원 선생님들께도 감사의 말씀을 드린다.

기꺼이 출판에 응해주신 한국의 소명출판, 일본의 사회평론사 관계자 여러분, 한국연구재단의 출판 지원에도 감사드린다.

끝으로 이 모든 노력들이 한을 품고 돌아가신 '위안부'들의 해한解恨의 씨앗이 될 수 있기를 간절히 바란다.

2020년 12월
필진을 대표하여 박용구

차례

서장
환생과 해한解恨

박용구

1. 도카시키섬의 '위안부'

'위안부' 배봉기

일본에게 버림받은 오키나와에서는 미군이 상륙한 1945년 3월 하순부터 약 3개월간 전투가 벌어졌다. 이는 아시아태평양전쟁 중 일본 본토에서 벌어진 유일한 지상전이었다. 오키나와전투의 사상자 수는 일반 현민이 94,000명, 오키나와 출신 군인 및 군속이 28,228명으로, 이는 당시 오키나와 인구의 무려 30%를 상회한다고 한다.[1]

오키나와전투가 시작되자 현지 여성들에 대한 강간 억제, 성병 예방, 병사들의 스트레스 해소, 장병들과 친해진 여성들에 의한 군사기밀 누출 방지 등을 이유로[2] 위안소의 설치도 본격화했다. 한반도 출신 1,000명, 나하那覇시의 쓰지辻 유곽 출신 500명, 일본 본토와 타이완 등으로부터 1,600명 전후의 여성들을 데려와 '위안부'로 삼았다고 한다.[3]

나하시 도카시키渡嘉敷섬에는 7명의 한국인 '위안부'가 있었다 한다. 그 중 한 사람이었던 배봉기(1914~1991)가 1991년 10월 세상을 떠났다. 충남 예산군의 가난한 집안에서 태어나 만주와 함경도를 떠돌던 배봉기는 "남쪽 섬에 가면 돈을 벌 수 있어. 입을 벌리고 있으면 입 안으로 바나나가 떨어지지"[4]라는 소개꾼의 말을 듣고 자신도 모르는 사이에 '위안부'의 길에 들어섰다고 한다.[5] 이 거짓말에 속아 1944년 가을 오키나와현 도카시키섬渡嘉敷島의 '빨간 기와집' 위안소[6]에서 성 노예가 되고 만 것이었다.

최초의 '위안부' 생활 공개 증언자로 알려진 배봉기의 사연은 1975년 10월 『고치高知신문』에 실렸고, 〈교도共同통신〉을 통해 일본 전역에 알려졌다.[7] 일본이 패전한 후에도 배봉기는 고국으로 돌아오지 못하고 글을 몰라 호적도 없이 오키나와를 떠돌고 있었다. 그러던 중 1972년 오키나와가 일본에 반환되자 불법 체류자로서 강제퇴거 대상이 되었다. 그러나 1945년 8월 15일 이전에 일본에 입국한 사실이 확인되면 특별 영주 허가를 받을 수 있는 기회가 생겨, 출입국관리사무소의 심사를 받는 과정에서 '위안부' 생활을 털어놓게 된 것이었다. 그 전모는 『빨간 기와집─조선에서 온 종군위안부』[8]라는 책 속에 담겨 있다.

'아리랑 위령비'

사망 후 5일이나 지나 배봉기의 시신이 발견된 것에 충격을 받은 기쓰다 하마코橘田浜子의 제안으로 도카시키섬의 남쪽 산 중턱에 '아리랑 위령비アリラン慰霊のモニュメント'가 건립되었다.[9] 촌민 고미네 다카요시小嶺隆良가 사유지를 건립터로 제공하고, 이주인 마리코伊集院真理子와 혼다 아키라本田明는 위령비를 제작하였다. 또한 한국의 조각가 전뢰진田礌鎭은

〈그림 1〉 아리랑 위령비
생명을 상징하는 거대한 소용돌이를 형상화하였음. 소용돌이의 눈이 하늘에 닿아 할머니들을 다시 살려내라는 뜻에서 제단의 중앙에 환생이란 말을 새겨 넣었음.

옥석을 기증하고, 한글 시문은 북한의 서예가 오섭吳燮의 휘호라 한다.

아리랑 위령비는 전체적으로는 생명을 상징하는 소용돌이 모양을 하고 있는데, 참배단에 환생還生이라는 말을 새겨 저 세상에서나마 배봉기를 비롯한 '위안부'들의 한풀이를 기원하고 있다. 비문은 '비참한 희생을 강요당한 여성'들을 애도하며 그들의 인간 존엄성의 회복을 할 뿐만 아니라 '전쟁의 과오를 후세에 알리고, 영원히 반전·평화를 맹세'하고 있다.[10] 그 뜻을 만방에 알리고 길이길이 전하기 위해 '아리랑 위령비를 만드는

모임アリラン慰霊のモニュメントをつくる会'을 중심으로 추도투어나 자선공연 등을 행하고 있지만 노후화된 비의 유지 및 관리에 많은 어려움을 겪고 있는 듯하다.

1차 도카시키섬 방문

2019년 2월 나하시의 도마린항泊港에서 고속 페리로 35분쯤 걸리는 도카시키섬을 다녀왔다. 아리랑 위령비 건립으로부터 20여 년이 지난 지금 '위안부'기림비의 성지 도카시키섬의 상황이 어떤지 궁금해서였다. 면적 15.29km²에 700명 정도의 주민이 사는[11] 조그만 섬이어서 현지 관광 안내소에 가 물어보면 어렵지 않게 찾아갈 수 있으리라는 가벼운 마음으로 길을 나섰다. 그러나 이 기대는 순간 무너져버렸다. 도카시키항의 한편에 마련되어 있는 안내 테이블로 가 아리랑 위령비의 위치를 물었는데 안내원이 고개를 갸우뚱거리는 것이었다. 그래서 배봉기란 할머니가 이 섬에서 '위안부' 생활을 했고 그 기림비가 여기에 세워져 있다고 설명하며 사진까지 보여주었으나 모르겠다고 했다. 너무도 의아한 마음에 혹 안내원이 새로 온 사람일지 모른다 생각이 들었다. 그래서 염치 불구하고 그런 것 아니냐고 물어보았더니 30대 중반으로 보이는 안내원이 자신은 도카시키섬의 토박이라 하였다. 난감한 마음으로 할 수 없이 항구 밖으로 나갔더니 저 앞 쪽에 조그만 파출소가 보였다. 그리로 가 젊은 순경에게 물어보니 비의 이름은 모르지만 저기 보이는 산 중턱에 있는 것 같다고 알려주었다.

벌초가 제대로 되어 있지 않은 아리랑 위령비를 다녀오는 길에 도마린항 2층에 있는 도카시키 역사민속박물관에 들렀다. 학예관과의 얘기

〈그림 2〉 개수된 배봉기 할머니의 거소(위안소)

에 따르면 도카시키섬에서 배봉기에 대한 기억은 끌려 온 '위안부'에서
점차 매춘부로 변해갔다. 아리랑위령비의 건립지도 촌유지가 아닌 사
유지였으며, 아리랑 위령비에 대한 촌 차원의 지원은 없었다. 배봉기의
일생에 관한 책도 나오고 영화[12]로까지 만들어졌기 때문에 도카시키
촌민들 사이에 배봉기는 유명인일 거라 생각했지만 예상과는 달리 배
봉기에 대한 관심은 적극적이지도, 긍정적이지도 않았다. 나날이 노골
화되는 일본사회의 우경화 분위기 탓인지 도카시키섬에서 배봉기는 잊
혀져 가고 있는 듯했다. 관광 안내원이 아리랑 위령비의 존재마저 몰랐
던 이유를 비로소 이해할 만했다.

2차 도카시키섬 방문

정말 그런지, 왜 그런지 궁금해서 2019년 7월 도카시키섬을 재방문하였다. 첫 방문 때 학예관에게서 들었던 위령비 건립터 제공자 고미네 다카요시의 부인 고미네 이쿠에小嶺郁栄를 비롯해서 몇 사람의 촌민을 만나보았다. 이미 작고한 고미네 다카요시와 모자이크 작가 기쓰다 하마코 등을 중심으로 이루어진 건립 당시에는 '위안부' 문제에 대해 촌민들의 관심이 높았다고 한다. 실현되지 못했지만 '위안부' 문제를 촌사村史로서 기록할 것인지에 대한 논의도 이루어졌다고 한다. 그러나 '위안부'를 촌의 아이덴티티의 일부로 삼는 것에 대한 부정적 여론이 강했고, 촌사로 다룰 경우 이에 대해 자녀교육을 어떻게 해야 할지에 대해 우려가 컸다고 한다. 촌의 주요 경제 기반인 관광 측면에서도 도움될 것 같지 않다는 우려도 많았던 것 같다. 현재는 기림비 건립 초기에 물심양면으로 후원해주던 사람들마저 이미 고인이 되거나 고령으로 인해 더 이상 어렵다고 했다.

2016년 10월에는 아리랑 위령비에서 추도 행사가 열렸다. 건립지를 제공한 고미네 이쿠에를 비롯한 촌민들도 함께 했지만, '아리랑 위령비를 만드는 모임'의 중추인 야마나시山梨그룹, 이정미를 비롯해 연주, 노래, 춤의 연출 및 스텝 그룹, 참가자들의 호텔·비행기·배편 수배 등 잡무를 담당하는 이주인 마리코를 중심으로 한 그룹, 현지에서 필요한 물품을 조달하는 오키나와그룹 등 도카시키촌 사람들이 아니라 외지 사람들이 행사를 주도하고 있다. 이주인 마리코는 모임 후기에서 위령제 전날 도카시키촌 사무소에서 전화가 와 촌장이 참가하여 인사를 하겠다 했다. "지난 20년 동안 촌 사무소로부터의 연락… 대체 몇 번이나 있었을까요?… 우리는 엄청 연락 드렸는데…"[13]라고 원망 섞인 소회를 드러내었다.

또한 마쓰모토 요시카쓰松本好勝 촌장의 인사말에는 '도카시키섬 방문 환영 인사, 날씨, 백옥탑白玉之塔의 위령제, 330명의 집단자결, 전쟁 및 평화'[14]에 대한 언급뿐이다. 백옥탑의 위령제란 오키나와전투 당시 이 섬에서 희생당한 일본 장병(81명), 군인 및 군속(92명), 방위대(42명), 주민(383명)을 기리기 위한 행사다.[15] 집단자결이란 미군에 쫓긴 주민들이 계곡에 모여 수류탄, 소총, 쟁기, 가래, 면도칼 등으로 스스로 생명을 끊은 사건을 가리킨다. 이들 일본인을 기리며 세계의 항구평화를 기원하는 위령제를 매년 거행한다고 발언하면서 정작 당일 추도식의 주인공이며 전쟁 피해자였던 배봉기나 '위안부'에 대해서는 한 마디의 언급도 찾아볼 수 없다.

아리랑 위령비의 비문에는 오키나와전투에 연행된 1,000여 명의 일본군 '성 노예'를 기리며 인간의 존엄성과 반전평화를 후손에 물려주겠다는 맹세가 새겨져 있다. 그러나 그럼에도 불구하고 비의 관리도 외부인에 의해 주도되고 있을 뿐만 아니라 '위안부' 문제는 언급하고 싶지 않은 촌사村史로서 도카시키섬 사람들의 기억으로부터 잊혀져 가고 있는 것이다.

2. '위안부' 문제의 글로컬리티

나의 눈에 비친 아리랑 위령비 기림을 둘러싼 도카시키섬의 이중성은 '위안부' 문제의 글로컬리티glocality를 보여주는 상징적인 사례다. 글로컬리티란 글로벌리티globality(세계성, 초국가성, 국제성)와 로컬리티locality(지역성, 국가성, 지방성)의 합성어이다. 글로벌리티는 국제적으로 공유되고 있는 보편적 가치라 말할 수 있는데, 개별 지역이나 국가의 정치, 경제, 역사, 사회, 문화적인 상황과 맞닥뜨리면 현지화의 과정을 거치게 된다. '위안부' 문제 속에는 글로벌리티와 로컬리티가 복잡하게 얽히고 섥혀 있다. 인권이나 젠더에 초점을 맞추면 여성의 인권을 말살한 사건으로서 글로벌리티가 부각되고, 제국주의와 민족의 범주에서 접근하면 가해국 일본과 피해국 식민지의 상호작용이라는 로컬리티가 부각되는 것이다. 김학순의 증언 이후 지속되고 있는 '위안부' 투쟁으로 인해 유엔과 미국을 중심으로 인권 존중과 반전평화라는 글로벌리티가 확산되어 나가고 있지만, 로컬리티가 반영된 아시아 각국에서는 또 다른 다양한 양상이 전개되고 있다. 이 책의 제1부는 '위안부' 문제의 글로벌리티, 제2부는 '위안부' 문제의 로컬리티(국가성)를 분석한 글들이 실려 있는데, 그 내용을 간단히 소개하면 다음과 같다.

'위안부' 문제의 글로벌리티

먼저, 고케쓰는 역사 인식 및 전쟁 책임과 결부시켜 '위안부' 문제를 국제성과 무시효성이라는 두 차원에서 논하고 있다. 국제성이란 '존엄과 존경의 대상으로서 존재성을 담보받아야 할 개인이 부당하게 그 규정으로부터 일탈될 수밖에 없는 상태에 놓였을 때, 그 개인을 국제사회의 구성원이란 이유에서 국가를 뛰어넘어 구제할 필요성'으로 정의하였다. 무시효성이란 '개인의 존엄과 존경을 훼손시킨 가해자의 범죄성을 끊임없이 고발함으로써 항구적으로 부負의 역사 사실로서 마음에 새길 뿐만 아니라, 두 번 다시 같은 죄를 범하지 않기 위해 설령 정치적 책임을 다 하고, 사법적인 처벌을 받았다 할지라도 도덕적 의미에서의 시효는 성립할 수 없는 것'이라 했다.

그리고 아시아태평양전쟁을 구미 열강에 의한 아시아 식민지배를 타파하기 위해 일으킨 아시아 해방전쟁이라 이름 붙여 전쟁 책임을 모면하려는 일본, 식민지 수탈을 민생을 안정화시키고 경제를 발전시킨 식민지 근대화론으로 둔갑시켜 식민지배 책임을 회피하려는 일본의 역사 인식을 비판한다. 나아가 일본의 전쟁 책임이나 식민지배 책임의 주체로서 천황 및 천황제 시스템뿐만 아니라 군부, 재계, 관계, 사법계, 언론계, 학계, 종교계 및 심지어 일반 민중까지 총망라한 점이 흥미롭다.

결국, 제국 일본이 저지른 범죄인 '위안부' 문제를 단순히 한일 간 역사 문제의 틀 안으로 수렴시키지 말고 국제사회가 공유 가능한 인류사적 문제로 위치지워 격리된 일본이 올바른 역사 인식을 정립하고 진정한 전쟁 책임을 완결할 수 있도록 만들어야 한다고 질타한다.

신기영의 글은 '위안부' 문제가 어떻게 초국가성과 무시효성을 획득하고 창출해 가는지 그 과정을 아주 구체적으로 기술하고 있다.

1991년 행해진 김학순의 증언은 당시 여성인권의 세계사적인 발전과 맞물려 국제적인 이슈로 부각되었으며 아시아 여성들의 연대에 의해 초국가성을 담보해 나갔다. 증언 이후 한국 및 일본의 시민사회를 중심으로 북한, 중국, 필리핀, 인도네시아, 타이완, 동티모르, 네덜란드, 홍콩, 말레이지아, 베트남까지 포괄하는 시민연대로서 아시아연대회의가 만들어졌다. 이들에 의해 개최된 민중법정인 동경여성전범법정에서는 전시 성폭력범에 대한 기소 및 유죄 판결이 이루어졌다. 나아가 '위안부' 문제는 글로벌 시민사회뿐만 아니라 유엔 인권이사회, 세계여성회의, 국제형사재판소, 비당사자국 의회의 결의안을 통해서도 여성인권 문제로서 국제적인 승인을 획득해 갔다. 신기영은 따라서 '위안부' 문제를 여성인권 규범의 발전이라는 세계사적인 관점에서 이해해야 하며, 과거사와 한일 관계라는 국가 및 국익 중심의 접근을 넘어선 초국가적 관점에서 조명할 것을 제안했다.

또한 생존 피해자의 살아있는 증언을 동력으로 하는 운동이 현실적으로 어려워짐에 따라 '위안부' 문제는 잊혀짐에 대한 저항이라는 새로운 국면으로 접어들고 있다고 지적했다. 미래 세대에 대한 교육과 집단적 기억을 통해 '위안부' 문제를 두 번 다시 반복되어서는 안 될 인류의 공통 과제로 삼아야 한다는 것이다. 지금 지구촌 각지의 시민들에 의해 시위, 기림비 건립, 기림의 날 지정, 추모운동, 동아리 활동, 예술과 문화 활동 등을 통해 '위안부' 문제가 현지화된 다양한 방식으로 기억, 전승되고 있음을 전하고 있다.

캘리포니아주의 작은 도시 글렌데일시는 해외 최초로 평화의 소녀상을 건립했을 뿐만 아니라 7월 30일을 '위안부' 기림일로 지정한 곳이다. 이지영은 글렌데일시의 소녀상 건립과 철거 소송 패소 사례에 대한 심층 면접를 통해 '위안부' 문제의 글로벌리티와 무시효성을 전달하고 있다.

『아사히신문』의 오보 사태(2014), 한일 정부의 '위안부' 문제 합의(2015)와 파국을 거치면서 일본의 우파들은 '위안부' 문제에 대한 담론 투쟁에서 승기를 잡았다고 기뻐했다. 그 후 이들은 '위안부를 성 노예, 위안소를 강간소'로 규정한 유엔과 '위안부' 문제를 '20세기 최대의 인신매매'로 규정한 미국을 주전장으로 삼아 '위안부' 문제의 허위성을 세계에 알려 올바른 역사를 되찾겠다는 '역사전'에 매진하고 있다. 이 역사전에는 여성이 주체가 되어 위안부 문제에 맞대응하겠다는 '애국여성'을 비롯해 젊은 층을 동원하려는 신 우파 단체와 정치가, 일본 정부가 범 연대를 형성해서 임하고 있다.

첫 번째 역사전이 벌어진 곳이 바로 글렌데일시이다. 글렌데일시에 소녀상이 건립되자마자 일본은 철거 소송을 진행했다. 일본 국내 우파와 재미일본인 '신新 1세'가 연대하고 『산케이産經신문』이 소송비용 모금과 여론의 지지를 호소하는 한편, 일본 정부까지 전면에 개입한 이 소송은 원고 패소로 끝이 났다.

그러나 역사전이 전면화될수록 오히려 '위안부' 문제의 국제성과 무시효성이 강화되고 있음을 알 수 있다. 시공을 초월해 '위안부' 피해자를 대면하게 하는 소녀상은 폭발적으로 늘어나 국내에만 80여 개 이상, 미국뿐 아니라 캐나다, 호주, 독일, 중국, 타이완, 홍콩, 필리핀 등 해외로 확산되어 나가고 있다. 일본의 명예회복을 꾀하기 위해 '신 1세'와 일본 우파가 일본 국내에서 제기한 대규모 소송에서도 모두 원고 패소 결정이 내려졌다.

'위안부' 문제의 로컬리티

한혜인의 글은 한국과 일본에서 '위안부'의 역사가 어떻게 다루어지고 있는지를 비판적으로 고찰한 것이다.

한일 양국은 '기존 권력＝일본 정부＝한국의 공공기억＝남성＝가해자'의 틀 속에서 '위안부'의 문제를 그들이 원하는 방식으로 기억하고 기록하고 배치하고자 한다. 공고한 권력이 필요할 때 일본은 '황군을 위안하는 신민'으로, 한국은 일본에 저항한 '민족의 수난'으로 '위안부'를 불러내 시각화하고 정작 피해자(여성)의 목소리로 공공화하는 것에는 소극적이었다.

관련 증언과 공식문서를 통해 '위안부'를 강제 연행하거나, 일본의 군과 관헌의 관여하에 위안소 제도가 만들어졌다는 사실이 명백하게 밝혀져 있었음에도 불구하고 일본 정부와 역사수정주의자들은 이들 사실을 교묘히 은폐했다. 한국에서는 이 프레임이 역으로 작동되어 일본이 원하는 공식 사료를 발굴해야 한다는 강박감으로 사료 찾기에 혈안이 되어 있다. 이러한 현상들은 일본을 공격하는 것처럼 보이지만 '공적 사료'만이 진실을 말한다는 프레임을 더 강고히 할 따름이다.

한혜인은 이미 모든 것은 밝혀져 있기 때문에 한일 간에 대립이 되고 있는 '위안부'의 역사 중 더 밝혀져야 할 사실은 없다고 단언했다. 다만, 일본이, 권력이 그 사실을 인정하고 있지 않을 뿐이다. '위안부' 관련 기록물은 일본 제국이 생산해낸 공문서뿐 아니라 피해자 개개인의 기억과 증언, 그들이 자신의 피해를 깨닫고 극복해 가는 과정에서 생산된 모든 관련 자료, 피해자들을 지원하며 연대했던 시민들의 활동 자료, 또 불완전하기는 하지만 문제 해결을 위해 노력했던 각국 정부, 국제기구들이 생산해낸 모든 기록을 구성 요소로 삼아야 한다.

이상훈은 일본 정치 지도자의 언설 및 그 언설의 배경 분석을 중심으로 논지를 전개하고 있다. 그 이유는 '위안부' 문제가 아직 미완의 과제로 남겨져 있는 것은 1990년대 이후 현재까지 일본의 정치 상황이나 국가권력과 깊은 관련이 있기 때문이라 한다.

'위안부'와 관련된 정치적 언설 중에서 가장 많이 거론된 것은 1993년 4월 발표된 '고노담화'다. 당시 고노 요헤 관방장관은 다수 여성의 명예와 존엄에 깊은 상처를 입힌 문제라는 인식하에 '위안부·위안소'

의 존재와 군당국·관헌의 관여에 의한 강제성을 인정하고, '사죄와 반성' 및 '기억과 재발 방지'의 굳은 결의를 표명하였다. 고노담화는 비자민당정권에서 보다 적극적, 전향적으로 계승되긴 했지만 대체로 일본의 역대 정권은 이런 입장을 이어받았다. 그러나 아베 총리의 등장에 의해 고노담화에 대한 언설이 변화했다. 제1차 아베 내각 시절부터 아베는 '관헌이 집에 강제로 들어와 연행한다'는 '협의의 강제'는 없었다며 강제성을 부인하였다. 또한 2012년 총리에 복귀한 후에도 고노담화의 검증이란 형식을 빌려 자신의 입장을 굽히지 않고 있다.

이상훈은 16명에 불과한 생존자가 살아있는 동안에 '위안부' 문제의 '해결'이 곤란함을 다시 한번 느낄 수밖에 없다고 한다. '위안부' 문제에 관한 정치적 언설을 검토한 결과 90년대 이후 아직까지도 '위안부' 문제가 '해결'되지 못하고 있는 것은 식민지지배나 전쟁을 야기한'과거'의 정치권력만이 아니라 '현재'의 국가권력에도 문제가 있기 때문이라는 것이다.

이철원은 중국의 '위안부'에 대한 인식을 역사적으로 고찰하면서 현재 중국 정부 및 사회의 '위안부' 문제에 대한 입장을 기술하였다.

중국에서는 '위안부' 제도의 역사적 근원을 여성의 인신매매를 금지한 메이지정부가 구축한 공창 제도로 보고 있다. 국가가 주도한 성폭력이었던 공창 제도가 청일전쟁과 러일전쟁을 치르면서 '위안부' 제도와 연계되는 맹아가 싹텄고, 아시아태평양전쟁 때 중국은 물론 아시아 지역으로 확대되어 갔다는 것이다.

그런데 중국의 '위안부' 문제에 대한 태도는 우리와는 조금 다른 모습을 보여준다. 먼저, 사회주의체제의 공고화와 내부적 단결을 도모하는 차원에서 이 문제가 국가적 내지는 사회적 관심의 대상이 될 수 없었기 때문이었다. 또한 1972년 중일 국교정상화 당시 '중화인민공화국 정부는 중일 양국 국민들의 우호 관계를 위하여 일본에 대하여 전쟁배상을 요구하지 않을 것'을 선언하여 오랫동안 중국은 '위안부' 문제를 거론조차 할 수 없었기 때문이다.

그러나 중국은 경제 성장과 국력 신장을 바탕으로 이전 외교정책의 원칙에서 벗어나려는 시도를 하고 있다. 1992년 4월 중공중앙주석 장쩌민江澤民이 "국가적 차원에서 전쟁배상 문제에 대한 포기는 확실하다. 그러나 민간의 손해배상 요구는 제한이 없다"고 일본의 책임을 물었다. 이후 중국 정부의 '위안부'에 대한 공식적이며 사전事典적 인식은 "'위안부' 문제는 제2차 세계대전 시기 일본 정부와 군부가 아시아에 대한 침략전쟁을 자행하는 과정에서 사병과 장교로 구성된 무장군인 집단들의 생리학적 문제를 해결하기 위해 조치하고 실시한 성 노예 제도"라는 것이다. 중국의 경우 사회단체가 존재하지만 대부분 관변단체이거나 중국공산당의 지원을 받는 어용단체이기 때문에 중국정부의 공식 입장을 벗어나는 주장을 하기는 어렵다.

양명저에 의하면 타이완에서는 친일정책으로 인해 타이완 정부와 일부 학계는 일제의 식민통치와 위안부 문제에 대해서 냉담하고 무관심하다. 한국에서 '소녀상'이 설치되고 나서 비로소 위안부 문제가 조금씩 주목을 받으면서 여성운동을 불러일으키고 있다.

1992년에는 일본 국회의원 이토 히데코伊東秀子가 발견한 사료에는 "타이완인이 식민정부의 속임수로 강제 연행되어, 작전 전선에서 일본군에게 성적으로 착취당하는 전쟁터의 '성 노예'가 되었다"는 내용이 명확하게 나타나 있었다. 1999년 다큐멘터리 영화 〈할머니의 비밀－타이완 위안부의 고사故事〉를 최초로 상영한 것은 타이완 위안부 항일운동에 있어 획기적이고 선구적인 일이었다.

아버지가 일본 경찰로 알려진 리덩후이李登輝 집권기(1988~2000)는 대일 의식이 항일에서 친일로 바뀌는 전환점이었다. 그의 친한 지인인 고바야시 요시노리小林善紀는 타이완을 방문하여 "타이완 위안부는 본인이 자원한 것으로, 일본이 강제로 끌고 가지 않았다"고 했다. 이에 대해 타이완 독립단체의 차이쿤찬蔡焜燦, 치메이奇美그룹 창업자인 부호 쉬원룽許文龍은 앞다투어 성원을 보냈으며, "타이완 위안부는 분명히 본인이 자원한 사람들이지 강요당하지 않았으며, 당시 일본군은 창기를 효과적으로 관리해 성병을 방지하고 위생을 관리했고, 게다가 위안부는 안정된 수입을 얻었다"고 응대했다.

2016년 5월 타이완 최초의 여성 총통이 된 차이잉원蔡英文도 취임 전에는 여러 차례 타이완 위안부 단체를 방문해 위안부 할머니와 포옹을 했지만, 취임 후에는 아무것도 하지 않고 있다. 현재 두 사람의 위안부만 생존해 있는 타이완에서는 민간단체가 일본과의 교섭과 항의를 주도하고 있지만 이 문제가 해결될 가능성은 거의 없다.

마쓰노 아키히사松野明久는 자신이 조사한 인도네시아와 동티모르에서의 '위안부'의 실태와 '위안부' 문제에 대한 두 나라의 입장을 서술하고 있다.

인도네시아의 매스컴에서는 1990년대에는 종군위안부란 명칭이 사용되었는데 요즈음은 '부닥 섹스budak seks' 즉 '성 노예'로 표현하는 매스컴이 많다고 한다. 일본이 인도네시아에서 '위안부' 제도를 언제부터 시작했는지 자료상 확인은 불가능하지만 늦어도 1942년 5월에는 조선인 '위안부'가 동부 자바의 수라바야Surabaya의 병참 숙박소에 들어가 있었다. 그 후 네덜란드인, 조선인, 중국인, 인도네시아인 등 다양한 지역의 출신자가 '위안부'로서 고초를 겪었다 한다. 또한 자바나 보르네오에서는 점령기 후반인 1943년경부터, 그 외의 지역 특히 농촌에서는 처음부터 군이 직접 위안소를 설치하고 관리·운영하였다고 한다.

'위안부'들의 고통은 전후에도 계속 이어졌다. 가족주의가 강해서 밝혀지면 친족이 죽일지도 모른다며 두려워하는 여성도 많았고, 일본군의 협력자로 간주될 우려도 있었다. 인도네시아 정부는 일본과 양호한 외교 관계를 유지하기 위해 '위안부' 문제를 문제시하려고 하지 않는다.

인도네시아의 위안소에 대한 문서 자료는 매우 적지만, 동티모르에 대한 것은 더 적다. 동티모르에서의 성 노예제의 실태에 대한 조사는 2000년에 도쿄에서 개최된 여성국제범죄법정에서 본격화하였고 그 후 필자가 현지를 방문해서 직접 증언을 모아 보고서를 작성했다고 한다. 2006년에는 '동티모르의 "종군위안부"의 역사를 알자' 공청회가 개최되고, 그 후로도 패널 전시회, 세미나, 토크쇼 등이 개최되어 젊은이들의 관심은 매우 높아졌다.

동티모르와 일본 정부는 양국 관계를 '미래 지향'적 방향으로 이끌어가자는 데 합의하고 과거 문제는 건들지 않는다는 공감대를 형성하고 있다. 그리고 동티모르 해방 투쟁의 최고 지도자로 독립 후 대통령, 수상을 거쳐 지금도 커다란 정치적 영향력을 갖고 있는 샤나나 구스만도 이 문제를 '수치스러운 일'이라고 여기며 피해자의 요구에 공감하지 않고 있다.

3. 해한解恨의 씨앗 —무시효의 발효

수많은 외침을 이겨낸 우리 민족에게 빼놓을 수 없는 것이 한의 정서이다. 한이란 "몹시 원망스럽고 억울하거나 안타깝고 슬퍼 응어리진 마음"이다. 부당한 상황을 어쩔 수 없이 받아들일 수밖에 없을 때 한이 생겨난다. 일방적으로 타인에 의하여 삶이 파멸을 강요당하면 한이 맺힌다. 맺힌 한을 풀지 못한 망자의 영혼은 구천을 떠돌 것이며, 생자라면 그 한이 깊어만 갈 것이다.

인권을 송두리째 말살당한 배봉기의 통한의 삶에 대해 아리랑 위령비는 '아름다우면 아름다울수록 슬픈 섬 가도가도 한限없는 한恨'[16]이라 노래한다.

1990년 6월의 '일본군은 군대위안부 문제에 관여하지 않았다'는 일본 정부의 발표[17]에 격분하여 다음 해 8월 국내 최초로 일본군의 만행을 고발한 김학순(1922~1997)의 증언은 세계적으로 큰 반향을 일으켰다. 그 후 김학순은 줄곧 일본 정부의 사죄와 보상을 촉구했으며, '위안부' 문제를 국제화시키는 데 여생을 바쳤다. 김학순은 고노 요헤 관방장관으로부터 '위안부' 문제에 대한 시인과 사죄를 끌어내었다.[18] 사람들은 김학순을 '민족의 아픔을 개인적인 한을 넘어 역사적 교훈으로 승화시킨 위대한 여인'으로 추모[19]하고 있지만, 그의 맺힌 한은 여전히 풀리지 않고 있다.

2019년 1월 28일 밤 또 한 명의 '위안부' 김복동(1926~2019)이 유명을 달리했다. "우리가 죽으면 진실이 잊힐까 두려웠다. 한이 맺혀서 죽지 못하고 있다"고 외치던 인권·평화운동가 김복동이 27년간 외로운 투쟁 끝에 한을 머금고 돌아가신 것이다. 그의 당당한 삶의 여정을 담은 다큐멘터리 영화 〈김복동〉의 배경음악 〈꽃〉[20]은 그의 환생을 이렇게 노래하고 있다.

빈들에 마른 풀 같다 해도

꽃으로 다시 피어날 거예요

누군가 꽃이 진다고 말해도

난 다시 씨앗이 될 테니까요

그땐 행복할래요

고단했던 날들

이젠 잠시 쉬어요

또 다시 내게 봄은 올 테니까

빈들에 마른 풀 같다 해도

꽃으로 다시 피어날 거예요

흙으로 돌아가는 이 길이

때로는 외롭고 슬프겠지만

그땐 행복할래요

고단했던 날들

이젠 잠시 쉬어요

또 다시 내게 봄은 올 테니까

빈들에 마른 풀 같다 해도

꽃으로 다시 피어날 거예요

유엔과 미국을 중심으로 '위안부' 문제의 글로벌리티가 확산되어 가고 있다. 가해국 일본에서는 글로벌리티를 확보하기 위해 다양한 시민 레벨의 운동이 전개되고 있지만, 일본 정부 및 우익 세력들의 반동을 넘어서기가 쉽지 않다. 중국 정부의 입장은 애매하고 소극적이며, 인도 네시아와 동티모르 정부는 일본과 외교적 마찰을 일으키지 않기 위해 유화적 태도를 보이고 있으며, 심지어 타이완 정부는 일본 정부의 입장을 적극 두둔하고 있다. 그런 탓인지 이들 나라들에서는 아직 두드러진 시민사회운동을 찾아보기도 힘들다.

우리나라는 피해 당사자인 '위안부'와 시민사회가 협력해서 '위안부' 문제의 해결을 위해 가장 선봉에서, 가장 격렬하게 투쟁해 왔다. 30년 가까이 지속된 치열한 투쟁의 결과 현재와 같은 국제사회의 공감 및 동참을 이루어 낼 수 있었다. 이런 시민사회의 힘을 무시하였기 때문에 2015년 한일 양국 정부가 도출한 "'위안부' 문제에 대한 합의'는 파국을 맞이할 수밖에 없었다.

그럼에도 불구하고 우리나라에서 '위안부' 투쟁은 새로운 국면을 맞이할 수밖에 없게 되었다. 투쟁의 원천인 '위안부'들의 여생이 얼마 남지 않았기 때문이다. 정부에 등록된 240명의 '위안부' 중 생존자는 밖에 남지 않았다. 게다가 생존 '위안부' 16명의 평균연령은 무려 91.9세에 이른다.[21] 머지않아 이승에서 이들을 만날 수 없게 될 것이다. 모진 삶을 살아온 '위안부'들은 자신은 물론 민족의, 인류의 한을 안고 돌아가셨다.

그러나 그들은 해한의 씨앗을 뿌려놓고 갔다. '복福스러운 아이童' 김복동은 "희망을 잡고 살자. 나는 희망을 잡고 살아"[22]라고 마지막 순간까지 희망의 끈을 붙들고 있었다. 한 맺힌 '위안부'들의 꿈은 '인권의 꽃, 평화의 꽃'으로 환생할 것이다. 죽으면 끝이 아니라 바로 그 순간부터 무시효성이 발효된다.

주석

* 이 글은 東亞歷史文化学会에서 발행하는 『東亞歷史文化研究』(2020.02)에 실린 논문 '日本軍 '慰安婦'の転生と解恨'을 한국어로 번역, 수정한 것이다.

1 총무성 통계국에 의한 1945년의 오키나와 국세조사는 실시되지 못했으므로 추계 인원임. 이 외 오키나와현 외의 다른 현 출신 병사 65,908명, 미군 12,520명이 희생되었다고 한다(영국 병, 한국, 타이완 출신은 제외) https://www.asahi.com/articles/ASM6N56M9M6NUPQJ00 G.html(검색 : 2020.1.17)

2 アクティブ・ミュージアム 編, 「女たちの戦争と平和資料館」, 『軍隊は女性を守らない—沖縄 の日本軍慰安所と米軍の性暴力』, アクティブミュージウム, 2014, 5쪽.

3 吉見義明・林博史 『日本軍従軍慰安婦』, 1995, 大月書店, 129쪽.

4 "南の島では金が儲かる。口を開けていたら、バナナが落ちて口に入る"

5 アクティブ・ミュージアム, 앞의 글, 22쪽.

6 오키나와에서는 민가, 요정, 여관, 공공시설, 상업시설 등을 이용하여 146개의 위안소가 확인되었다고 한다. 상게서, 14쪽.

7 http://news.khan.co.kr/kh_news/khan_art_view.html?artid=201911021046001&cod e=100100#csidx317191768778064ad8e74ef484202ad(검색 : 2020.1.20)

8 川田 文子, 『赤瓦の家—朝鮮から来た従軍慰安婦』, 筑摩書房, 1987(오근영 역, 『빨간 기와집 —일본군 '위안부'가 된 한국여성 이야기』, 꿈교출판사, 2014).

9 오키나와에서는 2008년 요미탄마을(読谷村)에 '한의 비(恨之碑)', 2008년 미야코섬에 '아리 랑비'가 세워져 '위안부'를 기리고 있다. NPO법인 沖縄恨(ハン)之碑の會(https://hannohin okai.jimdofree.com/(검색 : 2020.1.10)

10 "過去の戦争のあやまちを次代に語り継ぎ反戦平和を誓うモニュメントであり続けることを 願ってやみません"

11 https://kotobank.jp/word/%E6%B8%A1%E5%98%89%E6%95%B7%E5%B3%B6-10 4546(검색 : 2020.10.10)

12 박수남(朴壽南) 재일 코리안 2세 감독의 〈아리랑의 노래—오키나와의 증언(アリランのうた —オキナワからの証言)〉(1991); 야마타니 데쓰오(山谷哲夫) 감독의 〈오키나와의 할머니— 증언・종군위안부(沖縄のハルモニー証言・従軍慰安婦)〉(1979).

13 「アリランモニュメント慰霊のつどい」(2016.10.10)의 팜플렛, 10쪽.

14 위의 팜플렛, 4~5쪽.

15 http://www.vill.tokashiki.okinawa.jp/archives/866(검색 : 2020.1.16)

16 "美しければ美しきほどに 悲しかる島ゆきゆきて 限りなき恨"

17 http://www.uwnews.co.kr/sub_read.html?uid=64155(검색 : 2020.1.10)

18 1993년 8월 4일 일본 정부는 고노담화를 통해 "모집, 이송, 관리 등에 있어 감언과 강압에 의하는 등 전반적으로 본인의 의사에 반하여 동원이 행해졌다"며 강제성을 인정했다. 또한 상처를 입은 모든 사람들에게 사과와 반성의 뜻과 역사연구, 역사교육을 통해 같은 잘못을 되풀이하지 않겠다고 밝혔다. https://100.daum.net/encyclopedia/view/b01g3612n15 (검색 : 2020.1.10)

19 https://100.daum.net/encyclopedia/view/b03g2065n2(검색 : 2020.12.6)

20 2019년 8월 8일 상영. 윤미래가 부른 OST는 https://www.youtube.com/watch?v=pUJTO-FElRo.에서 들을 수 있다.

21 생존자의 연령은 85~89세 3명, 90~95세 10명, 96세 이상 3명이다. http://www.hermuseu m.go.kr/main/PageLink.do.(검색 : 2020.12.06)

22 https://www.youtube.com/watch?v=5GwN1LWEj-I&feature=emb_logo

참고문헌

アクティブ・ミュージアム 編,「女たちの戦争と平和資料館」,『軍隊は女性を守らない－沖縄の日本軍
    慰安所と米軍の性暴力』, アクティブミュージアム, 2014.

川田 文子,『赤瓦の家－朝鮮から来た従軍慰安婦』, 筑摩書房, 1987.

朴壽南 編,『アリランのうた－オキナワからの証言』, 青木書店, 1991.

山谷哲夫 編,『沖縄のハルモニー大日本売春史』, 晩声社, 1979.

吉見義明・林博史,『日本軍従軍慰安婦』, 大月書店, 1995.

アリラン慰霊のモニュメントをつくる会,「2016アリランモニュメント慰霊のつどい」のパンフレット,
    2016.10.10.

https://kotobank.jp/word/%E6%B8%A1%E5%98%89%E6%95%B7%E5%B3%B6-104546(검
    색:2020.1.10)

https : //kotobank.jp/word/%E6%B8%A1%E5%98%89%E6%95%B7%E5%B3%B6-104546(검색 :
    2020.1.10)

https://100.daum.net/encyclopedia/view/b01g3612n15(검색 : 2020.1.10)

https://100.daum.net/encyclopedia/view/b03g2065n2(검색 : 2020.1.10)

http://www.vill.tokashiki.okinawa.jp/archives/866(검색 : 2020.1.16)

https://ko.dict.naver.com/#/entry/koko/75c417159f6e4e09b93b0e2ef098966e(검색 : 2020.1.16)

https://www.asahi.com/articles/ASM6N56M9M6NUPQJ00G.html(검색 : 2020.1.17)

http://news.khan.co.kr/kh_news/khan_art_view.html?artid=201911021046001&code=100100#csidx31719
    1768778064ad8e74ef484202ad(검색 : 2020.01.20)

http://www.uwnews.co.kr/sub_read.html?uid=64155(검색 : 2020.1.10)

https://www.youtube.com/watch?v=pUJTO-FElRo(검색 : 2020.2.5)

https://www.youtube.com/watch?v=5GwN1LWEj-I&feature=emb_logo(검색 : 2020.2.5)

제1부
일본군 '위안부' 문제의 글로벌리티

제1장

일본군'위안부' 문제의 국제성과 무시효성
보편적 책무의 이행과 역사화해의 방도

고케쓰 아쓰시

1. 문제 제기 - 국제성과 무시효성

'위안부' 문제는 일본의 전쟁 책임 문제에 관한 상징적인 사례이다. 동시에 이는 미해결의 역사 문제로서 일본과 한국 사이에 알력을 낳고 있는 커다란 과제이기도 하다. 이 문제를 생각할 때 다양한 시점이 있을 수 있지만 이 글에서는 국제성과 무시효성이라는 두 가지 키워드를 이용하여 이 문제를 단순히 한일 간의 문제로 왜소화할 것이 아니라 그것이 인간과 국제사회의 본연의 모습과 깊은 연관을 가지는 과제라는 점을 강조하고자 한다.

좀 더 구체적으로 말하자면 첫째로 '위안부' 문제를 국제성과 무시효성이라는 두 가지 용어를 이용하여 이제까지의 연구에서 그다지 도입되지 않았던 시점에서 그것이 인간과 현대국가에 내재하는 모순의 단면이라는 것을 밝히는 일이다. 둘째로 역사 인식론과 식민지근대화론

등의 논점을 정리하여 국제성과 무시효성이라는 시점에서 '위안부' 문제가 현대를 살아가는 우리들에게 묻고 있는 과제가 무엇인지를 검증하는 일이다. 이를 통하여 일본과 한국과의 사이에 날로 심각해지고 있는 역사 문제, 특히 '위안부' 문제를 국제사회도 공유하는 인간의 '부負의 역사'로 받아들이는 것이 매우 중요한 일이라는 점을 강조하고자 한다. 이 글이 그 해결을 위해 먼저 한일 양국의 연구자가 공동으로 해결하는 데 도움이 되기를 바란다.

여기서는 먼저 국제성과 무시효성의 용어가 가지는 의미에 대하여 설명해 두고자 한다. 인간 고유의 권리는 제각기 속하는 국가를 초월하여 담보되어야 한다. 국가 조직의 폭력에 의해 인간의 존엄과 권리가 박탈되었을 때 그것은 가해자 · 가해국가의 책임이자 동시에 그러한 가해자나 가해국가의 존재를 허용한 국제사회에도 상응하는 책임이 파생한다. 그것을 국제성이라는 용어로 제시하고자 한 것이다.

다시 말하자면 인간의 권리(인권)의 박탈은 소속 국가뿐만 아니라 국제사회에도 공동 책임이 있다는 것이다. 근대부터 현대까지의 인류사는 문자 그대로 인권의 가치를 중시함으로써 인간이 어느 국가나 조직에 속하더라도 인권이 인류 공통의 절대적인 가치라는 것을 인지하기 위한 고난의 역사였다. 국가가 발동하는 가시적 폭력으로서의 전쟁이나 분쟁 · 테러뿐만 아니라 빈곤 · 억압 · 차별 등과 같이 이른바 요한 갈튼Jahan Galton이 말하는 '보이지 않는 폭력'에 의해서도 인권이 박탈당하는 역사는 계속되어 왔다.

갈튼은 또한 억압 · 착취 · 소외를 각각 정치적 · 경제적 · 문화적인 폭력으로 보고 이를 구조적 폭력structual violence로 일괄했다.[1] 이를 식민지 문제에 적용하면 식민지에 대한 억압은 정치적 폭력이며 식민지로부터의 착취는 경제적 폭력, 식민지 피지배자의 소외는 문화적 폭력이라는 말이 된다.

이 세 가지 폭력은 모두 국가와 인간에게 가해지는 것이며 문화적 폭력으로서의 소외 상황에 내몰린 상징적인 존재가 이 글에서 다루는 '위안부'로 끌려갔던 사람들이다. 그렇기 때문에 이러한 억압·착취·소외가 없는 인류사의 창조를 전망하는 것을 국제사회의 항구적인 목표로서 내세우지 않으면 안 된다. 그것이 또한 인류 공통의 목표라는 점에서 국제사회 공통의 과제라는 의미에서의 '국제성'이라는 용어로 재검증할 필요가 있는 것이다.

따라서 '위안부' 문제란 군국주의 일본이 범한 용납할 수 없는 일본의 국가범죄임과 동시에 국제범죄이기도 하다. 그것이 현실적으로 미해결의 문제인 이상, 국제사회의 문제로서 받아들이고 인권의 회복과 역사의 책임을 다하는 방도를 국제 문제의 관점에서도 응답할 필요가 있을 것이다.

이러한 문제와 관련하여 전 일본외무성 구아歐亞국장이었던 도고 가즈히코東鄉和彦 씨의 다음과 같은 말을 인용해 두고자 한다.

바야흐로 EU와 호주도 아시아 국가나 시민들과 함께 일본 정부가 취하기 시작한 일본군 '위안부'와 난징학살 문제의 대응에 대하여 엄격한 비판을 쏟아내고 있다. 그리고 지금 그것은 과거의 역사 문제를 초월하여 보편적인 인도와 인권을 범한 국가범죄로 자리매김하여 일본을 규탄하고 있다. 그 규탄은 영토나 야스쿠니에 대한 일본의 대응에 대한 비판과 결부되어 있다.[2]

이와 같이 '위안부' 문제를 '보편적인 인도와 인권을 범한 국가범죄'로 파악하는 것은 이 문제의 국제성이라는 의미에 부합하고 있다.

다음으로 무시효성이란 인권 박탈의 상황으로 몰고 간 가해자의 범죄성을 계속해서 고발함으로써 이 문제를 항구적인 '부의 역사 사실'로서 마음에 새기는 것, 그리고 두 번 다시 이러한 죄를 범하지 않기 위해 아무리 정치적 책임을 다하고 사법적인 처벌을 받았다고 하더라도 도덕적 의미에서의 시효는 성립되지 않는다는 것을 의미한다. 필자는 여기서 특히 인간의 양심과 관련한 문제로서 무시효성을 강조하고자 한다. 다시 말하자면 '위안부' 문제가 인간 정신의 근간에 관한 문제라고 한다면 시간이나 역사의 경과에 의해 자연스럽게 해결될 성질의 문제가 아닌 것이다.

우리는 국가의 틀을 넘어서 이 문제를 인류 보편의 '부의 유산'으로 자리매김하고 과거의 사실을 지나간 일로 치부하지 않고 이를 현실적인 문제임과 동시에 미래에 이어지는 문제로 인식하여 개인이나 인류에게 비극이란 무엇인가에 대한 재정의가 불가결하다. 그런 의미에서 위안부 문제는 '국가범죄'이자 동시에 '인류범죄'로도 파악할 필요가 있는 것이다.

따라서 '위안부' 문제를 단순히 한일 간의 역사 문제의 틀에서만 볼 것이 아니라 그 국제성과 무시효성을 통해서 국제사회가 공유해야 할 인류사적인 과제로 파악할 필요가 있는 것이다. 이를 통해서 왜 이 문제가 야기되었으며, 또한 여전히 그 역사적 사실을 정면에서 받아들이려 하지 않는가를 계속해서 문제 삼지 않으면 안 된다. 역사적인 사실을 부정·왜곡하려는 역사부정주의·역사수정주의가 여전히 존재하고 있는 사태에 대해서도 대응하지 않으면 안 되기 때문이다. 이를 위해서도 한일의 우호 촉진을 위해 한일의 연구자와 시민이 공동으로 흉금을 털고 논의를 심화해 나가야 한다.[3]

2. 역사 인식의 부재성과 식민지지배 책임

우리는 왜 역사에 구애받고 있는가

먼저 지금 왜 계속해서 역사에 구애받아야 하는가에 대해서 언급하고자 한다. 왜냐하면 '위안부' 문제가 한일 양국의 역사 문제로서 심각하게 된 배경에는 일본인의 역사 인식의 부재성이 지적되고 있기 때문이다. 그럼 왜 일본인의 역사 인식의 부재성이 지적되어야 하는가. 정말 일본 정부와 일본인은 '부의 역사'에 정면으로 대응하려 하지 않는 것일까. 역사를 무시하고 있는 것인가. 역사로부터의 도피를 계속해서 시도하고 있는 것인가. 아니면 반대로 이 문제의 존재 차체를 부정하려하는 것인가.

'위안부' 문제에 이어서 현재 징용공 문제가 새롭게 부상되었다. 이와같이 잇따른 미해결의 역사 문제에 대하여 일본 정부와 일본인들 사이에도 불만이 쌓이면서 문제를 더욱 복잡하고 심각하게 만들고 있다. 실로 악순환이 되풀이되고 있는 것이다. 양국 정부와 국민의 일종의 뒤틀림 현상, 혹은 엉킨 실타래는 간단하게 풀 수 있을 것 같지 않다.

그러한 가운데 일본에서는 금년(2019) 5월 1일 새로운 천황이 즉위한다. 즉위가 예정된 현재의 황태자는 아시아태평양전쟁에서의 최고 전쟁 책임자인 쇼와 천황의 손자에 해당한다. 이렇게 되면 점점 더 쇼와 천황의 존재가 희박해지고 동시에 그의 전쟁 책임에 관한 논의도 후퇴할 가능성이 높다. 도쿄재판에 기소되지 않았으며 지난 전쟁은 군부 급진파들의 독주로 시작된 전쟁이며 쇼와 천황은 관여하지 않았다는 등의 이유로 대다수 일본인은 여전히 쇼와 천황에게 전쟁 책임은 없다는 인식을 품고 있다.

쇼와 천황 자신도 기자회견에서 전쟁 책임에 관한 질문에 대하여 "그런 문학방면에 관해서는 잘 모른다"(1975.10.31)고 답하여 자신의 전쟁 책임에는 관심이 없다는 것을 고백하는 결과가 되었다. 물론 천황의 회답에 관해서는 책임 회피의 발언이며 비판받아 마땅하다는 반응의 한편에는 이 발언을 지지하는 여론도 널리 존재하고 있다. 그것은 종종 인용되는 "본의 아니게 발발한 전쟁"이라는 구절로 나타나고 있다. '본의 아니게'란 천황의 의사에 반하여 전쟁이 발생한 것이며 원래 천황은 전쟁을 피하려고 노력을 거듭했다는 스토리를 만들어냈다.

그러나 천황의 책임부재론은 전후 천황제를 존속시키고 천황제를 매개로 일본을 간접통치하려 한 미국의 강한 의향이 배경에 있었다는 것은 일본에서는 잘 알려진 사실이다. 쇼와 천황의 전쟁 책임을 추궁하고 경우에 따라서는 천황제 해체에 의한 공화정체를 희구한 영국과 네덜란드, 중국 등의 쇼와 천황에 대한 전쟁 책임의 추궁은 미국이 연합국에 대한 전후 지원과의 교환으로 받아들여지지 않았다. 이 전쟁 책임 회피의 정치적 결정은 전후 미국에 의한 일본 통치 방식에서 안출된 것이었다.

또 한 가지 본 주제와 관련하여 지적해야 할 것은 식민지지배 책임에서의 천황제의 위치에 관한 것이다. 식민지 타이완과 조선에서의 최고 권력자는 타이완 총독과 조선 총독이었다. 그들은 전전 일본의 관료제 가운데 최고위직에 해당하는 친임관이었다. 친임관은 천황의 친임식을 거쳐 임명되며 천황에 가장 가까운 관리의 지위에 있었다. 즉 조선 총독 및 타이완 총독은 관리로서는 최고위직이며 또한 현역 무관으로서 식민지에서 절대적인 권력을 가지고 천황을 대신하여 식민지 통치를 실시했다. 그것은 식민지가 사실상 천황에 의해 실시되었다는 것을 의미한다. 그런 점에서도 천황은 식민지의 사실상의 최고 책임자라 할 수 있는 것이다.

전후 천황제의 정치적 역할이나 위치에 관해서는 실로 갖가지 각도에서 논의가 제기되어 왔지만 이와 같이 천황 및 천황제의 식민지지배 책임을 논한 연구는 그다지 많지 않다. 전후 일본인들 사이에 식민지지배 책임이나 역사에 대한 관심이 희박한 이유 가운데 하나가 무의식중에 식민지지배 책임을 묻는 것이 직접, 또는 간접적으로 천황 및 천황제의 식민지지배 책임을 묻는 결과가 된다는 인식이 잠재되어 있을지도 모른다. 도쿄재판에서도 식민지지배 책임의 문제가 등한시되고 미국을 중심으로 한 연합국 측도 이 문제에는 극히 관심이 희박했다.

그 이유로 생각되는 것은 미국이 전후 일본의 점령통치와 주권회복 이후 일본 천황제의 정치적 역할을 높이 평가하고 있었기 때문이다. 동시에 미국·영국·프랑스 등의 식민지 보유국은 식민지지배 책임을 문제 삼으면 자신들도 같은 문제에 직면하게 되기 때문이었다. 즉 식민지지배 책임의 문제는 전승국도 패전국도 똑같이 전후 과제였기 때문이다. 전승국은 그 승리의 대가로 식민지지배 책임을 회피할 수 있었다.

그러한 일본 정부와 대다수 일본인의 역사 인식의 바탕에 침략전쟁 책임과 타이완·조선에 대한 식민지지배 책임을 거절하는 감정이 침전되어 있는 것이 아닐까. 만약 그렇다면 결국 일본 정부와 대다수 일본인에게도 역사를 정면에서 마주대하고 거기서 교훈을 얻으려는 역사인식의 부재라는 말이 될 것이다. 그것을 필자는 역사 인식의 부재성이라고 부른다.

역사 인식의 부재성의 배경

그렇다면 역사 인식의 부재성의 원인은 과연 어디에 있을까. 종종 인용되는 독일의 경우에는 1933년 1월에 실시된 총선거로 선출된 히틀러에 의해 침략전쟁이 실로 '합법적'으로 실행된 역사적 경위가 있었다. 여기서 히틀러가 이끄는 나치스를 선출한 독일 국민은 자신들의 잘못된 판단을 전후 진지하게 반성했다. 그 결과로서 엄격한 전쟁 책임의 추궁과 역사 인식을 심화하려는 노력을 아끼지 않았던 것이다. 전전의 독일은 유럽을 독일화하려 했으며 전후에는 독일의 유럽화에 진력하게 되었다. 그것이 유럽뿐만 아니라 국제사회에서도 신뢰를 회복하여 지금은 EU의 중심국이 되었다.

그러나 일본의 경우에는 침략전쟁의 발동이 '어전회의' 등과 같이 헌법 외적인 기관에 의해 비합법적으로 실시되었다. 그로 인하여 일본인은 전쟁 정책과의 관련 인식을 불충분하게 이해할 수밖에 없었다. 즉 일본인에게는 전쟁에 동원되고 총후에서 공습피해에 조우하기는 했지만 전쟁에 대한 직접 당사자도 전쟁 책임자도 아니었다고 하는 의식이 매우 강하다. 하물며 내지의 연장으로 인식하고 있던 타이완이나 조선에 대한 식민지지배 책임 따위는 안중에도 없었던 것이다.

또한 전후 연합국에 의한 일본과 독일의 점령정책의 차이도 있었다. 즉 연합국군에 의한 점령지배가 펼쳐졌던 독일의 경우에는 연합국의 의도가 직접적으로 반영되었다. 인도적인 관점에서 전쟁 책임을 철저하게 추궁하려는 자세가 강했다. 기독교의 윤리관을 바탕으로 한 전쟁 범죄에 대한 회오의 심정도 있었을 것이다. 그런 의미에서도 종교적이고 정치 문화적 토양도 배경에 있었던 것도 틀림없다.

그러나 일본에서는 천황을 이용해 일본민족을 다스린다는 간접 점령통치로 인해 결과적으로는 전쟁 책임을 추궁하는 의식을 희박하게 만들어버렸다. 즉 점령정책의 일환으로서 위로부터의 한정적인 전쟁 책임의 추궁이 형식적으로 실시된 것에 지나지 않았다. 그것도 미소 냉전 체제가 본격화됨에 따라 이제까지의 일본민주화 노선에서 재군비와 미일안전보장조약 체결 등 이른바 '역코스'가 개시되었다. 이와 동시에 전쟁 책임을 지고 공직에서 추방된 사람들이 해방(공직추방령 해제)되면서 전쟁 책임 문제가 물 건너 가버린 것이다.

독일 국민은 자각적이고 자발적인 행위로서 전쟁 책임 또는 전쟁범죄 책임을 파악하고 그것을 '마음에 새기는erinnern' 것을 통하여 깊이 기억화하는 실천적인 운동을 거듭해 왔다. 일본의 경우에는 이와 비교할 때 극히 대조적이었다. 1980년대 전쟁 책임론과 식민지지배 책임론에 관한 논의가 본격적으로 제기되는 가운데 일본에서는 때마침 나카소네 야스히로中曾根康弘 수상이 '전후 총 결산'을 슬로건으로 전전의 '부의 역사'를 봉인하려 했던 것이다. 다시 말하자면 독일이 전전의 교훈을 현재와 미래에 연결시키려 한 반면 일본은 반대로 전전의 침략전쟁과 식민지지배 등의 '부의 역사'를 봉인하고 전전의 역사를 과거의 문제로 묻어버린 것이다.

게다가 독일의 경우에는 전후 국기와 국가國歌의 포기를 포함하여 전전의 독일과 나치즘을 상기시키는 것과 완전히 단절한 것에 대하여 일본은 원수제에서 상징제로 기능과 역할의 변용은 있었지만 천황제라는 정치시스템을 잔존시키고 동시에 전전의 권력이 그대로 전후에 미끄러져 들어오게 되었다.

당초 완전히 해체된 것처럼 보였던 구 일본 제국 군인들도 재군비와 동시에 경찰예비대, 보안대, 자위대의 고급간부로 복권했다. 정계에서도 전전 도죠 히데키東条英機 내각의 상공대신으로서 사실상 부수상의 지위에 있었으며 전후 'A급 전범'으로 3년간 복역하고 있던 기시 노부스케岸信介가 총리대신까지 올라갔다는 사실이 있다. 일본은 여기서도 전후 권력에 유리한 것은 남기고 불리한 것은 버리는 정치 선택을 강행했던 것이다.

쇼와 천황이 전후에도 천황의 지위에 머물고 침략전쟁이나 식민지의 사실상 지도자들도 잇달아 전후 일본 정치의 중핵을 차지해 왔다. 또한 야스쿠니신사에는 도죠 히데키를 비롯하여 도쿄재판에서 교수형으로 처형된 'A급 전범'들이 합사되어 있다. 현재 자민당이라는 일본의 강고한 보수 권력을 지탱하는 일본의 우익조직 일본회의는 아베 수상을 앞세워 전전 복귀를 목적으로 자민당 국회의원의 대다수를 산하에 거느리고 매우 활발한 개헌운동을 전개하고 있다. 일본회의와 그 실행 부대의 중심이기도 한 신사본청을 비롯하여 일본의 우경화는 멈출 줄을 모른다.

전후 대다수 일본인이 보수 정치와 보수권력을 지지하는 이유에 대해서는 많은 것을 지적할 수가 있다. 그 가운데 간과하기 쉬운 것은 전전의 침략전쟁과 식민지지배 책임을 회피하려는 역사의식이다. 과거의 역사적 사실은 결코 '부의 역사'가 되어서는 안 되며 침략전쟁은 아시아 해방전쟁이고 식민지지배는 아시아 후발 국가의 근대화에 성과를 거두었다고 하는 이른바 식민지근대화론에 의해 전쟁과 식민지지배를 정당화해 왔다. 이와 같이 왜곡된 역사 인식은 현대 일본의 청년층에게도 계승되어 그것이 한국과 조선에 대한 공격, 또는 배외적인 내셔널리즘이 되어 재생산되고 있는 것이 현실이다.

식민지란 무엇인가

그럼 여기서 이 글의 주제가 되는 '위안부' 문제의 국제성과 무시효성의 문제에 대하여 살펴보기로 하자. 징용공 문제를 비롯하여 '위안부' 문제는 두말할 나위도 없이 식민지지배 책임이다. 타이완의 식민지화가 청일전쟁에 의해, 조선의 식민지가 러일전쟁의 결과로 중국 동북지방과 조선반도에 대한 지배권이 확립되는 과정에서 강행된 점에서 그것은 실로 전쟁 책임의 문제로 파악할 필요가 있는 것이다.

그리고 여기서 특히 강조하고 싶은 것은 전쟁 책임 문제가 시간의 경과에 의해 자연스럽게 해소될 성질의 것이 아니라는 점이다. 일본의 속담에 "남의 소문도 75일"이라는 말이 있다. 기억되어야 할 좋은 일이나 문제도 2개월 반 정도 지나면 잊어버리는 법이며 그것이 인간 고유의 생리현상이라는 말이다. 또한 비슷한 의미로 일본인은 "시간이 해결해준다"는 표현을 즐겨 사용한다. 시간이 경과하면 기억이 희미해지고 자연스럽게 망각되기 때문에 무리하게 기억해 두려고 하는 것은 합리적이지 않다는 판단을 의미한다. 또한 "미즈니 나가스水に流す"라는 표현은

과거의 다툼을 모두 없었던 것으로 하고 싸우지 않는다는 의미로 쌍방이 가까워지기 위한 소중한 미덕이라는 사고도 있다.

이와 같이 과거를 '과거화'하는 행위 속에서 역사적인 사실을 검증하고 거기서 교훈을 도출하여 현재를 평가하고 미래에 대한 지침을 이끌어내는 그러한 발상이 유감스럽게도 극히 결핍되어 있다. 다른 표현을 하자면 과거를 봉인함으로써 과거에 구속되거나 과거의 사실에 의해 현재와 미래를 좌우당하고 싶지 않다는 의식이 매우 강하다. 그것이 일본인으로서 가져야 할 역사의식과 역사 인식을 심화하는 데 커다란 저해 요인이 되고 있다.

그렇다면 전쟁 책임을 진다는 것은 어떤 의미일까. 과연 어떻게 하면 전쟁 책임을 다했다고 말할 수 있을까. 보다 구체적으로는 전후보상을 완전히 이행하고 동시에 식민지지배 책임과 침략전쟁 책임을 비판적으로 총괄하여 두 번 다시 식민지지배와 침략전쟁이라는 국가 폭력을 행사하는 국가권력의 존재를 허용하지 않는 민중 주체의 정치시스템을 구축하는 일이다. 여기에는 당연히 독일의 민간조직 '죄의 증거'가 강조한 "우리는 범죄를 보상할 수는 없다. 죄를 보상하는 것이 아니라 속죄할 뿐이다"라고 하는 정신이 국가권력뿐만 아니라 민중 자신에게도 내재화·혈육화되어 가야 한다.

동시에 천황의 전쟁 책임, 식민지 책임, 독가스·세균병기, 그리고 '위안부' 문제와 징용공 문제를 총체적으로 전쟁 책임 문제로서 되묻고 국제사회의 엄격한 비판에 대하여 영속적으로 응답할 것이 요구된다. 그런 의미에서 무시효성과 국제성이라는 용어를 사용하고자 하는 것이다.[4]

식민지지배 책임과 민중의 전쟁 책임

조금 과거의 사실을 상기하기 바란다. 1993년 3월 김영삼 대통령은 '위안부' 문제에 관해서 충분히 조사는 계속하지만 일본에 전후보상은 요구하지 않겠다는 취지의 성명을 발표하여 한국 국내에서뿐만 아니라 국제사회에서도 커다란 비판이 있었다. 김 대통령으로서는 한국 경제의 재건과 일본의 경제협력을 이끌어 내려는 의도가 있었던 것이다. 그러나 '위안부' 문제를 포함하여 한국에 대한 식민지지배 책임을 무시하고 일본의 책임을 면죄하려 함으로서 그 후 일본 정부도 경제협력에 의한 책임회피책을 상투 수단으로 삼게 되었다.

이러한 사실과 경험은 일본 정부와 대다수 일본인에게 독일의 사례와 같이 전후 보상은 아무런 경제 효과를 기대할 수 없으며 그 대신에 경제협력은 한국경제에 대한 영향력을 증대하고 기득 이익의 확대를 가져와 경제적으로 커다란 효과를 기대할 수 있다고 생각하게 만든 것이다. 그 결과 전후 보상이 일본 정부와 일본인의 역사 인식을 묻는 것임에도 불구하고 경제 문제로 환원시켜버림으로써 문제의 본질에 육박하는 의욕도 정신도 포기하게 되어버린 것이다.

이러한 사례를 볼 때 조선 식민지사 연구로 유명한 하야시 에이다이 林えいだい의 다음과 같은 문장을 떠오르게 한다.

일본이 장기간에 걸쳐 완전하게 지배한 식민지는 타이완과 조선이며 더구나 하나의 민족, 하나의 국가가 통 틀어서 지배를 받은 것은 조선뿐이다. 그리고 대부분의 조선인이 일본의 침략전쟁에 동원되어 희생되었다. 이러한 식민지 인민에 대한 차별 지배, 일본 국민의 차별지배의 차이가 문제로

서 명확하게 되어 있지 않고, 또한 이론적으로도 자신의 신체로 확실하게 받아들이지 않고 있다.[5]

　여기서 문제 삼고 싶은 것은 하야시 씨가 지적하는 일본 정부와 일본인의 식민지지배 책임의 무자각적인 정신이나 의식이 과연 무엇에 의해 생겨났는가 하는 중요하고도 심각한 문제이다. 그것을 나는 '민중의 전쟁 책임'이라는 시점에서 논해 보고자 한다.

　타민족의 희생을 강요한 일본민중의 전쟁 책임 또는 가해 책임을 어떻게 파악하면 좋을까. 쇼와 천황과 일본 정부, 그리고 제국주의 시대의 구 육해군 군인 등 지도층의 전쟁 책임과 차원이 다른 영역에 위치하는 민중의 전쟁 책임을 묻는 것은 매우 어려운 문제이다. 왜냐하면 대부분의 민중은 가해자의식보다도 피해자의식이 더 강하기 때문이다. 분명히 전쟁 책임이나 식민지지배 책임의 주체는 천황 및 천황제 시스템이며 전쟁과 식민지 추진세력이었던 군부를 필두로 이를 배후에서 지탱했던 재계, 관계, 사법계, 언론계, 학계, 종교계 등은 정도의 차이는 있지만 천황제 시스템에 포함된 세력이었다는 점에서 전쟁과 식민지지배 책임의 대상임에는 틀림없다. 그러한 제반 세력의 전쟁 책임에 대한 연구는 특히 1980년대 이후 과감하게 메스를 대기 시작하여 많은 선행연구가 발표되고 논의되어 왔다.

　그러나 여기서 문제 삼고 싶은 것은 민중의 전쟁 책임, 가해 책임이다. 천황제 시스템의 책임을 묻는 실증적인 연구가 진전되는 한편, 민중 자신의 책임을 문제시하는 논의나 연구는 여전히 정체되어 있다고 말할 수 있다. 물론, 요시미 요시아키吉見義明(현재 주오대학 명예교수)와 다

카하시 히코히로高橋彦博의 뛰어난 선행연구는 잘 알려져 있다.[6]

이들의 연구는 총력전 체제가 강행되어가는 가운데 교육이나 문화 등을 매개로 한 침략전쟁으로의 민중 동원이 철저하게 추진되어 가는 역사적인 사실을 검증하면서 '군국화'된 민중이 전혀 수동적으로 전쟁에 관여한 것이 아니라 오히려 적극적, 주체적으로 전쟁을 지지했다는 실태를 극명하게 부각해 보였다.

여기서 전전기 일본 민중의 의식조사에 관한 사례를 한 가지 소개하고자 한다. 전전의 문부성사회교육국은 매년 '장정 사상조사'[7]를 내고 있는데, 일본이 미국과 영국, 네덜란드와 개전하기 직전의 1940년에 실시된 징병검사 대상자 가운데 약 2만 명의 사상 조사 결과가 기록되어 있다. 이에 의하면 "현재의 정치를 어떻게 생각하는가" 하는 질문에 '국책을 단행하라'고 회답한 자가 전체의 36.11%, '강력한 정치'를 요구한 자가 전체의 33.4%를 차지하고 있었다. 요컨대 전자는 침략전쟁을 단행하라는 말이며 후자는 군부가 주도하는 정치를 긍정하고 있는 것이다. 이 70%에 가까운 자들이 당시의 정치적 현상을 긍정하고 있으며 그것이 침략전쟁과 식민지지배를 개시하고 계속하는 힘이 되기도 했다는 사실을 확인할 수 있을 것이다.

여기서 중요한 것은 단순하게 교육에 의한 민중의 관리, 통제에 의한 민중의 '군국화'라는 차원으로는 설명할 수 없는 민중의 자발적, 적극적인 전쟁 지지라는 사실을 직시하고 거기서 왜 민중이 침략전쟁과 식민지지배에 가담하게 되었는지를 검토하는 일이다. 그것은 민중이 침략전쟁과 식민지지배에서 무엇을 기대했는가를 묻는 문제이기도 하다. 그것은 곧 일본 민중의 역사 인식을 살피기 위해서는 경제적, 군사적 이유 이외에 민중의 정신세계에 관해서도 고찰할 필요가 있다는 말이다. 이는 지극히 실증하기 어려운 과제이지만 그것을 회피하는 것은 역사의 또 하나의 진실에서 눈을 돌리는 것을 의미한다.

민중에게 내재되어 있는 전쟁과 식민지지배를 긍정하는 감정과 지지열의 진상을 밝히는 일을 게을리 하고 군국주의 교육의 문제만으로 해소시켜 버린다면 세계사적으로 보더라도 이례적일 정도로 철저하게 강행된 민족 말살과 문화 파괴의 원인을 영원히 해명할 수 없게 될 것이다. 이러한 문제와 관련하여 일본인의 정신분석에 관하여 예리한 지적을 하고 있는 기시다 슈岸田秀의 다음과 같은 지적을 소개해 두고 싶다.

군부가 강제적으로 전쟁으로 몰고 갔다는 것은 잘못된 생각이다. 아무리 충군애국과 절대복종의 도덕을 주입받았다 하더라도 국민의 태반의 의사에 반하는 것을 일부의 지배자가 강제할 수 있는 것은 아니다. (…중략…) 국민의 태반이 자신의 내적 자기에게 이끌려 동의한 전쟁이었다.[8]

즉 일본 민중이 일방적으로 '군국의 로봇'이 되어 전쟁과 식민지지배에 종순하게 동원되었을 리가 없다는 것이다.

군부가 일으킨 전쟁에 예상 이상의 지지로 응답하고 동조한 민중의 움직임에 대하여 역으로 민중의 에너지에 대한 경계심조차 환기시키는 역사적 사실을 추적해 온 필자로서는 기시다 씨의 지적에 충분히 동의하는 바이다. 적어도 독일의 경우에는 기시다 씨가 말하는 "내적인 자기에게 이끌려 동의"해버렸다는 것을 솔직하게 인식했기 때문에 전쟁 책임을 자기의 문제로 받아들이고 전쟁에 동조했던 과거와 마주하여 전쟁 책임을 '마음에 새기는' 것을 통해서 자신의 전쟁 범죄를 자각하려 했던 것이다. 그렇게 때문에 '전쟁 책임'이라는 포괄적인 표현보다도 '전쟁범죄'라는 자신이 범한 죄를 적극적으로 인정하려 해왔던 것이다.

그런 까닭에 독일 정부도 1956년에는 '서독연방보상법'을 제정하고 1990년까지 총액 7조 엔이라는 거액의 보상비를 전쟁 피해자에게 국경을 초월하여 지불해 왔다. 그리고 독일 나치정부가 자행한 강제노동에 대해서는 2000년에 재단 '기억·책임·미래'를 설립하고 국가와 기업이 50억 마르크씩 자금을 출자하여 2001년부터 2007년까지 약 100개국에 달하는 국가에 살고 있는 피해자 167만 명에게 총액 44억 유로(약6,200억 엔)을 지불했다. 이것이 독일 정부와 독일인이 말하는 '보상'의 실태의 일부이다.

또한 2018년 10월 30일 한국 대법원에서의 징용공 청구권에 관한 판결 사례와 관련하여 『동아일보』 10월 31일 자 기사에서는 독일이 제2차 세계대전에서 나치정권이 자행한 강제노동에 대한 배상 문제를 해결하기 위해 정부와 기업에 의한 공동 재단을 설립하고 170만 명에 달하는 피해자에게 보상금으로 약 44억 유로(약5조7천억 원)을 지불했다는 사례를 언급하면서 재단 설립은 종전부터 반세기가 지난 1998년 말 슈레이더 수상이 이끄는 사회민주당 정부가 정권을 잡고 급물살을 탔다는 점, 그리고 2000년 8월 재단설립에 관한 법이 제정되어 독일 정부와 약 6500개의 독일 기업이 같은 해 각각 26억 유로를 출자하여 총자본금 52억 유로(약6조7천억 원)의 재단 '기억, 책임, 그리고 미래'를 설립하고 보상금 지급은 이듬해부터 시작되어 2007년에 완료했다는 것을 상세하고 보도하고 있다.

징용공 재판에 대한 일본 정부의 반응

한국 대법원에 의한 징용공 재판 판결에 대한 일본 정부 및 일본사회의 믿을 수 없을 정도의 과잉 비판은 현재까지도 식민지지배 책임을 통렬하게 자각하지 못하고 여전히 눈에 보이지 않는 식민지지배가 계속되고 있는 것이 아닌가 하는 생각을 품게 하는 사건이다. 예를 들면 자민당 의원 나카소네 히로부미中曾根博文 전 문부대신이 "한국은 국가로서의 체제를 갖추지 못하고 있다"는 발언과, 아베 신조 수상이 "있을 수 없는 판결"이라고 일축하는 반응에서 볼 때 '한일기본조약·한일청구권 협정'의 내용에 관해서는 전혀 살펴본 흔적이 없다는 것은 분명하다. 한일기본조약이 일본의 조선 식민지배를 사실상 합법적이며 정당한 것이었다는 입장에서 체결된 것이었기 때문에 근본적으로 재고가 불가결하다는 것은 두말할 나위도 없지만 그 청구권 협정이 한국 국민 개인의 청구권까지도 부정한 것이 아니라는 사실은 일본의 외무관료도 인정하고 있는 바이다.

여기에는 한일청구권 협정의 내용에 대한 몰이해라는 근본적인 문제도 있지만 동시에 그러한 몰이해를 낳은 배경에는 애당초 식민지지배 책임이 없다고 하는 일종의 '믿음'이 존재한다. 그것을 넓은 의미에서 말하자면 역사 인식의 부재성이라 할 수 있을 것이다. 역사 인식의 부재성은 과거를 정면에서 대응하는 것을 회피하고 '부의 역사'를 봉인함으로써 현재적 입장을 유지하려는 자세로 나타나고 있다. '부의 역사'를 극복하는 것을 통해서 새로운 역사를 창조하고 미래를 개척하는 지평을 열어가려 하지 않는 것은 역사에 대한 모독이며 국제사회에서의 신뢰와 존경을 저버리는 일이 된다.

여기서는 한국 대법원의 징용공 재판에 대한 일본 정부의 근본적인 착오에 관하여 약간 언급해 두고자 한다. 2018년 10월 30일 일본의 고노 다로河野太郎 외상은 '대한민국 대법원에 의한 일본 기업에 대한 판결 확정에 관하여'라는 제목의 담화를 발표하고 한일기본청구권 협정은 경제지원의 약속(제1조)과 '양 조약국 및 국민의 재산, 권리 및 이익과 청구권에 관한 문제는 "완전하고도 최종적으로 해결"되었으며 어떠한 주장도 할 수 없다'(제2조)고 되어 있다고 결론 내리고 따라서 일본 기업에 대한 지불 판결은 부당하며 한국 정부는 이러한 판결에 대하여 적절한 조치를 강구할 것을 요구했다. 일본 국내에서는 이를 지지하는 세력이 강하지만 이 담화가 협정 자체의 법적 해석을 근본부터 잘못 해석하고 있다는 정당한 반론이 법조계와 시민운동 속에서 제기되고 있는 것도 사실이다.

요약하자면 첫째로 이번 재판은 전 한국인 징용공 개인이 원고이며 그 개인을 사역한 일본기업을 피고로 하는 민사재판이며 또한 한국 국내법에 의해 판결을 내린 사례이기 때문에 일본 정부가 여기에 개입할 사안이 아니다. 극히 이례적이라고 생각되는 것은 일본 정부가 판결의 가부를 논할 수 있는 입장이 전혀 아닌데도 불구하고 과도할 정도로 반응하고 있다는 점이다. '결코 수용할 수 없다'고 하는 법적 근거는 전혀 없는 것이다. 한국의 사법 판단에 그 가부와 시비를 논하는 것 자체가 한국에 대한 내정 간섭이 된다는 사실을 일본 정부는 깨닫지 못하고 있는 것이다.

둘째로 일본 정부가 한국 정부에 '적절한 조치'를 요구하는 것 자체가 국제적 상식에 어긋나는 일이다. 애당초 한국 정부에 한국 대법원의 확정 판결을 번복하거나 또는 부정할 권한이 없다는 것은 명백한 사실이다. 일본 정부가 일본의 최고재판소 판결을 번복할 권한이 없는 것과 마찬가지인 것이다. 한국 대통령과 한국 정부가 '사법부의 판단을 존중한다'는 주장은 지극히 당연한 일이다. 이것을 일본 정부는 이해하려 하지 않고 있다. 삼권분립의 원리원칙을 이해하지 못하고 있다면 그 자체로 심각한 문제가 된다.

1965년의 '한일기본조약·한일청구권 협정'은 한국 정부가 일본 정부에 대한 배상금을 포기한 것이었지 한국인의 기본적 인권을 구성하는 중요한 재산권으로서의 위자료 청구권까지 포기한 것은 아니었다. 무엇보다도 하나의 법률인 조약이 상위에 있는 한국 헌법에 의해 좌우되는 것이 아니라는 사실은 만국 공통의 헌법 원리이다. 그것을 아는지 아니면 정말 모르는지는 분명하지 않지만 한일기본조약 위반이라는 한 가지만을 가지고 한국 민중이 한국 헌법에 의해 보장된 당연한 권리행사를 부당하다고 단정하는 아베 수상을 비롯한 정치가들과 이를 지지하는 자들의 행태는 몰이해 이상으로 한국과 북한에 대한 차별적 의식을 유감없이 노정한 것이라 할 수 있을 것이다.

징용공 재판은 도야마현富山県의 후지코시不二越재판을 비롯하여 이미 과거에도 같은 사례가 있다. 과거 일본 기업이 화해금의 형식으로 지불에 응한 사례도 있다. 일본 기업의 자세는 재판 결과를 용인할 수 없지만 화해에는 응하는 자세를 일부 보이고 있기는 하다. 그러나 일본 정부의 자세는 이번에도 전혀 변하지 않았다. 한일기본조약 자체가 일본의 한국에 대한 경제 지원을 교환 조건으로 식민지배 책임을 묻지 않는다는 의도로 강행된 실로 부당한 조약이라 할 수 있다. 한국 측에서는 금후 한일기본조약의 내용을 정밀하게 조사하여 이 조약의 재고를 검토하는 단계에 와 있을 지도 모른다. 또한 일본 측도 재협의를 수용하여 본래의 의미에서의 한일 관계 정상화를 위해 노력해야 할 것이다.

역사 인식을 심화하는 것의 의미

국민으로서의 일체감을 담보하는 것으로서 언어·문화 등과 함께 중요한 것이 역사 인식이다. 예를 들면 건국의 역사를 보급함으로써 같은 역사 속에서 국민으로서의 긍지와 자신이 주입되고 국가에 대한 신뢰와 충성, 그리고 안주감이 자라게 된다. 거기에는 배외주의적인 내셔널리즘이 때로는 극히 선동적으로 끓어오르기도 한다. 그러한 경우 교육 현장 등을 통하여 국민의 역사 학습은 '국민국가'로서의 정통성을 획득해 가는 과정이기도 했다.

따라서 아시아 평화공동체 구축에 극히 중대한 장애물로서 무엇보다도 이러한 '국민국가'로서의 일체감을 지탱하는 역사 인식의 문제가 있다. 그것은 '공동체'가 '국민국가'의 해체를 전제로 한 것이 아니라 기존의 국가 간의 경제적·정치적·문화역사적 장벽을 제거하는 과정에서 구축되는 것으로 정의할 경우 가장 커다란 과제로서 역사 인식 문제가 있다고 생각하기 때문이다.

아마도 간단한 해답을 찾기 어려운 역사 인식의 문제는 우회적으로 경제적이고 정치적인 과제의 극복부터 우선되어야 할 것이다. 그러나 우회적이 될지도 모르는 역사 인식의 문제에 관해서는 실은 유럽 이상으로 아시아 지역에서 한층 복잡하고 심각한 괴리가 여전히 현저하다. 한일 관계의 경우 '위안부' 문제와 징용공 문제 등 보다 구체적인 역사 문제가 한층 심각해지고 있는 현상에 있다.

보다 구체적으로 말하자면 2011년 11월 14일 한국정신대 문제대책협의회(정대협)에 의해 서울의 일본 대사관 앞에 건립된 '평화의 소녀상'(일명 일본군 위안부상) 문제가 있다. '소녀상'은 2018년 8월 현재 한국 국내에서 100개를 넘었으며 한국 국내뿐만 아니라 미국, 캐나다, 호주, 독일 등에도 건립되고 있다.

이러한 움직임에 일본 정부는 강고한 자세로 임하고 있다. 예를 들면 2016년 12월 28일 부산의 일본총영사관 앞에 '소녀상'이 세워졌을 때 일본 정부는 앞선 한일 합의에 위배된다고 하여 이듬해 1월 6일 대항 조치로서 재한일본대사관의 나가미네 야스마사長嶺安政 특명전권대사와 재부영사관의 총영사 모리모토 야스다카森本康敬를 일시 귀국시키고 한일 통화스왑협정에 관한 협의를 중단했으며 한일 간의 고위급 경제협의 중지, 재부 일본총영사관 직원들의 부산광역시 관련 행사 참가 보류 등의 대항 조치를 취한다고 발표했다. 일본 국내에서는 일본 정부의 항의와는 별도로 지방의원 등에 의한 철거 요구운동이 전개되었다.

역사 문제가 정치외교 문제로 발전한 사례이다. 그러나 역사 문제를 정치외교 문제로 비화하면 결코 해결할 수 없다는 것은 과거의 사례를 보더라도 명백한 일이다. 중요한 것은 한국 국민의 감정을 치유하는 성실한 자세이다. 그럼에도 불구하고 일본 정부의 자세는 한국 국민의 감정을 자극할 뿐의 행위라고 할 수 있다. 역시 1993년 8월 4일 고노 요헤이河野洋平 관방장관에 의한 '고노담화', 1995년 8월 5일 무라야마 도미이치村山富市 수상에 의한 '무라야마 수상 담화'에서 제시된 '위안부'에 대한 진지한 자세, 식민지지배 책임에 대한 깊은 반성을 기축으로 한 역사 화해를 위한 끈질긴 노력이야말로 요구되어야 할 것이다.

　여기서 문제 삼아야 할 것은 일본에서 여전히 강하게 주장되고 있는 침략전쟁 부정론의 역사수정주의와 역사부정주의의 존재가 피침략국에 불신과 혐오감을 심어주고 있다는 점이다. 또한 식민지지배의 역사에 관해서도 식민지근대화론 등이 통용되고 있는 일본의 역사 해석의 존재이다.

　그런 점에서 볼 때 전후 일본인들 사이에 되풀이해서 도입되는 극히 편의주의적인 아시아태평양전쟁관의 문제가 있다. 그 전쟁은 분명히 침략전쟁이며 폭력과 억압의 극히 상징적인 사례로서 일본인의 역사 인식 속에 각인되어야 하는 것이었다. 그러나 이와는 반대로 아시아태평양전쟁은 침략전쟁이 아니라 서구 열강에 의한 아시아 식민지지배를 타파하기 위해 일으킨 아시아해방전쟁이라고 하는 역사 인식이나 역사 해석이 여전히 통용되고 있는 상황이다. 뿐만 아니라 그것이 현대국가의 공유 인식으로 되어 있는 측면이 강하다.

　'국민국가'에 불가결한 역사 인식의 공유가 타국과의 사이에 용인하기 어려운 것이라고 한다면 그 자체를 극복하는 작업이 불가결하게 된다. 오늘날에 있어서 일국의 역사를 일국만으로 에워싸는 것은 불가능하다. 분명히 근현대에서 역사는 '국민국가'의 형성에 불가결한 수단으로 철저하게 정치에 이용되어 왔다. 장래에도 그러할 것이다. 그러나 인류가 걸어 온 역사에는 민족과 국가를 넘어서 상호간에 교훈으로 삼아야 할 사실과 진리가 포함되어 있다. '국민의 역사'라는 관념에서 벗어나 '인류의 역사'라는 역사의 보편적인 역할을 재고할 때 비로소 역사수정주의나 역사부정주의를 극복할 수 있을 것이다.

3. 식민지지배의 역사를 왜 잊어버리는가

상실되는 식민지지배 의식

여기서는 일본 및 일본인이 침략전쟁이었던 '아시아태평양전쟁'을 아직도 총괄하지 못하고 있는 현실을 부각시키고, 가해의식을 망각하는 역할을 한 식민지근대화론의 비논리성을 비판적으로 검토한다. 그러한 역사의 검증을 통해서 새롭게 전쟁의 기억과 평화의 사상에 관한 현대 일본의 사상사적인 상황을 개관해 보기로 한다.

여기서 특히 중요한 것은 역사 인식을 거론할 때 피할 수 없는 역사 과제로서의 식민지지배에 관한 문제이다. 침략 책임이나 전쟁 책임 문제와 같은 의미에서 여기서는 '식민지지배 책임'이라는 용어를 사용한다. 이제까지의 제반 연구에서 식민지지배 또는 식민지 통치라는 용어로 전후 일본에서의 식민지사 연구는 커다란 성과를 거두어 왔다. 그러나 한편으로는 식민지지배를 책임이라는 용어로 파악하려는 식민지지배 책임에 관해서는 여전히 공유할 수 있는 책임의 소재가 확정되어 있지 않다. 예를 들면 식민지근대화론으로 대표되듯이 식민지지배와 통치를 일부 긍정하는 논고와 발언이 다수 존재하고 있다.

이러한 식민지근대화론도 다양한 시점에서 갖가지 논의가 제기되고 있지만 거기에는 지배자 측의 시점과 피지배자 측의 시점, 식민지 타이완과 식민지 조선이라는 식민지의 소재에 따라서도 파악 방식이 다르다. 그리고 무엇보다도 식민지근대화론이 식민지지배 책임을 완화하는 목적과 작용을 기대하고 논의되는 경우와, 실제로 식민지의 근대화를 가져오고 식민지 사람들의 생활도 어느 정도 풍요로워졌다고 하는 적극적인 평가도 주장되어 왔다.

　그러나 역사적인 고찰의 대상으로 할 경우 다음과 같은 몇 가지 주의가 필요하다. 첫째로 누구를 위한, 무엇을 위한 식민지지배였는가 하는 시점에서 지배하는 측의 정책과 의도를 명확하게 할 것, 둘째로 서구열강의 식민지지배를 배척하고 일본이 식민지지배자가 되는 것의 의의를 논하는 극히 자의적인 해석의 문제성을 배려할 것, 셋째로 피식민지 민족 사이에 계층분화를 가져와 부유층에게는 식민지지배가 대체로 도움이 되었지만 식민지지배에 의한 은혜를 누릴 수 없었던 경제적인 의미에서의 중간층 이하의 사람들에게 식민지지배가 가지는 의미가 무엇인가 하는 점에 주의할 필요가 있다. 즉 계층에 따라서 식민지 피지배자들이 받아들이는 방식이 달랐다는 것을 전제로 해야 하는 것이다. 따라서 지배 책임은 식민지지배자 측의 문제이지만 식민지 피지배자의 수용 방식도 감안하면 지배 책임의 내실도 달라질 것이다.

　전후 일본인의 희박한 역사 인식을 가장 단적으로 보여주는 것이 타이완과 조선에 대한 식민지지배 책임 또는 식민지지배의식이다. 역사적인 사실로서 일본이 과거 타이완과 조선을 식민지로 지배했다는 것은 알고 있어도 어떤 역사적인 배경에서 식민지를 보유하게 되었는지에 대한 관심은 지극히 낮은 것이 현실이다.[9] 전후 일본인은 식민지 피지배자들이 일본의 지배나 통치에 어떤 반항을 거듭해 왔는지에 대해서 알려 하지 않았다. 심지어 청나라가 일본과의 전쟁에서 패하고 시모노세키조약에서 타이완과 펑호 제도를 일본에 할양할 것이 결정된 후 타이완에 상륙한 일본점령군에 대하여 청나라 잔병과 타이완 주민이 식민지지배에 반대하여 결기한 역사적인 사실을 현대 일본에서는 거의

망각하고 있다. 이를 타이완사에서는 '을미乙未전쟁'이라 부른다.[10]

그리고 여기서 문제로 삼고자 하는 것은 식민지지배가 종언을 맞이한 경위에 관해서도 마찬가지로 거의 관심을 가지지 않았다는 점이다. 좀 더 정확하게 말하자면 식민지지배의 종언이라는 사실이 일본이 패전했다는 사실과 연동하지 않고 분리하여 의식되어 왔다. 이 두 가지 문제는 상호 밀접한 관계에 있음에도 불구하고 전후 일본인에게는 패전 체험과 식민지 포기 체험이 같은 차원에서 파악되지 않고 있는 것이다. 물론 그 원인은 전후 일본인의 아시아에 대한 인식과 무관하지 않다. 직접적인 원인으로서는 타이완이든 조선이든 지배를 받던 시대에 반일저항운동이 존재하고 다수의 저항조직이 형성되어 있었지만 일본의 패전으로 독립 획득됨으로서 예를 들면 프랑스와 알제리의 경우와 같은 식민지전쟁[11]의 역사적인 체험을 경유하지 않고 식민지의 '자연소멸'과 같은 감각만이 남는 결과를 가져온 것이다.

이에 더하여 일본 패전 후 동서 냉전이라는 전후의 국제질서 속에서 미국은 아시아 전략을 우위에 두고 추진하기 위해 일본을 동맹국으로 만들 필요가 있었다. 이에 따라 미국은 전쟁배상 청구권을 가지는 침략 당한 국가들에게 배상 청구권을 포기하도록 공공연히 압력을 행사하여 일본에 대한 전쟁배상 문제가 보류되었다. 그 결과 일본은 식민지지배 책임을 지지 않은 채로 식민지지배 지역에서 '철수'할 수 있었던 것이다.

그리고 조선은 분단국가가 되면서 일본에 대하여 식민지 책임을 묻기 어려운 상황이 되었고 중국에서도 장개석의 국민당과 모택동의 공산당 사이의 내전(1945~1949)에 의해 이 또한 같은 상황하에 놓이게 되었다. 동서 냉전 체제의 개시가 일본으로 하여금 식민지지배 책임을 정면에서 마주하는 기회를 놓치게 함으로서 그 후 일본인의 식민지지배에 대한 애매한 기억에 박차를 가하게 된 것이다.

뿐만 아니라 1965년 6월 22일 체결된 '일본국과 대한민국과의 사이의 기본 관계에 관한 조약'(통칭 '한일기본조약') 체결 전후부터 조선근대화론에 의한 식민지지배 정당화와 긍정론이 등장하게 된다.[12] 실제로도 '한일기본조약' 교섭이 한창일 때 조선근대화론을 주장하는 일본 측의 외무 관료가 있었다.[13] 이는 당연히 한국 측의 맹렬한 비판을 받게 되어 체결 교섭은 이후 4년간이나 중지되었다.

이 문제를 생각할 경우 약간 우원한 방법일지도 모르겠지만 처음부터 아시아태평양전쟁이란 과연 무엇이었는가 하는 문제부터 시작하지 않으면 안 된다. 왜냐하면 타이완과 조선의 식민지지배, 또는 '만주국'의 '건국'으로 상징되는 괴뢰국가의 수립과 네덜란드령 인도네시아, 영국령 말레이시아, 미국령 필리핀 등, 일본이 군정 통치를 강행한 아시아 각국에 대한 관여의 실태를 재검토하는 과정에서 역시 마지막으로 남는 과제는 아시아태평양전쟁의 평가를 어디에 두는가 하는 문제가 되기 때문이다.

'아시아해방전쟁'이라는 평가가 반복되고 그것이 활개를 치면서 일정한 지지를 획득하고 있는 현실을 염두에 두고 이 문제에 대해서 언급하고자 한다. 즉 여기서는 식민지지배의식이 희박한 원인으로 전후 일본인의 아시아태평양전쟁의 총괄이 불충분했다는 것을 지적해 두고자 하는 것이다.

전쟁 책임 부재성의 원인

거듭 말하지만 '아시아태평양전쟁'이 침략전쟁이며 일본의 식민지지배 및 군정통치를 속행하기 위한 국가의 선택이었던 것은 틀림이 없다. 그렇다면 전후 74년을 맞이하는 오늘날까지도 여전히 '아시아해방전쟁'이 주장되고 침략 책임과 식민지지배 책임이 국민 의식으로서 정착되지 않고 있는 이유는 무엇인가에 대해서 생각해 볼 필요가 있다.

원래라면 이미 청산되었어야 할 '아시아해방전쟁'론이 여전히 갖가지 장에서 제기되고 재생산되는 현실이 있다. 역대 수상에 의한 야스쿠니신사 참배와 이를 지지하는 국민여론과 국민의식의 존재는 여전히 현저하다. 따라서 아래에서는 전쟁 책임 의식의 부재성이라는 파악 방식이 가능한 실태에 관하여 살펴보고자 한다. 그렇게 하지 않으면 '아시아해방전쟁'론을 극복하기 어렵다고 생각하기 때문이다. 여기서 전쟁 책임 부재성의 원인은 대체로 두 가지로 정리할 수 있다.

첫째로 아시아태평양전쟁의 총괄의 과오라는 점이다. 일본 정부와 국민의 대다수는 아시아태평양전쟁에서 일본이 패배한 원인을 영미와의 병참 능력과 공업 능력의 격차에서 구하고 아시아 민중의 저항운동이나 반일 내셔널리즘이 실질적인 패배 원인이었다는 점에 대해서는 거의 자각하지 못하고 있다. 분명 일본의 패배는 미국에 의한 원폭 투하에 의해 결정되기는 했지만 장기간의 전쟁에 의해 국력이 피폐하고 국내에서 염전기운을 양성시킨 최대의 요인은 아시아에서의 전쟁, 특히 중일전쟁의 교착화로 인하여 국력의 소모를 가져온 결과였다.

여기서는 구체적인 수치로 일본이 중국을 중심으로 하는 아시아와의 전쟁으로 국력을 소모하고 패배가 결정된 사실을 제시해 두고자 한다. 예를 들면 1941년 단계에서 중국 본토에 투입된 일본 육군 병력은 전체 병력의 65%(138만 명)로 일본 본토 배치 병력 27%(56만 5천 명) 및 남방

지역 7%(15만 5천 명)을 크게 상회하고 있었다.

그리고 미군과 주된 전투가 있었던 남방전선(남태평양전선)에 1945년 단계에서 투입된 병력 수는 164만 명에 달하고 있었지만 같은 해 중국 본토에는 198만 명의 육군 병력이 투입되었다. 이러한 수치를 통해서도 중국전선의 비중이 얼마나 컸는지를 알 수 있을 것이다.[14]

그러나 일본 정부와 대다수 일본인은 패전 원인을 물리적 능력의 격차에서 구하고 두 번 다시 패배하지 않기 위해 물리적 능력의 향상과 강화를 꾀해야 한다는 결론에 도달한다. 그것이 이후 고도경제성장의 원동력으로 발휘되기는 하지만 아시아에 대한 침략전쟁의 망각도 동시에 진행되었던 것이다.

오늘날까지 연면하게 이어지는 미국과의 과도한 동맹 관계와 이를 지탱하는 일본인의 국민의식의 배경에는 거의 결정적이라고 할 수 있을 정도로 '아시아태평양전쟁'에 대한 총괄의 과오를 지적할 수 있는 것이다. 그것이 전후부터 현재에 이르기까지 계속되는 아시아 국민들과의 관계성을 강하게 규정하고 있는 것으로 생각된다. 일본의 침략전쟁이 아시아 국민들에 의해 실패했다는 사실을 정면으로 받아들이지 않고서는 전쟁 책임도, 식민지지배 책임도 주체적으로 자각하기 어려운 것이다.

식민지 근대화론 · 긍정론

이러한 일본 정부와 일본인의 고질병은 실은 전후 냉전구조 속에서 한층 심각해진다. 그것은 크게 세 가지 문제점을 지적할 수 있다.

첫째로 중국혁명(1949) 이후의 냉전 구조 속에서 일본이 미국의 아시아에 대한 전략의 정치적이고도 군사적인 요체로 자리매김되어 미국의 비호를 받게 되면서 일본의 침략 책임과 전쟁 책임이 봉쇄되었다는 점이다. 더구나 일본의 침략을 받은 아시아 각국의 대부분은 냉전 구조를 배경으로 군사정권(인도네시아, 한국 등)이나 권위주의적 국가(필리핀 등)가 자국민의 전후 보상을 포함한 전쟁 고발의 기회를 박탈했던 것이다.

이러한 냉전 구조에 의해 미국의 아시아에 대한 전략에 기인하는 아시아 각국의 내부 사정이 겹쳐 일본은 전쟁 책임에 대한 외압을 경험하지 않고 고도경제성장에 집중할 수 있었던 것이다. 또한 이러한 냉전 구조 속에서 일본 정부와 정치가들의 대부분이 둔감각한 역사 인식을 보여주는 이른바 '망언'을 반복해 온 것이다.[15]

이와 같이 올바른 역사 인식을 심화하는 기회를 놓친 대부분의 일본인은 냉전의 종언을 계기로 아시아 각국에서 민주화가 진전하면서 일본의 전쟁 책임과 침략 책임을 묻는 목소리가 나오기 시작했을 때, 이에 대하여 적대감조차 숨기려 하지 않는 뒤틀린 대응을 보인 것이다. 현역 수상의 야스쿠니신사 공식참배라는 사태에 대하여 한국, 중국, 필리핀, 타이완을 비롯하여 다수의 아시아 국가에서 일본의 전쟁 책임과 전후 책임을 격렬하게 규탄하는 움직임이 활발해진 것은 일본 정부와 일본인에게도 아시아태평양전쟁을 새삼 되묻는 절호의 기회를 제공하는 것이었지만 일본은 그것을 진지하게 받아들이지 않았던 것이다.

둘째로 타이완과 조선의 식민지지배 책임의 부재성이다. 그 부재성의 원인은 처음에 들었던 원인과 부분적으로 중복한다. 냉전구조를 배경으로 타이완에서는 장개석의 국민당 지배가 오랫동안 계속되고 한국에서는 1961년 5월 16일 박정희 소장(1963.10.15, 제5대 한국 대통령에 취임)의 군사 쿠데타로 시작되는 30년에 가까운 군사정권이 이어지면서 타이완인과 한국인들은 개발독재형의 정치체제하에서 일본의 식민지지배 책임을 묻는 일 자체가 사실상 봉쇄되어 왔다.

또한 일본은 인도네시아와 필리핀을 비롯하여 타이완과 한국 등 주변 국가의 개발독재형 정치체제에 대한 경제 지원을 미국과 함께 두텁게 하고 이들 정권을 강화하는데 도움을 주면서 간접적으로 과거에 대한 책임 추궁의 가능성을 지워갔던 것이다. 그것은 동시에 일본 정부와 일본인에게 과거를 되묻는 기회를 포기하는 것을 의미했다. 과거 일본이 식민지 보유국이었다는 것에 대한 기억은 존재했지만 그것은 기껏해야 향수의 대상이며 더구나 '한일기본조약' 체결을 전후해서 되풀이되었던 '식민지근대화론'의 언설이었다.

대다수의 일본인에게 식민지지배는 결코 잘못된 역사의 선택으로 의식화되지 않았던 것이다. 일본의 조선에 대한 식민지지배에서는 조선문화와 조선인의 아이덴티티의 파괴와 말살이 강행되었다. 타이완에서도 교묘한 통치 기술로 식민지지배 개시 직후부터 일본의 언어교육과 미술교육 등이 도입되어 타이완인의 '일본인'화를 위한 의식 변경의 시책이 반세기간 속행되었다.

타이완과 조선에서는 '내선일체'와 '일시동인' 등의 슬로건이 빈번하게 사용되어 피지배의 의식에서 통일, 융합이라는 의식과 감정이 형성되어 간다. 그러한 가운데 피지배의 현실과 실태가 은폐되고 이른바 식민지의 '일본화'(=大和化)라는 구조 속에서 타이완사회에서는 식민지긍정론과 식민지근대화론이 식민지시대부터 나타나고 있었으며 그것이 오늘날까지도 재생산되고 있는 것이다.[16]

즉 일본 패배 당시에 파생되었을 터인 피식민지국가와 군정지배를 받았던 국가로부터의 반발이 냉전체제 속에서 묵살되었던 것이 '아시아해방전쟁'론을 준비하는 중요한 이유로 생각된다. 바꾸어 말하자면 '아시아해방전쟁'론을 준비하기 위해 역사적으로는 실증 불가능한 식민지근대화론이 보급되고 있는 것이다.

셋째로는 천황 및 천황제에 의해 전쟁이 시작되고 '종전'되었다고 하는 아시아태평양전쟁의 본질에서 유래하는 문제이다. 중일 간의 15년 전쟁과 대 영미 전쟁이 접합한 전쟁으로서의 '아시아태평양전쟁'은 군부에 의한 모략(만주사변)으로 시작되었으며 그 연장선상에서의 중일 전면 전쟁은 국제적 고립을 회피하기 위해 선전포고 없이 시작된 전쟁으로서 일본에서는 '사변日華事變'으로 불리었다.

그리고 대 영미 전쟁도 초헌법적인 기관인 어전회의(1941년 9월 6일)에서 사실상 그 개시가 결정되었다. 그리고 1945년 8월 15일의 일본 항복도 전혀 밀실에서 결정되었다. 즉 전쟁의 모든 것을 국민이 알 수 없는 천황 주변의 폐쇄된 공간에서 결정되고 있었던 것이다. 전전기 불굴의 변호사로 유명한 마사키 히로시正木ひろし가 자신이 편찬한 잡지『近きより』에서 이 전쟁을 "실은 짐의 신변의 안전을 위해 선전하고 짐의 신변의 안전을 위해 항복했다고 볼 수 있다"[17]고 갈파했듯이, 이 전쟁은 문자 그대로 "천황에 의한, 천황을 위한 전쟁"이었던 것이다.

따라서 이 전쟁은 국민이 철저하게 동원된 전쟁이며 동시에 국민 부재의 전쟁이었다고도 말할 수 있다. 즉 전쟁 피해의 역사 사실과 피해자로서의 실감을 강하게 품는 반면, 전쟁 가해자 의식을 포함하여 전쟁에 관여했다는 의식은 극히 희박한 것이다. 전후 일본인의 대부분의 감정은 천황과 군부 등의 지도자에게 '속았다'는데 지나지 않으며 자신에게는 책임이 없다는 감정의 근저에 있는 것은 자기 이외의 타자에 대한 전쟁 책임을 전가하는 의식이다. 그러나 거기서는 일본인의 전쟁 책임 의식이나 역사의 극복은 기대할 방도가 없다.

아시아태평양전쟁의 특질로 인하여 가해자 책임의식이 생겨나기 어렵다는 문제와 동시에 보다 큰 문제는 이 전쟁이 '아시아해방전쟁'이었다고 인식함으로서 잠재되어 있는 가해 책임 의식에서 해방되고 싶다는 심정이다. '아시아해방전쟁'론의 시비를 둘러싼 문제의 바탕에는 가해자로서 규탄의 대상이 되는 것에 대한 불안감과 위기감을 품는 일본인의 심정적인 문제가 숨어있다. 그것은 역사 사실로서의 침략 책임과 식민지지배 책임은 회피하기 어렵다고 인지하면서도 그것을 받아들이는 데는 주저하는 심정이라고 할 수 있다.

물론 이러한 의식이나 감정은 면죄의 이유가 될 수 없으며 시정되어야 한다. 침략당한 쪽의 국민들에게 이러한 의식이나 감정은 통용되지 않는다. 여기서는 '아시아태평양전쟁'이 설령 '천황의 전쟁'이었다 하더라도 그 전쟁에 왜 '속았는가' 하는 엄격한 추궁이 불가결하다. 그러한 자세 속에서 전쟁지도자에 대한 책임을 추궁하는 것도 가능해 질 것이다. 그렇게 하지 않고서는 역사 문제의 극복도 '역사 바로 세우기'도 불가능하며 아시아로부터의 신용도 회복할 수 없을 것이다.[18]

이상과 같이 전쟁 책임을 일부 군부의 급진파에게 전가하여 천황을 포함한 전쟁 지도자와 엘리트 관료의 전쟁 책임을 면죄하고 진정한 전쟁 책임의 소재를 애매하게 해왔던 것도 전후일본인이 역사와 진지하게 마주하지 않았다는 것을 여실히 증명해 주고 있다. 사실 이러한 점이 오늘날 아시아로부터 규탄의 대상이 되고 있는 것이다.

4. 식민지 근대화를 극복하기 위해서

식민지주의를 둘러싸고

그렇다면 왜 전후 일본과 일본인은 역사를 극복하려 하지 않는 것일까. 아시아태평양전쟁의 총괄을 그르치고 전후 일본을 둘러싼 국제 정치 질서, 즉 미국의 군사전략에 포섭됨으로써 탄생한 전후 보수 구조의 문제, 일본 특유의 정치 문화 등 이미 설명한 부분도 포함하여 거기에는 갖가지 이유를 지적할 수 있다. 그래도 여전히 왜 라는 의문은 남는다. 이 의문에 답을 찾는 것은 그다지 쉬운 일이 아니지만 전후 일본의 식민지 인식과 심화되지 않는 침략 책임, 식민지지배 책임의 파악에 대한 문제성을 지적하면서 청산되지 않는 식민지주의의 문제를 언급하고자 한다. 이러한 식민지근대화론을 둘러싼 다양한 접근으로 이루어진 연구 상황이나 논의는 일본에서도 매우 활발하다. 아래 내용은 그런 의미에서 선행연구와 논의의 일부에 지나지 않는다.

일본의 식민지 통치의 역사를 식민지주의의 개념을 사용하면서 정리하면 현재로서도 대체로 다음과 같은 주장이 여전히 건재하다. 즉 이 글에서 되풀이해서 지적했듯이 식민지지배에 의해 일본은 식민지와 아시아 각 지역의 근대화에 공헌했다고 하는 식민지근대화론이다. 그것은 식민지 주민의 경제 발전에 기여했을 뿐만 아니라 인권과 민주주의의 충실에도 공헌했다고 하는 것이다. 간단하게 말하자면 일본의 타이완과 조선에 대한 식민지 통치는 '문명개화'와 '식산흥업'을 가져왔다는 것이다.

그리고 타이완과 조선에 대한 통치이념인 '일시동인'에 의한 황민화운동은 타이완인과 조선인의 자질을 '일본인 수준'으로까지 끌어올림으로써 차별과 격차의 '해소운동'이었다고 한다. 이러한 논리나 총괄이 여전히 표출되고 있는 배경에는 과연 무엇이 있는 것일까. 여기서는 두 가지 포인트를 지적해 두고자 한다.

첫째 포인트는 제국 일본의 생성과 전개의 과정에서 생긴 특징으로 지적할 수 있다. 즉 제국 일본은 메이지유신에 의한 국민국가 형성부터 청일 · 러일전쟁을 거쳐 제국주의국가, 또는 군국주의 국가가 되고 이 두 전쟁을 전후해서 타이완과 조선을 영유하는 식민지 제국이 되었다는 점에서 국민국가로서의 국민의식이 형성되는 과정에서 식민지 영유국 의식이 거의 무의식적으로 내재화되었다. 간단하게 말하자면 타이완과 조선은 식민지이면서 일본의 정규 영토로서 의식화되어 갔다. 그것은 국민국가 형성과 식민지 영유와의 사이에 일정한 시간적 갭이 있었던 영국, 프랑스를 비롯한 서구의 식민지 보유국과의 차이로 지적할 수 있다.

서구의 식민지는 본국과 떨어진 원격지에 소재하고 역사도 문화도 관습도 상당한 괴리가 존재하고 있어 국민통합의 대상 밖에 있었다. 이에 비하여 일본과 근접한 지역의 타이완과 조선을 식민지로 삼으면서 영유 지역이 국민통합의 대상인지 아닌지의 판단이 불분명해 졌다. 그러나 타이완과 조선 영유의 주된 목적이 처음에는 경제적 이익의 수탈이 아니라 군사적 의도가 강했던 점도 있어 일시적으로 검토되었던 간접통치 방식의 채용이나 식민지의 구 관습을 온존시키자는 논의가 부정되고 총독부에 의한 직접통치와 황민화정책이 채용되었던 것이다. [19]

좀 더 객관적으로 말하자면 특히 식민지 타이완에서는 정규 영토와 식민지와의 중간적인 자리매김이 있었다는 점이다. 이를 위해 아시아태평양전쟁 개시 이후 타이완인도 총동원의 대상이 됨과 동시에 일본어 교육의 철저를 꾀하게 된다. 이제까지의 언어정책에서 일본어교육과 병행하여 현지어 교육도 실행되었던 점의 의미는 주목할 필요가 있다.

두 번째 포인트는 대부분의 일본인에게 내재되어 있는 식민지주의와, 탈식민지화에 성공한 아시아 각국의 국민에 대한 새로운 식민지주의(=신식민지주의)에 대해서 거의 자각하지 못하고 있다는 문제이다. 근대일본의 생성 과정에서 급속한 국민국가화는 서구 열강에 의한 아시아 식민지화에 대한 대응 과정 속에서 봉건 잔재로서의 전근대성을 극복하고 근대화를 실행에 옮기기 위해서도, 또는 군사적 완충지대를 설정하기 위해서도 식민지 보유에 대한 충동을 수반하는 것이었다.

즉 국민국가 일본의 근대화와 식민지 보유를 동시에 진행하고 이 두 가지 과제가 상호 표리일체의 목표로서 설정되었다. 국내의 근대화와 국외에서의 식민지 영유라고 하는 국가 정책이 같은 차원에서 인식되어 갔던 것이다. 그런 까닭에 식민지 영유와 그 통치 및 운영을 추진하는 과정에서 일본은 근대화 과정에서 필수적인 전제가 되는 근대성과 식민지성이라는 두 가지 성질을 동시에 잉태한 국가로서 발전해 간다.

이 두 가지 성질은 근대화 과정에서 필수 조건으로서의 식민지 영유라는 관념으로 고착되어 갔다. 그리고 여기서 문제는 이미 윤건차가 지적했듯이 근대화에 잉태된 폭력성과 식민지성이다.[20] 즉 근대화의 진전에 비례하여 대내적 폭력이 법제화되고 정당화되는 차원이 상승하고 대외 식민지의 확대가 끊임없이 지향되는 것이다. 근대화, 또는 근대성이 폭력을 기반으로 성립하고 폭력을 담보로 실체화되는 것인 까닭에 특히 급속한 근대화를 달성하려 한 제국 일본의 폭력성은 두드러진 것이었다. 통제·동원·억압의 국내시스템이 기동하고 그것이 끊임없는 전쟁 발동과 침략전쟁으로 연결되어 갔던 것이다.

식민지지배와 천황제

최근 특히 식민지주의론에서 빈번하게 적용되는 '식민지근대'의 개념 설정도 다양한 논의가 전개되는 가운데 일본의 근대화는 끊임없이 적나라한 폭력성을 내재화시키는 과정이었다. 즉 같은 식민지주의를 표방한 서양 근대와는 일정한 차이가 존재한다는 점이다. 그러나 최대의 문제는 그러한 폭력성을 내재화시킨 근대화의 과정에서 억압되고 통제되어 왔을 터인 대부분의 일본인에게 그러한 '식민지근대'에 대한 비판정신이 거의 자라지 않았다는 점이다. 그 이유는 천황제 내셔널리즘, 또는 천황제지배 국가 체계에서 구할 수밖에 없을 것이다.

즉 일본인에게 천황제 국가가 재생산하는 이른바 가족국가관이 일본 이외의 아시아를 차별과 억압의 대상으로 하는 결과까지도 유인하여 그것에 의해 일본 일국주의에서 일본 절대주의의 감정을 확산해 가는 가운데 일본 고유의 역사의식이 정착되어 간다. 거기서는 피식민지, 피식민지 민족에 대한 생각은 절단되고 이와 반비례하여 제국의식이 배양되어 갔던 것이다.

그런 의미에서 천황제는 타자를 지배하는 고통을 제거하는 장치로서도 기능했다고 할 수 있다. 거기에는 당연히 식민지지배의 고유한 폭력성에 무감각하게 된다. 더구나 천황제는 식민지 근대화의 폭력성을 정당화하는 장치로 기능하고 있었던 것이다. 그리고 거기에 일본인 고유의 역사 인식이 생기게 되는데, 그것은 일본인에게만 통용되는 배타적인 역사 인식이며 윤건차는 그것을 '고절의 역사의식'이라고 표현했다.[21]

이와 같이 천황 및 천황제국가로의 귀속의식과 이른바 '국체' 정신이 식민지 보유국민으로서의 자부심과 자각에 박차를 가하고 자신에게 부과되는 폭력과 억압을 타자, 즉 피식민지 민족에게 용이하게 전가해 간 것이라 할 수 있을 것이다. 아시아 각국의 국민에 대한 멸시감정과 차별의식의 근저에 존재하는 지나칠 정도의 폭력성은 억압이양의 원리에 지탱된 것이었다. 그것은 또한 제국 일본이 반복된 대외침략전쟁과 식민지지배의 과정에서 표출한 수많은 학살사건의 요인이 되기도 했던 것이다.

앞서 지적한 식민지근대라고 하는 이름하에 일본의 과제는 지금까지도 청산되지 않고 있다. 그것은 식민지근대가 가지는 폭력성에 대하여 자각하지 못하고 있기 때문이며 또한 그 폭력성을 은폐하는 기능을 해 온 천황제 자체의 사슬로부터 해방되지 못했기 때문이기도 하다. 여기에 여전히 과거의 식민지지배를 정당화하는 망언이나 '아시아해방전쟁' 론 등이 되풀이해서 대두하면서 문제가 되고 있는 것이다.

그리고 식민지통치에 의해 피식민지의 근대화를 촉진했다고 하는 이른바 식민지근대화론이 교차하게 되는 것이다. 이러한 문제는 대체로 역사 인식의 문제로 논의되지만 거기에 식민지주의와 식민지근대의 개념을 이용한 정밀한 검증 작업이 불가결하다는 것은 두말할 나위도 없다.

역사 인식의 공유는 가능한가

지금까지 필자는 역사연구자로서의 입장과 시점에서 일본, 중국, 한국 사이에 존재하는 역사 인식의 괴리의 실태와 그 괴리가 발생하는 배경을 주로 일본 측의 시점에서 추구해 보았다. 그러나 추구 과정에서도 여전히 남는 것은 과연 역시 인식의 괴리를 메울 수 있는 것인가. 메울 수 있다면 어떤 방법에 의해서인가 하는 문제이다. 또한 반대로 메워지지 않는다고 한다면 그 원인은 어디에 있는 것인가를 더욱 더 고찰하지 않으면 안 된다.

역사 인식의 공유에 불가결한 것은 자기애적인 '일국사관'을 넘어서기 위한 역사 화해의 심화이다. 역사 화해란 상처받은 사람들의 마음을 치유하고 특히 세계를 평화적으로 재결합하는 일이다. 보다 구체적으로는 아시아 각국, 특히 일본, 중국, 한국과의 사이의 경제상호의존 관계의 긴밀화와 비핵화를 지향하는 지구공동체 구상('아시아 공동의 집Asian Common House')의 실현을 위해 역사 화해가 불가결하다는 것이다. [22]

물론 전후 일본에서 역사 화해를 위한 노력이 전혀 없었던 것은 아니지만 정책화될 전망은 여전히 불투명하다. 사실 냉전시대에는 일본의 고도경제성장과 친미보수주의 체제 하에서 피해 회복 문제는 계속해서 무시되어 왔다. 표면적으로는 ODA(정부개발원조)가 전쟁 배상에 대신한다는 설명이 침투하여 전쟁 보상은 진행되었다는 인식이 대다수 국민 의식으로 형성되었다.

그러나 이미 많은 논의가 지적하듯이 ODA는 아시아 각국에 진출한 일본 기업을 위한 인프라 정비 자금으로 사용되는 경우가 압도적으로 많으며 그것이 사실상 전쟁 배상으로 인식되는 경우는 극히 드물었다. 그 자금은 과거의 전쟁에서 상처받은 아시아 각국의 국민들을 구제하거나 지원하는 것이 아니라 국가 경제 발전에 도움이 된다는 대의명분을 내세우면서 진출한 일본 기업의 활동을 위해 사용된 것에 지나지 않으며 역사 화해의 기초적인 조건으로서의 전쟁배상의 진전이라는 과제에 응한 것은 아니었던 것이다.

그러한 문제가 탈냉전 시대에 들어와 냉전의 해소와 아시아 각국에서의 자유화, 민주화에 촉발되어 역사 화해의 문제로 부상하게 되었다. 냉전시대에 권위주의적인 지배체제 속에서 일본의 전쟁 책임을 묻는 목소리가 봉쇄되었던 것에 대한 반동으로 자국 정부를 통해서 일본의 전쟁 책임과 식민지통치 책임을 추궁하는 목소리가 표출되고 있는 것이다.

그러나 현재까지 표면적인 '사죄성명'이 되풀이되기는 했지만 아시아 각국의 국민들을 납득시킬 만한 행동을 취했다고는 말하기 어렵다. 그러한 목소리에 대하여 진지하게 대응하는 자세의 결여가 한층 더 책임을 추궁하는 목소리와 행동을 불러일으키고 있다. 아니 그 이상으로 야스쿠니 문제에 상징되듯이 오히려 역사 문제를 경시하거나 한층 복잡하게 만드는 발언이나 행동이 일본 정부 관계자나 국민여론, 나아가 미디어 관계에서도 노정되고 있는 것이 현실이다.

그런 의미에서 냉전 종결 후 역사 인식이 심화되는 가운데 과거의 극복과 역사를 재고할 절호의 기회를 잃어가고 있으며 일본에 대한 불신과 의혹의 감정을 증폭시키는 것이 현실이라는 것을 부정하기 어렵다. 그렇게 되면 역사 화해의 기회는 더욱 더 멀어질 것이다. 역사 화해가 곤란해지면 동북아시아 여러 국민과의 신뢰 양성도 곤란해지는 것은 불을 보듯 뻔한 일이다. 역사 사실을 솔직하게 인정하고 다시는 불신과 의혹의 감정을 일으키지 않도록 하기 위해서도 과거의 극복이라는 과제 설정을 적극적으로 수행하고 모든 장에서 과거의 청산에 전력을 다하는 자세와 실적이야말로 신뢰 양성의 방도가 될 수 있을 것이다.

5. 보편적 책무의 이행과 역사화해의 방도

이 글에서는 역사 인식을 심화하는 것의 의미를 재고하면서 아시아 평화공동체 구축에 대한 전망을 내다보고 역사 문제를 정면에서 다루면서 역사 화해를 위한 방도를 검토해 왔다. 보다 구체적으로는 먼저 역사 문제를 정치 문제로 만드는 역사수정주의의 문제를 다루었다. 여기서는 최근 일본에서 역사수정주의의 움직임이 한층 활발해지고 있는 현실을 직시하고 역사수정주의의 본질과 파생의 배경을 검토해 두고 싶었던 것이다. 이어서 특히 한일 관계에서 반복해서 부상하는 식민지 지배 책임 문제와 관련하여 그것이 일본에서 망각의 대상이 되어온 일본인의 역사 인식을 지적하고 오늘날 한층 문제가 되고 있는 '위안부' 문제를 통해서 역사 문제에서의 기억과 망각의 문제를 논했다.

마지막으로 이상의 문제와 관련하여 여전히 청산되지 않고 있는 식민지근대화론에 관하여 언급했다. 이 과제를 해결하기 위한 전망이 서지 않는 한 역사 화해는 도저히 이루어질 수 없다는 것을 강조하고 싶었던 것이다. 최종적으로는 동아시아평화공동체 구축을 전제로 하는 한 극히 곤란한 과제이기는 하지만 역사 문제 해결이야말로 초미의 과제라고 생각된다.[23]

'신뢰 양성' 또는 '신뢰 구축'으로의 제일의 방도가 역사 화해의 실현에 있으며 그 전제로서 역사 사실의 확인과 역사 인식의 심화에 있다는 것은 이미 논한 바와 같다. 그러나 보다 현실적인 과제에 입각하여 말하자면 신뢰 양성을 위한 구체적이고 설득력 있는 행동을 제기하는 일이다. 이와 관련하여 결론으로 두 가지 지적하면서 이 글을 마무리하고

자 한다.

첫째는 일본·중국·한국의 그 어느 국가에서도 '내셔널리즘'이라는 용어로 범주화할 수 있는 국민의식이 극히 지나친 내용을 수반하여 분출되고 있는 현실에 어떻게 대응할 것인가 하는 문제이다. 일본 정부의 정치 지도자가 야스쿠니신사를 참배하는 행위에 대한 중국과 한국의 반발을 내정간섭이라고 반응해 버릴 것이 아니라 반발 이유의 배후에 있는 역사 사실을 풀어나가면서 재검토하는 작업을 국가와 시민이 동시적으로 실행해 나갈 필요가 있다.

즉 타이완·중국과 한국에서 대두하고 있는 내셔널리즘은 제각기 국내적인 이유가 존재한다고 하더라도 그것을 논의의 우선 대상으로 할 것이 아니라 일본으로 향한 반발과 비판의 심층에 있는 일본의 역사 책임을 고발하는 행위로서 내셔널리즘이 표출되고 있다는 사실을 이해하는 것이 무엇보다도 중요하다. 그런 의미에서는 내셔널리즘 그 자체의 개념 규정이나 정치주의적인 판단은 불필요하다. 중요한 것은 일본의 입장에서는 전쟁 책임이나 역사 책임에 대한 추궁이 타이완·중국, 그리고 무엇보다도 한국 국민의 내셔널리즘이라는 의식으로 표출되고 있다는 것을 이해하는 일이다. 즉 일본에 대한 불신과 의혹의 목소리로서 반일내셔널리즘, 또는 혐일내셔널리즘으로 불리는 내셔널리즘의 실태이다. 그러한 내셔널리즘을 완화하는 냉정한 대응이 일본에 요구되고 있는 것이다.

둘째는 그렇다면 이러한 내셔널리즘을 극복하는 방도는 어디에 있는 것일까. 거기에는 무엇보다도 과거의 극복과 역사 화해의 진전이 불가결하지만 동시에 일본의 입장에서도 일국사를 초월한 '동북아시아사'

에 대한 공통된 비전을 구축하는 것이 과제가 된다.

동북아시아의 3국이 공유하고 있는 문화를 확인함으로써 중층적이고도 횡단적인 공통의 문화를 기반으로 하면서 독자적인 문화가 형성되어 온 역사 과정에 주목하는 일이다. 여기서 공통의 문화를 기반으로 서로 비슷한 문화권에 있다는 것을 확인하고 동질의 아이덴티티를 획득해 가는 일이다. 이러한 발상의 바탕에는 기존의 대외 관계가 정치나 경제 등의 힘을 전제로 하는 관계를 내세우는 한 거기에는 격차나 차이만이 특화되고 정치역학으로서 지배와 종속이라는 관계가, 또는 침략 대 방위라는 대립이 생길 수밖에 없다는 인식이 있다.

따라서 정치나 경제가 아니라 '문화의 힘(문화력)'에 대한 기대를 상호 간에 확인하는 일이 중요하다. 거기서 나타나는 독자의 문화 표상이나 문화재를 존중하고 그 차이나 이질성에 대한 관심을 품고 동시에 상호 국가 간에 존재하는 유사성과 동질성에 대한 관심을 높여 감으로써 문화를 매개로 하는 국가 간의 신뢰 양성에서 신뢰 구축으로의 방도를 진지하게 논하는 것도 중요하다고 생각된다.

물론 이러한 발상에는 위험성이 뒤따른다. 과거 일본은 식민지 통치를 실행할 때 통치 대상국과 일본과의 공통성을 특히 강조하여 피지배자의 반발을 회피하거나 회유함으로써 '문화의 융합'을 시도한 경험이 있다. 그것은 예를 들며 조선문화를 말살함으로써 이루어진 '문화의 융합'이었다는 것은 역사가 말해주고 있다.

그런 의미에서 과거의 극복도 역사의 청산도 해결되지 않고 있는 현실에서 볼 때 일본이 솔선하여 문화를 매개로 하는 새로운 관계성에 대한 시점을 강조해도 곧바로 이해나 합의를 얻을 수 있는 일은 아니다.

그렇기 때문에 신뢰 양성과 신뢰 구축을 위해서도 역사 화해라는 무거운 과제야말로 매우 중요한 주제라는 점이 다시금 확인된다. 공통의 문화권에 존재한다는 인식에서 오는 친근감은 상호 인적 교류의 얻기 어려운 초석이 될 것이다.

주석

1 ヨハン・ガルトゥング・高柳先男他訳, 『構造的暴力と平和』, 中央大学出版部, 1991 참조

2 進藤榮一 『アジア力の世紀 どう生きぬくのか』, 岩波新書, 2013, 227쪽.

3 이 글은 넓은 의미의 '위안부' 문제를 대상으로 하는 것으로 좁은 의미에서의 '위안부' 문제에 대한 실태 연구는 아니다. 이 연구에 관해서는 한일 쌍방에서 방대한 선행연구가 축적되어 있지만 여기서는 이 글의 집필에 참고한 선행 연구의 일부만 들어 두기로 한다. 「女性と女性への暴力」リサーチセンター(VAWW-NET ジャパン)・西野留美子・金富子 『裁かれた戦時性暴力 「日本軍性奴隷を裁く女性国際戦犯法廷」とは何であったか』, 白沢社, 2001; 林博史 『日本軍「慰安婦」問題の核心』, 花伝社, 2015; 秦郁彦 『慰安婦と戦場の性』, 新潮社, 1999; 大沼保昭 『「慰安婦」問題とは何だったのか メディア・NGO・政府の功罪』, 中公新書, 2007; 朴裕河 『帝国の慰安婦 植民地支配と記憶の闘い』, 朝日新聞社, 2014; 熊谷奈緒子 『慰安婦問題』, 筑摩新書, 2014; 鄭鎮星 『日本軍の性奴隷』, 論創社, 2008; 鄭栄桓 『忘却のための和解 『帝国の慰安婦』と日本の責任』, 世織書房, 2016 등 참조

4 필자는 이제까지 식민지와 역사 인식에 관하여 몇 편의 논문을 발표했지만 여기서는 두 편의 논문을 소개해 두고자 한다. 纐纈厚 「侵略戦争・植民地支配の記憶と忘却 記憶の取り戻しとしての平和思想」(韓國日本語思想學會編刊, 『日本思想』 15, 2008.2), 纐纈厚 「歴史認識と歴史和解 アジア平和共同体構築への展望」(纐纈厚 『日本政治史研究の諸相』, 明治大学出版会, 2019).

5 林えいだい 『在日朝鮮人・強制連行・民族問題』, 三一書房, 1992

6 吉見義明 『草根のファシズム』, 東京大学出版会, 1987; 吉見義明 『従軍慰安婦』, 岩波書店, 1995; 高橋彦博 『民衆の側の戦争責任』, 青木書店, 1989

7 文部省社会教育局 『壮丁思想調査』, 復刻版, 宣文堂書店出版部, 1973

8 岸田秀 『日本の近代を精神分析する』, 亜紀書房, 2016

9 필자가 참고한 최근의 조선・타이완식민지 연구 성과는 다음과 같다. 예를 들면 檜山達夫編, 『台湾植民地史の研究』(ゆまに書房, 2015)는 식민지 통치기구와 식민지 관료에 의한 의료, 보육, 교육, 학교 교재 등 식민지 정책의 실제를 대상으로 한 최신의 논문집이다. 개별 주제로는 식민지 관료의 정책에 관한 방대한 자료를 이용한 岡本真希子 『植民地官僚政策史 – 朝鮮・台湾総督府と帝国日本』(三元社, 2008)과 松田利彦他 編, 『日本の朝鮮・台湾支配と植民地官僚』(思文閣, 2008), 논문으로는 野村明宏 「植民地における近代的統治に関する社会学 – 後藤新平の台湾統治をめぐって」(京都大学 『京都社会学年報』 7, 1999.12)등이 있다. 식민지 교육에 관해서는 陳培豊(Chen Peifeng), 『「同化」の同床異夢 – 日本統治下台湾の国語教育史再考』(三元社, 2010), 일본의 타이완식민지 정책에 대한 저항의 실태에 관해서는 許世楷(Xǔ Shìjiě), 『日本統治下の台湾 – 抵抗と弾圧』(東大出版会, 2008)과 春山明哲 『近代日本と台湾 – 霧社事件・植民地統治政策の研究』(藤原書店, 2008)등이 상세하다. 이러한 타이완식민지사 연구에 관해서는 駒込武 「台湾史研究の動向と課題 – 学際的な台湾研究のために」(『日本台湾学会報』 11, 2009.5)가 참고가 된다. 필자가 타이완・조선 식민지 관료의 동향을 분석한 「戦時官僚論 – 植民地統治・総力戦・戦後復興」(倉沢愛子他 編, 『岩波講座 アジア・太平洋戦争2 戦争の政治学』(岩波書店, 2005)는 필자의 역사논집 『日本政治史研究の諸相』(明治大学出版会, 2019)에도 수록되어 있다.

10 이밖에도 일본 연구자 가운데는 일본과 식민지화된 타이완과의 사이에 있었던 전쟁을 '일대(日台)전쟁'이라고 부르는 연구자도 있다. 예를 들면 檜山幸夫「日清戦争の歴史的位置－「五十年戦争としての日清戦争」」(東アジア近代史学会 編, 『日清戦争と東アジア世界の変容』, ゆまに書房, 1997)과 駒込武「国際政治の中の植民地支配」(川島真・服部龍二 編, 『東アジア国際政治史』, 名古屋大学出版会, 2007)등 참조. 이밖에도 「台湾征服戦争」(原田敬一『日清・日露戦争』, 岩波書店, 2007)과 「台湾植民地戦争」(大江志乃夫『日露戦争と日本軍隊』, 立風書房, 1987) 등의 호칭이 제창되고 있다.

11 1945년부터 1962년까지 계속된 프랑스 지배에 대한 알제리의 독립전쟁. 동시에 프랑스 군부와 파리 중앙정부와의 내전이기도 했다. 1999년 10월까지는 프랑스 정부에서는 공식으로 '알제리아전쟁'(Guerre d'Algérie)이라고 하지 않고 '알제라이 사변'(évènements d'Algérie)이나 '북아프리카에서의 질서유지작전'이라고 불렀다. 이 문제에 대해서는 Ageron,Charles Robert, 私市正年他訳『アルジェリア近現代史－フランスの植民地支配と民族の解放』(白水社・文庫クセジュ, 2012)와 Bancel, Nicolas・平野千果子他訳『植民地共和国フランス』(岩波書店, 2011) 등 참조.

12 한일조약에 관한 연구는 太田修『日韓交渉－請求権問題の研究』(クレイン、2003), 田中宏・板垣竜太 編,『韓国と日本の新たな始まり』(특히「第一六章 韓日条約で植民地支配は清算されたか?」(岩波書店, 2007) 참조. 이 책은 한국에서 같은 해 12월 다나카 히로시/이타가키 류타 편,『한국과 일본의 새로운 시작』(뉴스)로 번역 출판되었다. 李鐘元他 編,『歴史としての日韓国交正常化』「I 東アジア冷戦編・II 脱植民地化 編」[二分冊](法政大学出版局, 2011), 和田春樹・内海愛子・金泳鎬・李泰鎮 編,『日韓 歴史問題をどう解くか－次の一〇〇年のために』(特に「日韓条約－null and void－をめぐる対立を克服するために」, 岩波書店,2013) 등 참조.

13 제3차 회담(1953.10)에 출석한 구보다 간이치로(久保田貫一郎) 일본 측 수석 대표의 발언이 한국측의 반발을 불러 일으켜 교섭은 4년 간 중단되었다. 발언 내용은 다음과 같은 것이다. "일본의 통치는 나쁜 일만 한 것은 결코 아니다. 철도, 도로, 항만을 만들고 농지를 조성하기도 했다. 당시 대장성은 많을 때는 한 해에 2000만 엔이나 제공했다. 일본에서 상당한 투자를 한 결과 한국이 근대화되었다. 만약 그래도 피해를 보상하라고 한다면 일본으로서도 투자한 것을 돌려 달라고 요구할 수 밖에 없다. 한국 측의 청구권과 이를 상쇄하자. 당시 일본이 한국에 가지 않았다면 중국이나 러시아가 들어왔을지도 모른다. 그렇게 되었다면 한국은 더 나빠졌을지도 모른다"와 같은 내용이다.

14 이와 관련해서 필자의 논문은 吉田裕와의 공저「日本軍の作戦・戦闘・補給」(『十五年戦争史 3 太平洋戦争』, 青木書店, 1989)가 있다. 또한 앞의 책『侵略戦争』의 제2장「日中戦争から日米戦争へ」을 참조하기 바란다. 또한 필자는「『日本は支那をみくびりたり』－日中戦争とは何だったのか』(同時代社, 2007)에서 이상의 수치가 나타내는 의미를 상세하게 논했다. 아울러 구 후생성 원호국의 조사에 의하면 패전 당시 일본군 병력 수(육해군 합계)는 홍콩을 포함한 중국에 112만 4900명, 만주 지역에 66만 4500(중국 전토에 179만 9400명), 조선에 33만 5900명, 타이완에 19만 5천명이었다.

15 이른바 '망언'은 국회의원이나 중앙의 관료에 한하지 않고 지방 정치가나 수장들도 끊이지 않고 있는 상황이다. 최근에도 2017년 1월 23일 기자회견장에서 나고야시(名古屋市)의 가와무라 다카시(河村たかし) 시장이 중일전쟁 중의 남경사건(1937.12)에 관하여 "이른바 남경사건은 없었던 것이 아닌가. 중국은 '30만 명 시민을 학살'했다고 하지만 그것이 사실이라면

일본인 전원이 남경에 가서 무릎을 꿇어야 한다"고 했다. 나고야시는 남경시와 자매도시의 제휴를 맺고 있음에도 불구하고 한 말이다. 가와무라 시장은 같은 취지의 발언을 2012년 2월 20일에도 표명하여 남경시와의 교류가 일시 두절되기도 했다.

16 식민지지배 긍정론에 관해서는 水野直樹他 編, 『日本の植民地支配-肯定・賛美論を検証する』, 岩波書店・岩波ブックレット, 2011, 許介鱗「台湾における植民地支配肯定論の精神構造」(植民地文化研究会 編, 『植民地文化研究』 6, 不二出版, 2007) 등 참조.

17 正木ひろし『近きより-戦争政策へのたたかいの記録』, 弘文堂, 196, 402쪽. 1946년 1월 재간 제1호)

18 綟纐厚『侵略戦争』, 筑摩書店, 1999)에서 역사의 망각과 기억의 문제에 대하여 역사의 수탈에 대항하여 현재 우리에게 요구되는 과제가 '역사 되찾기'라는 점을 강조했다.

19 1912년 시행된 '조선민사령' 제11조에서 조선인의 능력, 친족 및 상속에 관한 규정에 관해서는 예외적으로 일본의 법률을 적용하지 않고 조선의 관습에 의하기로 했다. 이것이 '구관온존정책'인데, 최종적으로는 황민화정책을 추진하는데 이용되기도 했다. 몇 차례 개정이 이루어지고 결과적으로는 일본민법주의로 변경되어 갔다. 이 과제에 관해서는 식민지정책 연구 가운데 예를 들면 李丙洙「朝鮮民事令について-第11條の「慣習」を中心に」(『法制史研究』 26・1976)등을 효시로 다수의 연구가 축적되어 있다. 최근의 논문으로는 吉川美華「旧慣温存の臨界-植民地朝鮮における旧慣温存政策と皇民化政策における総督府のジレンマ」(東洋大学アジア文化研究所 研究年報』 49, 2014)가 있다.

20 尹健次『ソウルで考えたこと-韓国の現代をめぐって』(平凡社, 2003)의「補論近代、植民地性、脱植民地主義に関するメモ」 참조. 특히 尹은 "근대가 사실상 침략・전쟁의 시대이며 식민지주의와 표리일체의 것이었다"고 하여 근대화와 식민지성이 밀접불가분의 관계에 있다는 것을 강조하고 있다.

21 이와 관련하여 윤건차는 일본인이 앞으로 "천황제와 밀착한 고절의 역사의식을 계속해서 가질 것인지, 아니면 제 민족 제 국가와 공생, 공존할 수 있는 열린 역사의식을 가질 것인지, 일본인은 참된 의미에서 시험받게 될 것이다"(尹健次『孤絶の歴史意識-日本国家と日本人』, 岩波書店, 1990, 212쪽)고 지적하고 있다.

22 이와 관련하여 '동북아시아'의 지역연합구상이 '동아시아 공동의 집'이라는 명칭으로 논의가 진행되고 있다. 와에 관해서는 和田春樹『東北アジア共同の家』(平凡社, 2003)과 姜尚中『東北アジア共同の家をめざして』(平凡社, 2001) 참조

23 최근 역사 문제를 논할 때 활발하게 사용되는 '역사 인식', '역사의식', 역사 화해' 등의 용어를 매개로 하여 많은 저작과 논문이 간행되었으며 학회나 연구회 등이 조직되어 일본 국내에서뿐만 아니라 중국과 한국에서의 공동연구와 심포지엄이 개최되고 있다. 이하 특히 본론과 관련이 있는 주된 저작을 소개해 두고자 한다. 朴裕河『和解のために-教科書・慰安婦・靖国・独島』(平凡社, 2011), 黒沢文貴他 編, 『歴史と和解』(東京大学出版会, 2011), 東北アジア問題研究所 編, 『日韓の歴史認識と和解』(新幹社, 2016), 菅英輝 編, 『東アジアの歴史摩擦と和解可能性-冷戦後の国際秩序と歴史認識をめぐる諸問題』(凱風社, 2011), 木村幹『日韓歴史認識問題とは何か-歴史教科書・「慰安婦」・ポピュリズム』(ミネルヴァ書房, 2014), 細谷雄一 『戦後史の解放 I 歴史認識とは何か-日露戦争からアジア太平洋戦争』(新潮社, 2015), 天児慧他 編, 『東アジア和解への道-歴史問題から地域安全保障へ』(岩波書店, 2014), 劉傑他 編, 『1945年の歴史認識-'終戦'をめぐる日中対話の試み』(東京大学出版会, 2009), 三谷博他 編, 『国境を超える歴史認識-日中対話の試み』(東京大学出版会, 2006), 鄭

在貞『日韓'歴史対立'と'歴史対話'—「歴史認識問題」和解の道を考える』(新泉社, 2016). 또한 논문도 다수 있지만 그 가운데 문제 해결의 수순을 논한 東郷和彦「日中韓の歴史認識問題を乗り越えて—七段階のロード・マップの提案」(立命館大学社会システム研究所編刊, 『社会システム研究』 32, 2016), 최근 한일 관계를 규정하는 역사 인식을 다루면서 특히 한국에서의 대일 역사 인식이 형성되는 배경을 논한 和喜多裕一, 「今後の日韓関係と歴史認識問題—歴史認識の壁はなぜ生ずるのか」(参議院事務局企画調整室編集・発行 『立法と調査』 337, 2013), 외교 관계에도 극히 중요하고 심각한 영향을 미치는 역사 인식에 관하여 정면에서 논한 庄司潤一郎「歴史認識をめぐる日本外交—日中関係を中心にして」(『国際政治』 170, 2012), 일중 국교회복 전후의 일중외교 교섭 속에서 역사 인식 문제가 어떤 과제가 되었는지를 검증한 畢克寒「日中国交回復における歴史認識問題の位置と変容」(山口大学独立大学院東アジア研究科紀要, 『東アジア研究』 6, 2008) 등이 있다. 또한 필자도 역사 문제를 다룬 저작, 논문을 지금까지 다수 발표했는데, 대표적인 것으로『私たちの戦争責任—昭和初期二〇年と平成期二〇年の歴史的考察』(凱風社, 2009) 참조. 이 책은 타이완과 중국에서 각각『我們的戦争責任』9 楊孟哲監訳, 台湾：人間出版社, 2014), 『我们的战争责任』(申荷麗訳, 中国：人民日報出版社, 2010)으로 번역 출판되었으며 한국에서는『우리들의 전쟁 책임—쇼와초기 20년과 헤세기 20년의 역사적 고찰』(김경옥 역, 한국：J&C, 2013)으로 번역 출판되었다.

참고문헌

大沼保昭, 『「歴史認識」とは何か』, 中央公論社・新書m, 2015.

_____, 『「慰安婦」問題とは何だたのか メディア・NGO・政府の功罪』, 中央公論社・新書m, 2007.

林博史, 『日本軍「慰安婦」問題の核心』, 花伝社, 2015.

秦郁彦, 『慰安婦と戦場の性』, 新潮社・選書, 1999.

朴裕河, 『和解のためにー教科書・慰安婦・靖国・独島』, 平凡社, 2011.

_____, 『帝国の慰安婦 植民地支配と記憶の闘い』, 朝日新聞社, 2014.

熊谷奈緒子, 『慰安婦問題』, 筑摩書房・新書, 2014.

鄭 栄桓, 『忘却のための和解『帝国の慰安婦』と日本の責任』, 世織書房, 2016.

吉見義明, 『従軍慰安婦』, 岩波書店・新書, 1995.

_____, 『日本軍「慰安婦」制度とは何か』, 岩波書店, 2001.

黒沢文貴他 編, 『歴史と和解』, 東京大学出版会, 2011.

東北アジア問題研究所 編, 『日韓の歴史認識と和解』, 新幹社, 2016.

菅英輝 編, 『東アジアの歴史摩擦と和解可能性ー冷戦後の国際秩序と歴史認識をめぐる諸問題』, 凱風社, 2011.

木村幹, 『日韓歴史認識問題とは何かー歴史教科書・「慰安婦」・ポピュリズム』, ミネルヴァ書房, 2014.

細谷雄一, 『戦後史の解放Ⅰ 歴史認識とは何かー日露戦争からアジア太平洋戦争』, 新潮社, 2015.

天児慧他 編, 『東アジア和解への道ー歴史問題から地域安全保障へ』, 岩波書店, 2014.

劉傑他 編, 『1945年の歴史認識ー「終戦」をめぐる日中対話の試み』, 東京大学出版会, 2009.

三谷博他 編, 『国境を超える歴史認識ー日中対話の試み』, 東京大学出版会, 2006.

鄭在貞, 『日韓「歴史対立」と「歴史対話」ー「歴史認識問題」和解の道を考える』, 新泉社, 2011.

纐纈厚, 『私たちの戦争責任ー昭和初期二〇年と平成期二〇年の歴史的考察』, 凱風社, 2009.
　　　　同書は『我們的戦争責任』(楊孟哲監 訳, 台湾：人間出版社, 2014), 『我们的战争责任』(申荷麗 訳, 中国：人民日報出版社, 2010), 『우리들의 전쟁 책임ー쇼와초기 20년과 헤이세이기 20년의 역사적 고찰』(김경옥 역, 한국：J&C, 2013)으로 각국에서 번역・출판되었다.

西野留美子金富子, 「女性と女性への暴力」(リサーチセンター'VAWW-NET パン', 西野留美子・金富子『裁かれた戦時性暴力「日本軍性奴隷を裁く女性国際戦犯法廷」とは何であったか』, 白沢社, 2001.

東郷和彦, 「日中韓の歴史認識問題を乗り越えてー七段階のロード・マップの提案」, 立命館大学社会システム研究所編刊『社会システム研究』32, 2016.3.

和喜多裕一, 「今後の日韓関係と歴史認識問題ー歴史認識の壁はなぜ生ずるのか」, 参議院事務局企画調整室編集・発行『立法と調査』337, 2013.2.

제2장
위안부 문제의 초국가성과 기억의 글로컬화*1

신기영

1. 한일 외교 장관 합의 이후의 위안부 문제

2015년 12월의 한일 외교장관 합의는 일본군 '위안부'(이하 위안부로 명명) 문제가 최종적으로 해결되었다고 선언하였다. 그러나 3년 반이 지난 2019년 가을에도 위안부 문제는 여전히 한일 정부 간의 첨예한 갈등의 정점에 있다. 위안부 문제는 해결도 종결도 되지 않은 채, 2019년 6월에는 한일 합의의 산물인 화해치유재단이 공식적으로 해산되었다. 그리고 일본 정부는 여전히 평화비(일명 소녀상)의 철거 및 건립 저지를 위해 전력을 기울이고 있다.[2]

2019년 초에는 한일 외교장관 합의에 가장 적극적으로 반대했던 위안부 피해 생존자이며 평화운동가였던 김복동 할머니가 돌아가시고 이제 남은 생존자들은 겨우 몇 분뿐. 생존 피해자의 존재와 살아있는 증언을 동력으로 하는 운동은 현실적으로 어렵게 되었다. 위안부 문제는 '어떻

게 기억할 것인가'를 고민하며 잊혀짐에 대한 저항이라는 새로운 국면
으로 접어들고 있다. 한일 외교장관 합의와 이후 전개되었던 소녀상 철
거에 대한 아베 정권의 집요한 태도도 일본 정부의 책임 인정과 공식적
인 사과를 궁극적인 목적으로 하는 운동의 방향에 전환을 요구한다. 국
가 간 합의에 의한 공식적인 가해 인정과 책임은 중대한 인권 문제의 해
결을 위해서 필수 불가결하지만, 자국의 이해 관계를 앞세우는 정부 간
의 합의가 갖는 한계도 분명히 드러났기 때문이다.

　이러한 상황 속에서 1992년 한국에서 시작된 수요시위는 2019년 8월
에 1,400회를 기록했다. 이후 회를 거듭할수록 새로운 참여자가 늘어나
고 오늘날의 젊은 세대들이 세대를 넘어 위안부 문제에 공감하는 장소로
거듭났다. 정부도 2017년 위안부피해자법을 개정하여 8월 14일을 "일
본군 '위안부' 피해자 기림의 날"로 지정하여 국가기념일로 기념하게 되
었다. 위안부 문제는 한국에서도 정치적·사회적 승인을 획득해 가는 과
정에 있는 것이다. 수요시위의 공식적인 주장은 여전히 일본 정부의 진
정성 있는 사과와 법적 책임의 인정과 같은 가해자의 반성을 통한 '해결'
을 요구하고 있지만, 이제 우리는 일본 정부의 태도와 별개로 이 문제를
사유하는 새로운 방식을 더 많이 고민해야 할 때를 맞이했다.

　필자는 그동안 위안부 문제를 여성인권 규범의 발전이라는 세계사적
인 관점에서 이해해야 하며, 과거사와 한일 관계라는 국가 및 국익 중
심의 인식 틀만으로는 포괄할 수 없는 '초국가성Transnational'의 관점에
서 조명할 것을 주장했다. 즉 위안부 문제는 국내의 시민사회, 국가, 그
리고 글로벌사회라는 서로 중첩되지만 수준이 다른 세 층위를 포함하
는 문제이며, 정부 간 합의는 두 번째 층위인 국민국가의 갈등 해결을

지향한 것에 지나지 않는다고 주장하였다.[3] 왜냐하면 위안부 피해자는 당시 식민지였던 한국(조선)의 여성들뿐 아니라, 일본이 전쟁했던 아시아 국가들 및 인도네시아 주재의 네덜란드 여성들에게까지 이르며, 가부장적 국민국가 체제 내에서 가시화되지 못한 위안부 문제가 1990년대에 전시戰時 성폭력性暴力을 범죄화하게 된 국제 여성인권 규범의 발전과 궤를 같이 하면서 글로벌 문제로 재인식되었기 때문이다. 이 과정에서 위안부 문제는 20세기에 발생한 국가에 의한 여성인권 침해의 대표적 사례로 미래 세대에 대한 교육과 집단적 기억을 통해 재발을 방지해야 할 인류의 공통 과제로 인식되었다.

여기에서는 위와 같은 주장을 재확인하면서 위안부 문제의 전개 과정을 '글로컬화Glocalization'라는 관점에서 재조명하고자 한다. 글로컬화란, Globalization(글로벌화)과 Localization(지역화)의 합성어로 오늘날의 정치·경제·사회체제에서 나타나는 글로벌화가 지역화를 동시에 수반하는 현상을 말한다.[4] 글로벌화 또는 국제화는 서로 다른 지역사회가 지구적인 표준화를 향해 동질화되는 것이 아니라 국제적으로 공유되는 가치나 문화가 각 지역의 사회·문화·경제적인 특성과 만나 새로운 지역문화와 가치 체제를 만들어 가는 과정이기도 하다. 따라서 글로컬화는 국제화가 어떻게 지역과 만나는 가를 이해하는 데 도움을 주는 개념이다. 이 글은 그러한 입장에서 위안부 문제가 가지는 초국가적 성격을 정리하고, 위안부 문제의 초국가적인 성격이 세계 각 지역에서 새롭게 지역화되어 가는 글로컬화의 현상에 주목하여 위안부 문제가 열어준 미래로의 가능성을 고찰하고자 한다. 이를 통해 위안부 문제가 한일 관계는 물론, 정부나 엘리트가 통제 가능한 인식의 틀을 넘어 다양한 지역 주체들에 의해 전유되는 복수의 실천적 기억 유산으로 자리매김되어 가고 있음을 제시하고자 한다.

위안부 문제는 아시아 공통의 전쟁 피해

위안부 문제의 초국가적 성격은 '위안부'의 피해 상황에서 뚜렷하게 나타난다. 위안부 제도와 피해 상황의 전모는 아직도 모두 밝혀진 것이 아니기 때문에 현재까지 알려진 자료와 연구에 의존해 추정할 수밖에 없다. 그럼에도 불구하고 피해자의 증언과 지금까지의 연구에 의하면 위안부 피해는 한국(조선)만이 아니라 일본이 태평양전쟁을 했던 아시아·태평양의 광범위한 지역의 공통된 전쟁 피해임을 알 수 있다. 위안소는 필리핀, 태평양의 작은 섬들에까지 광범위하게 설치·운영되었고 그곳에 조선인 여성들이 배치되었다.[5] 각 지역의 위안소에 대한 상세한 정보와 근거는 Fight for Justice[6]의 온라인 자료관에도 잘 정리되어 있다.[7]

위안소 분포 지도에서 보듯 그간 연구에 의해 밝혀진 위안소만 해도 아시아·태평양 각지에 수백 개에 이른다. 군이 주둔한 대도시나 오키나와와 같은 곳에는 수십에서 백 개 이상의 위안소가 밀집해 있기도 했다. 이를 위해 일본, 조선, 타이완에서는 주로 군의 관여하에 위안부가 모집되고 운영되었다. 다른 지역에서는 현지 여성들을 모집하거나, 납치나 폭력으로 제압하여 가두고 강간하였다. 이렇게 수만에서 수십만으로 추정되는 아시아의 여성들이 위안소의 위안부 또는 전장에서 다양한 형태의 성폭력 피해자가 되었다. 대부분의 생존자들은 전쟁이 끝난 후에도 피해를 숨기고 살아오다가 1991년 8월에 김학순의 증언을 계기로 그 일부가 '위안부 피해자'의 이름으로 세상에 나오게 되었다.

그러나 위안부 문제는 아직도 아시아의 공통된 미해결 과제로 남아 있다. 그 직접적인 이유는 2차 대전 종결 후, 위안부 문제가 일본의 전쟁범죄로 다루어지지 않았다는 점이다. 전후에 형성된 미소 냉전체제는 식민지 문제 해결을 더욱 어렵게 하였다. 아시아의 피해국들은 중국, 북한, 베트남과 같은 사회주의 국가와 한국, 타이완, 필리핀, 말레이시아, 인도네시아같은 반공주의 국가의 양 진영으로 나뉘어 냉전 체제 내에서 국민국가를 건설했다. 그 과정에서 각국은 일본과 양국 관계의 틀내에서 과거 청산을 시도하였다. 피해국과 일본의 가부장적 국가 체제 내에서 위안부 문제는 피해국 정부도 외면한 채 일본의 경제 지원을 얻는 대신 청산되어야 하는 과거가 되었다. 생존자들은 한편으로는 여성의 성적 순결을 강조하는 자국의 가부장제에 의해서 침묵을 강요당하고, 다른 한편으로는 각국이 미소 간 군사적, 경제적 경쟁에 동원되는 냉전구조 속에서, 일본 정부에 대해 사죄와 정의를 요구하는 것은 불가능에 가까운 것이었다.

위안부 문제와 1990년대의 글로벌 여성인권 규범의 발전

1991년 김학순의 증언으로 위안부 문제가 가시화된 이후부터 '위안부' 문제는 곧 국제적인 주목을 받는 이슈가 되었다. 냉전이 끝나고 미소의 경쟁체제가 붕괴되면서 국제사회에는 새로운 주체들에 의한 담론 공간이 열릴 수 있는 조건이 형성된 것이다. 증언과 연구에 의해 드러난 위안부 문제의 실체는 1990년대에 비약적으로 발전한 여성에 대한 폭력과 관련한 글로벌여성인권 규범의 형성 과정에서 주목받게 되었고 여성인권 규범의 발전에 크게 공헌하게 된다. 다음 단락으로 모순되게도 위안부 문제를 국제화한 동력은 생존자들의 요구에 대한 일본 정부의 책임 회피적인 태도였다. 한국 여성들이 1990년 노태우 대통령이 일본을 방문하는 것을 계기로 이 문제를 일본 정부에 정식 제기하였는데, 일본 정부가 증거가 없다는 이유로 국가 책임을 부인했다.[8] 이에 분노한 여성 단체들이 위안부 문제를 본격적으로 다루기 위해 '한국정신대 문제대책협의회'(이하 정대협)을 결성하고, 일본 정부의 성의 있는 태도를 이끌어내기 위해 유엔을 비롯한 국제 여론을 고조시키는 활동을 전개하게 되었다.[9] 정대협은 1992년에 유엔 인권소위원회에 위안부 문제를 제기하였고, 일본의 시민단체도 같은 해 2월 유엔 인권위원회에, 그리고 5월에는 현대형 노예제 실무회의에서 강제 연행 노동자 문제와 함께 위안부 문제를 제기했다.

그러한 활동은 당시 인권소위원회의 '중대한 인권 침해 피해자에 대한 배상' 문제 특별 보고관인 테오도르 반 보벤Theodoor van Boven이 한국을 방문하는 성과를 내었다. 12월에는 국제인권기구의 전문가들이 동경에서 한국 피해자들의 증언을 듣는 공청회를 열기도 했다.[10] 당시 유엔에 한국 측과 함께 위안부 문제를 제기했던 일본인 변호사에 따르면 일본 관련 다른 어떠한 인권 문제들도 그만한 주목을 받은 예가 없었을 만큼 위안부 문제는 유엔기구에서 즉각적인 관심을 불러일으켰다고 회고한다.[11]

여성 폭력 문제를 다루던 글로벌 여성인권 네트워크의 반응도 매우 적극적이었다. 특히 1993년 6월 14~25일에 열린 비엔나 세계인권회의는 여성인권 규범의 발전에 큰 분기점이었는데, 한국과 아시아의 위안부 문제 해결운동이 글로벌여성인권 운동과 만나는 계기가 되었다.[12] 정대협은 북한, 필리핀과 연대하여 아시아 여성인권협의회와 함께 위안부 문제를 다루는 아시아 여성 포럼을 개최하고 성명서를 채택하여 유엔이 성 노예 범죄를 조사하고 의제로 다루어 줄 것을 요구하고 일본 정부에게는 법적 책임 질 것을 요구하였다. 위안부 생존자들도 비엔나 NGO 포럼에서 직접 증언하는 등 위안부 문제의 진실을 알리는 데 주력하였다. 비엔나 세계인권회의는 탈냉전 이후 주요 관심사로 떠오른 인권 문제에 기존의 인권 레짐이 제대로 대응하지 못하고 있음을 반성하기 위해 개최된 만큼, 이 회의에서 세계여성단체들은 기존 인권 레짐이 남성 중심적이라고 비판하였다. 그들은 "여성의 권리는 인권이다 Women's Rights are Human Rights"라는 기치를 내걸고 여성에 대한 폭력 문제를 강력히 제기했다. 이러한 움직임은 그해 12월의 유엔 총회에서 「여성에 대한 폭력철폐 선언Declaration of the Elimination of Violence Against Women」 및 2000년 유엔 안전보장이사회에 의한 1325호 결의안(여성, 평화, 안전보장에 대한 결의)을 채택하게 하는 중요한 동력이었다.

비엔나 세계인권회의의 최종 결의사항에는 여성단체들의 주장을 반영해 유엔 인권위원회UNCHR에 여성에 대한 폭력 실태를 조사하는 특별보고관 제도Special Rapporteur on Violence against Women를 신설할 것이 포함되었다. 1994년에 라디카 쿠마라스와미Radhika Coomaraswamy가 그 첫 번째 특별보고관으로 임명되었는데[13] 쿠마라스와미는 자신의 임무로 한국, 북한, 일본에서 위안부 문제를 조사하고 1996년에 「전쟁 중 군대 성 노예 문제에 관한 조선민주주의 인민공화국, 대한민국, 일본에 대한 조사 보고서」를 유엔 인권위원회에 제출하였다.[14] 이 보고서는 위안부 문제를 다룬 최초의 유엔기구의 보고서이며 이러한 과정에서 위안부 문제는 큰 국제적 관심을 받으며 글로벌 여성인권 문제로 이슈화되었다.

글로벌여성인권 규범의 발전에 있어서 또 한 가지 중요한 분기점은 1995년 9월 4~5일에 베이징에서 개최된 제4차 유엔 세계여성회의이다. 한국에서는 정대협과 여성 활동가 500명 이상이 참여하여 비엔나 인권회의에서 얻은 경험을 바탕으로 적극적인 선전 및 홍보 활동을 펼쳤다. 베이징 회의에서도 여성폭력 문제의 근절이 주요 과제로 논의되었으며 위안부 문제는 각국 여성단체들이 참여한 NGO 위원회 보고서의 여성폭력 부문에 포함되었다. 위안부 문제는 세계의 여성운동과 만나면서 여성에 대한 폭력, 특히 전시 성폭력 문제로 새롭게 인식되었고, 또한 세계의 여성인권 운동에게는 위안부 피해의 실체를 통해 전시 중 여성들이 겪는 성폭력과 조직적인 인권 침해에 대한 문제 인식을 높이게 되었다.

1990년대 초에는 특히 보스니아전쟁 및 르완다 내전과 같은 민족분쟁에서 집단 강간 및 강간소와 같은 반인륜적인 범죄가 세계의 주목을 받고 있었다. 1993년과 1994년에 이들 사건을 다루기 위한 국제형사재판소가 열려 전쟁범죄를 재판하기에 이르렀는데 이 재판 과정에서 성폭력과 여성에 대한 집단 강간이 전쟁을 위해 계획된 수단임이 명명백백히 밝혀졌다. 또한 이러한 종류의 계획된 성폭력은 '인도人道에 반하는 범죄'라는 인식이 형성되었다. 이후 국제사회는 마침내 국제상설형사재판소를 설립하는 데 합의하였고, 이를 위해 1998년 로마조약이 체결되었다. 로마조약에는 강간, 성 노예화, 강제매춘, 강제임신과 불임, 성폭력 등 여성에 대한 성폭력을 '인도에 반하는 범죄'에 포함시키고 있다. 이는 국제법사에서 여성인권에 대한 획기적인 발전으로 평가받고 있다.[15]

이렇게 1990년대는 여성인권과 전시 성폭력과 관련된 국제 규범이 크게 발전하는 시기였고, 이러한 맥락 속에서 위안부 문제와 관련된 많은 보고서가 작성되었다. 앞서 언급한 1996년에 유엔인권위원회에 제출된 쿠마라스와미 보고서, 1998년에 유엔 인권소위원회에서 채택된 맥두걸 보고서, ILO 보고서, 인권고등판무관 연례보고서 등에서 위안부 문제를 중요하게 다루게 되었다. 이를 통해 위안부는 성 노예sex slave로, 위안소는 강간소rape center로 개념화되었다. 특히 맥두걸 보고서는 중대한 인권 침해를 저지른 가해자에 대한 불처벌의 문제를 다루고 범죄 책임자 처벌을 포함한 매우 포괄적인 내용을 담고 있다.[16] 맥두걸 보고서는 위안부 문제와 관련한 국제법적 논점을 정리하여 이후의 논의에 이론적 근거를 제공한 것으로 평가받고 있다. 이러한 보고서들에 기반하여 지금까지 많은 국제인권기구들이 일본 정부에 책임 있는 자세를 촉구하는 수많은 권고를 채택하고 있는 것이다.

탈냉전기의 국제사회에서 새로운 역할을 모색하던 일본은 위안부 문제에 대한 국제적인 관심이 높아지는 상황에서 적어도 1990년대 중반까지는 위안부 문제의 해결을 위해 노력하는 모습을 보였다. 두번에 걸친 자체 조사를 하였고 그 결과를 바탕으로 고노담화(1993년)를 발표해, 위안부 모집 등에 군과 관헌이 관여하였고 여성들이 본인의 의사에 반하여 모집되었다고 '강제성'을 인정했다. 사죄와 반성의 마음도 표현했다. 1995년에는 사회당 출신 무라야마 수상이 일본 정부로서는 처음으로 식민지 지배에 대한 사죄와 반성의 뜻을 표명했다. 그러나 위안부 문제와 관련한 법적 책임은 1965년의 한일협정으로 종결되었고 따라서 법적 책임에 기반한 국가배상은 불가능하다고 하였다. 일본정부는 그 대신 "도의적인 조치"를 취할 것을 발표했다. 그것이 1995년에 설립된 '여성을 위한 아시아평화 국민기금(이하 아시아여성기금)'이다. 하지만 많은 생존자들은 일본 정부의 일방적인 입장에 의해 만들어진 그 조치를 해결이라고 받아들이지 않았다.[17] 일본 정부는 피해 사실을 인정해도 국가책임은 질 수 없다는 일본에서만 통할 법한 논리를 피해국과 생존자들이 받아들이기를 요구한 것이다.

2. 초국가적 시민연대로서의 '아시아연대회의'

위안부 문제의 피해가 아시아·태평양 지역에 광범위하게 걸쳐 있는 것과 마찬가지로 생존자들을 지원하는 여성·시민단체도 아시아·태평양 지역의 여러 국가의 시민들이 중심이 되었다. 위안부 문제가 처음 부상했을 때부터 중심적인 역할을 한 것은 한일의 시민들이었다. 특히 일본 시민들은 한국 및 아시아 각국에서 위안부 문제에 매진하는 여성 단체들과 각국의 생존자들을 도와 초기부터 적극적으로 위안부 문제 해결운동에 참여했다. 성폭력 문제를 다루던 기존의 여성단체들과 평화운동단체, 일본의 전후 책임을 추구하는 단체, 그리고 노동단체들이 위안부 문제 해결을 요구하는 운동에 참여했고 위안부 문제를 위해 풀뿌리단체들이 새롭게 조직되면서 한국과의 긴밀한 연계 속에 운동을 전개했다. 특히 위안부 문제의 전모를 알 수 없던 1990년대 초에는 아시아 각국의 피해 상황에 대한 조사, 피해자에 대한 직접적인 지원, 일본에서 위안부 생존자를 초청한 수백 회의 증언회를 개최하였다.[18] 특히 각국의 생존자들이 일본 법정에서 재판을 시작하자 재판 지원을 위

한 시민지원단체를 조직하고 재판 때마다 일본을 방문하는 원고단을 성심껏 지원하였다.[19]

위안부 문제의 초국가적 운동은 근대 국민국가의 경계로 포섭되지 않는 주체들을 가시화하였다. 특히 일본과 한국, 북한의 경계에 있던 재일조선인 여성들의 주체화를 촉진했다. 이들은 위안부 문제가 알려진 가장 일찍부터 '우리 여성 네트워크' 등의 독자적인 네트워크를 만들어 위안부 문제를 알리는 활동을 시작했다. 재일조선인 생존자가 나타난 뒤로는 생존자를 지원하는 역할을 하면서 한일 단체의 가교 역할을 했다.[20]

아시아 각 지역에 흩어져 있는 지원단체들은 생존자에 대한 정보 공유와 공동의 활동을 위해 '아시아연대회의'라는 네트워크를 결성하여 정기적인 만남을 가지면서 공동 행동을 취해 왔다. 1992년 서울에서 제1차 회의를 시작한 이래 2018년 3월 제15차 아시아연대회의까지 한국, 일본, 북한, 중국, 필리핀, 인도네시아, 타이완, 동티모르, 네덜란드, 홍콩, 말레이지아, 베트남, 그리고 피해국은 아니지만 위안부 문제 관련 운동을 전개하고 있는 국가들의 인권·여성단체들과 생존자들이 지금까지 한 번 이상 참여하였다. 아시아연대회의는 위안부 문제를 해결하기 위한 국제연대의 장으로, 운동 방향을 정하고 결의안을 채택한다.

그중에서도 가장 큰 성과는 2000년의 동경여성전범법정(이하 여성법정)의 개최라고 할 수 있다. 일본 정부가 책임 인정과 생존자 구제에 대한 요구를 계속 묵살하자 시민들의 손으로 정의를 구현하기 위해 민중법정을 개최한 것이었다. 여성법정은 1967년 유럽에서 열린 민중법정인 러셀 베트남전범법정이 모델이 되었고, 1998년 서울에서 열린 제5회 아시아연대회의에 초청된 일본의 저널리스트 출신의 마츠이 야요리가 제안하여 실현되었다.

여성 법정의 궁극적인 목적은 2차 대전 종결 후 동경전범법정에서 다루지 않았던 위안부 문제의 범죄성을 밝히고 이 문제에 대한 책임자를 재판하는 것이었다. 동경전범법정에서 위안부 문제에 대한 충분한 정보가 있었음에도 여성에 대한 성폭력과 강간이 전혀 기소되지 않았던 결함을 수정하기 위한 것이었다.[21] 그러나 가해자 처벌은 위안부 문제 해결을 위한 연대 활동에서 일본 여성들과 의견 차이가 가장 뚜렷했던 부분이기도 했다.[22] 일본에서는 전쟁의 궁극적인 책임자인 천황이 전쟁 책임을 진 적이 없으며 이를 거론하는 것 자체를 터부시해 왔다. 이 때문에 1993년에 한국의 피해자들이 책임자 기소를 위해 동경을 방문했을 때 일본 여성들은 적극적으로 지원하지 않았다. 일본 여성들과 시민사회단체는 책임자 처벌보다도 배상과 사죄를 받아내는 것에 더 집중했다. 그러나 중대한 인권 침해가 멈추지 않고 현재까지 지속되는 이유는 그러한 범죄를 제대로 처벌하지 않았기 때문이라는 인식이 점차 공유되면서 일본의 지원단체들도 불처벌과 재발의 연쇄고리를 단절할 필요성에 공감하게 되었다. 1990년대에도 여전히 발생하는 전시 성폭력은 바로 그러한 불처벌의 결과라는 것을 인식하게 된 것이다.

2년 반의 준비 끝에 마침내 2000년 12월 동경에서 여성전범법정이 열렸고, 아시아 국가와 네덜란드 등 9개국 64명의 피해자가 원고로 참여했다. 이들은 위안부 피해 사실을 생생하게 증언하고 천황을 비롯한 일본군 책임자들을 기소하였다. 동경여성전범법정에는 1990년대 초 구舊유고 및 르완다 내전을 재판한 국제형사법정에서 활약했던 국제법과 전시 성폭력 전문가 및 재판관들이 참여하여 3일에 걸쳐 재판을 진행했다.[23] 이 재판 과정을 통해 아시아 각국의 피해자들이 겪은 다양한 피해 상황이 상세히 드러났고, 여성법정은 이러한 증언들을 피해 사실로 인정하여 국제법에 따라 기소된 책임자들에게 유죄 판결을 내렸다. 생존자의 증언들이 공적인 공간에서 인정되고 국제 규범에 의해 기소된 책임자들에게 유죄 판결이 내려지면서 피해자들의 명예회복에 크게 공헌할 수 있었다.[24]

동경여성전범법정은 판결이 법적인 강제력을 가지지 않는 민중법정people's court이지만,[25] 이 법정은 인권 침해의 가해자가 국가라는 이유로 법정에 세울 수 없을 때, 시민의 힘으로 불의를 판결한다는 상징적인 의미가 있다.[26] 가해자에 대한 불처벌이 중대 인권 침해를 단절하지 못하는 중요한 이유임을 지적하고, 실제 재판과 똑같은 재판 과정과 법리를 적용하여 진행하고 판결한다. 가해자 처벌만이 정의를 회복하는 수단은 아니지만 피해자의 인권회복과 진실을 밝히기 위해서는 가해자의 범죄 사실을 확인하고 이를 재판하는 것이 필수적이라는 인식에 기반한 것이다. 이러한 인식은 중대 인권 침해 사건들을 다루면서 형성된 국제 규범이었고, 진상규명, 사실 인정, 사죄, 배상, 역사교육, 추도 사업, 책임자 처벌과 같이 한국의 정신대 문제대책협의회 및 아시아의 지원단체들이 제시한 해결 조건은 그와 같은 인권 규범의 축적에 기반한 것이었다. 동경여성전범법정의 판결은 국제법의 새로운 이론들을 대거 수용한 획기적인 판결이었고 국제법의 젠더 시각의 확립에 큰 기여를 했다. 다만 일본 정부는 재판의 초청에 응하지 않았고 판결도 무시했다. 뿐만 아니라 보수 정치 세력의 압력으로 인해, 여성 법정을 다룬 NHK의 방송마저 크게 왜곡되었다.[27]

〈사진 1〉 제12차 아시아연대회의(希望のたね基金代表 양징자 제공)

    2000년 이후에도 아시아연대회의는 국제연대의 중심 역할을 했고 아시아 시민의 이름으로 일본 정부에 해결책을 지속적으로 요구하였다. 그러나 글로벌 여론에 반하여 2012년 이후 일본 국내에서는 위안부 문제를 부정하는 여론이 확대되고 정치인의 망언이 급증하였다. 이에 위기감을 느낀 지원 단체들은 2014년 5월 31일~6월 3일, 동경에서 제12차 아시아연대회의를 개최했다. 많은 생존자들이 안타깝게 세상을 떠나가는 와중에 일본의 우익 정치가들이 이미 일본 정부가 인정한 고노담화마저 부정하고 위안부 문제를 폄훼하는 발언을 일삼는 데에 대한 대처를 강구하고 구체적인 해결책을 제시하기 위해서였다.

    연대회의 참석자들은 "피해자가 원하는 해결에서 중요한 요소가 되는 사죄는 누가 어떻게 가해 행위를 했는가를 가해국이 정확하게 인식하여 책임을 인정하고 이를 애매하지 않은 명확한 표현으로 국내 및 국제적으로도 표명하고 그러한 사죄가 진지한 것이라고 믿을 수 있는 후속 조치가 수반할 때 비로소 진정한 사죄로 피해자들이 받아들일 수 있다"는 데 동의하고, 일본 정부에 다음과 같은 사실과 책임 인정 및 해결책을 요구하였다.

1) 사실과 책임의 인정
① 일본 정부 및 일본군이 군 시설로 위안소를 입안·설치하고, 관리, 통제했다.
② 여성들이 본인의 의사에 반해 '위안부·성 노예'가 되었고, 위안소 등에서 강제적인 상황에 놓였었다.
③ 일본군에게 성폭력을 당한 식민지, 점령지, 일본 여성들의 피해는 각각 다른 양태이며, 그 피해가 막대했고 현재도 지속되고 있다.
④ '위안부' 제도는 당시의 국내법 및 국제법에 위반되는 중대한 인권 침해였다.
2) 위의 인정에 기반하여 다음과 같은 조치를 취할 것
① 번복할 수 없는 명확하고 공식적인 방식으로 사죄─사죄의 증거로 피해자에게 배상할 것.
② 진상규명─일본 정부의 보유 자료를 전면 공개하고 일본 국내외의 새로운 자료 조사, 국내외의 피해자와 관계자의 증언 조사를 실시할 것.
③ 재발 방지 조치─의무교육 과정의 교과서 기술을 포함한 학교교육. 사회교육, 추모사업 실시, 잘못된 역사 인식에 근거한 공인의 발언 금지 및

공인의 발언에 대해서는 명확하고 공식적으로 반박할 것 등.

아시아연대회의는 이 요구사항과 함께 그때까지 새롭게 발견된 위안부 관련 역사 자료 수백 건을 일본 정부에 제출했다. 그러나 일본 정부는 이를 무시했고 제12차 아시아연대회의가 일본 정부에 요구했던 "번복할 수 없는 명확하고 공식적인" 사죄는 2015년 한일외교장관 합의에서 위안부 문제의 합의를 불가역적인 것으로 한다는 의미로 역이용되고 말았다.

위안부 문제의 국제적인 승인 확대

위안부 문제는 글로벌 시민사회뿐 아니라, 국제기구 및 비당사자국 의회의 결의안을 통해 글로벌 여성인권 문제로 국제적인 승인을 획득해왔다. 미소 간 냉전 시대에는 억압되어 있던 다양한 주체들이 목소리를 획득하는 장소로 유엔과 같은 국제기구들이 중요한 역할을 하였다. 위안부 문제도 인권기구들의 반복된 권고를 통해 국제적 승인을 획득해 왔다.[28] 그 과정에는 생존자들이 용기 있는 증언을 하고 글로벌 사회가 이에 귀기울여 기존의 인권규범을 수정·확대하고, 이를 통해 생존자들이 개인적인 피해 경험을 재해석하여 점차 보편화해 가는 상호작용이 있었다. 이 과정에서 위안부 문제는 보편적 인권 문제로서 새롭게 '발견'된 것이다. 앞에서도 지적했듯이 전시 성폭력 문제는 1990년대 이후 초국가적 인권 네트워크가 가장 활발하게 활동한 영역이었다. 위안부 문제를 해결하기 위한 지난 30년간의 국제연대활동은 여성에 대한 폭력에 관한 글로벌 사회의 인식을 형성하는 데 매우 중요한 역할을 했다. 그러나 탈냉전기의 국제기구의 역할에는 한계도 있었다. 특히 유엔이나 국제법은 일본과 같은 선진국에 가해 책임을 인정하게끔 할 정도의 강제력이나 규범적 정당성을 가지지는 못했다. 또한 '보편적 여성 인권'이라는 개념이, 여성 인권이 보장된다고 생각되는 선진국들의 도덕적 우월성을 정당화하는 도구로 사용되어 여성을 해방시키기 위한 제3세계에 대한 무력 행동이나 남북global north-south의 구조적 불평등을 은폐하는 역할을 하기도 했다.[29]

그러나 위안부 문제가 '보편적 여성 인권' 문제로 인식되기 시작하자 일본 정부의 책임회피는 도덕적 우월성을 담보하는 기반으로서 '선진국'이 공유해야 하는 규범을 부정하는 것으로 비춰지게 되었다. 미국, 캐나다, 유럽국가들에서는 아시아계 시민들이 자국 정부에 보편적 인권 문제를 지지하는 '의사표명'을 요구하였고 그 결과 2007년부터 한국이나 타이완과 같은 피해국뿐 아니라, 캐나다, 미국, EU의회 등에서 위안부 문제의 해결을 촉진하는 결의안이 채택되었다.[30] 유엔의 인권조약위원회들도 2000년대부터 일본 정부에게 더욱더 강력한 권고를 내기 시작했다.

일본은 1985년에 여성차별철폐조약에 가입하여 체약국이 되었고 이에 따라 체약국의 의무인 조약 이행에 대한 정기보고서를 제출하고 심사를 받아왔다. 여성차별철폐조약 이외에도 인종차별철폐조약, 자유권규약, 사회권규약, 고문금지조약, 아동권리조약, 장애인권리조약, 강제실종자조약을 비준했다. 위안부 문제가 대두한 이래, 여성단체들은 이들 인권조약위원회에 위안부 문제를 개진했다. 각 조약위원회는 일본에 대한 심사보고서에서 거의 모두가 위안부 문제와 관련한 권고를 포함시켜왔다.[31] 이 중에서도 여성차별철폐위원회는 일본 및 한국의 단체들이 가장 집중적으로 활동한 위원회로, 1994년 1월의 2·3차 통합 심사 소견에서 위안부 문제를 언급하였다. 이는 국제조약위원회중에서 가장 먼저 위안부 문제에 대해 언급한 것으로 이후 현재까지 매 심사에서 위안부 문제를 다루고 있다. 이에 대해 일본 정부는, 위안부 문제는 조약이 비준되기 이전에 발생한 사건이기 때문에 조약위원회의 심사대상이 될 수 없다는 입장을 전제로 하면서 위안부 문제에 대한 답변을 제출해 왔다.

1994년 1월의 2·3차 통합 심사의 소견에서 처음으로 위안부 문제를 언급한 이후, 여성차별철폐위원회의 권고 내용의 변천을 보면 위안부 문제가 국제사회에서 승인을 얻어가는 과정을 알 수 있다. 조약위원회의 국가별 심사는 먼저 심사 대상 국가가 정기 보고서를 제출하고, 위원회가 이를 검토한 뒤 제출된 보고서에 대한 질문을 심사대상 정부에 보낸다. 해당 정부는 이를 검토하여 답변서를 다시 제출한다. 이를 바탕으로 본 심사에서는 정부 관계자가 참석하여 진행되며 제출된 보고서와 의견을 종합하여 위원회가 최종 의견을 내게 된다. 2·3차 심사위원회는 대정부 질문에서 위안부 문제에 대해서 질문했고 당시 일본 내에서 진행 중인 위안부 피해자의 소송 당사자 이외에도 모든 생존자 개인에게 포괄적인 배상overall compensation을 실시하고 희생자들을 기억하기 위한 여성 재단을 설립할 것을 권고했다.

일본 정부는 이에 대한 답변에서 위안부 문제에 대한 정부 자체 조사를 실시하고 공개하여(1991년에 시작, 1993년 결과 발표), 피해자들에게 사과했으며, 현재 피해자에 대한 사죄의 마음remorse을 표현할 최선의 방법을 검토 중이라고 답변했다. 이때는 위안부 문제가 '여성에 대한 폭력'이라는 큰 항목 내에서 일본 내의 다른 여성폭력 이슈들과 함께 언급되고 있었다. 일본 정부의 심사를 마치고 발표한 위원회의 요약 보고서는 위안부를 강제로 동원된 여성들forcibly recruited comfort women로 표현하고 있다.[32]

1998년 8월에 제출된 일본 정부의 제4차 정기 실행보고서에서는 1995년에 설립한 아시아여성기금과 그 사업 내용에 대해서 보고하고 있다.[33] 아시아여성기금을 통해 위안부 피해자에 대해 가능한 한 모든 지원을 하고 있다고 보고하고, 위안부 문제에 대한 대책을 일곱 가지 항목으로 나누어 매우 구체적으로 보고했다. 이때, 일본 정부는 도덕적 책임론을 공식적으로 주장moral responsibility했고, 이후 아시아여성기금을 통해 위안부 문제를 해결했다는 입장을 고수하면서 그 이상의 법적 책임을 일관되게 부인한다.

2003년의 제4 · 5차 통합 심사에서는[34] 아시아여성기금의 활동을 좀 더 강조하고 나아가 중 · 고등학교 교과서에 위안부 문제를 기술했다고 보고했다. 이에 대해 여성차별철폐위원회는 아시아여성기금은 피해자에 대한 구제책으로는 여전히 불충분하며 "전시 위안부 문제에 대한 지속성 있는 해결책a lasting solution for the matter of "wartime comfort women""을 제시할 것을 권고했다. 이미 1996년의 유엔 인권위원회 특별보고관 쿠마라스와미 보고서 및 1998년 유엔 인권소위원회 현대형 노예제 조사 특별보고관 맥두걸 보고서, 그리고 이들의 2차 보고서까지 제출된 상황이어서 1990년대 말에는 위안부 문제가 심각한 전시 성폭력으로 성 노예에 해당한다는 것이 국제적인 인식으로 자리 잡은 이후다. 따라서, 유엔 인권기구들은 민간 재단인 아시아여성기금은 이러한 중대한 인권 침해에 대한 충분한 보상 조치라고 보지 않았다.

2009년 제6차 정기 심사 때는 일본 내에서 우익세력에 의한 위안부 문제를 부인하는 움직임이 점차 강해지고 중·고등학교 교과서에 위안부에 관한 기술이 축소 및 삭제되기 시작한 때였으므로 교과서 문제가 주요 관심사로 떠올랐다. 일본의 우익 세력과 정치인들의 위안부 문제를 부정하는 발언들이 글로벌 이슈로 주목받으면서, 미국의 하원 결의안 통과를 비롯해 일본 정부에 대한 국제사회의 압력도 커지고 있었다. 이를 반영한 듯, 이때부터 여성차별위원회에서는 위안부 문제를 '여성에 대한 폭력' 항목의 소항목으로 다루던 이전 권고와 달리, 별개의 독립된 대주제로 분리하고 권고 내용도 매우 구체화했다.[35] 제6차 정기심사의 소견을 보면 위안부 문제는 명백한 범죄crime로 지칭되고 있고, 여성단체들이 계속해서 주장해온 배상을 수행하라고 권고하고 있다.

그러나 2014년 9월 25일에 일본 정부가 제출한 제7·8차 정기보고서에서도 위안부 문제는 여전히 아시아여성기금으로 해결했다는 일본 정부의 입장은 변하지 않았다. 일본 정부의 이러한 입장은 인권기구의 인식과는 점차 동떨어진 것이 되어갔다. 더구나 제2차 아베 정권 이후 정부인사들이 위안부 문제를 부인하는 역사수정주의적인 발언을 계속하자 여성차별철폐위원회뿐 아니라 다른 조약위원회들도 더욱 강력하고 구체적인 내용으로 권고문을 내놓기 시작했다. 이와 같이 글로벌 여론과 유엔 인권기구들은 위안부 문제가 중대한 인권 침해이며 이를 해결하기 위해 일본 정부에 매우 구체적이고 강력한 권고안을 제시해왔다. 즉 2015년의 한일 외교장관 합의를 이루기 직전까지 유엔을 비롯한 국제사회에서는 위안부 문제의 해결에 대한 공감대가 형성되어 있었고, 일본 정부는 아시아여성기금을 넘어서는 해결책을 내놓아야 하는 입장에 있었던 것이다.

이 과정에서 일본 정부는 일관되게 위안부 문제가 인권조약 체결 이전의 과거사임을 강조하면서 글로벌 여성인권 규범과 위안부 문제를 연결시키지 않으려고 했다. 2000년대 말경부터는 일본 정부의 입장을 받아들이지 않고 있는 글로벌 여론을 전환해야 할 필요성을 절실하게 느끼게 되었다. 이러한 움직임은 한일외교장관합의의 내용에 소녀상의 철거와 국제사회에서의 상호 비난 자제를 요구한 것에 잘 드러나 있다. 그러나 국제인권조약위원회들이 일본 정부에 위안부 문제의 해결과 조치를 촉구하는 권고는 2015년 외교장관 합의 직후에도 변함없이 지속되고 있다. 이에 일본 정부 관료가 2016년 봄 여성차별철폐조약 위원회 일본 정기심사에서 일본 정부의 의견을 무시한다고 항의하기도 했다. 위안부 관련 자료를 유네스코 기억유산에 등록하려는 한국의 움직임에 대해서도 분담금 지급을 무기로 강력히 저지하고 있다.[36] 그럼에도 2018년 11월 19일의 강제실종위원회의 일본 심사보고서에서도 위안부 문제에 대해 권고안은 빠지지 않았다.[37] 2015년을 끝으로 영구 해결을 선언한 일본 정부의 주장과는 달리 국제인권기구들은 이 문제를 아직 해결되었다고 보지 않고 있는 것이다. 물론 글로벌 여론 전환을 위한 일본 정부의 로비와 다양한 활동은 아직도 현재진행형이며 이러한 일본 정부의 노력이 일부 효과를 거두고 있는 것도 사실이다.[38]

3. '글로컬화'하는 위안부 문제의 기억

위안부 문제는 이 문제에 직접적으로 관여하고 있는 시민단체와 일본 정부를 대결의 축으로 전개되어 온 것은 사실이지만, 많은 생존자가 돌아가심에 따라 위안부 문제운동의 중심이 '해결'에서 '기억'으로 옮겨가고 있다. 후세를 교육하고 기억하는 일이 중대 인권 침해의 재발을 위해 가장 중요한 부분이라면 기림비와 박물관은 교육과 기억을 위한 핵심적인 역할을 한다. 위안부운동이 이러한 새로운 국면으로 접어든 계기는 평화비를 설치하게 되면서라고 생각된다. 일본군 위안부의 역사를 기억하고 교육하기 위해 수요시위 1,000회를 맞이하여 서울의 일본대사관 맞은 편에 설치된 것이 국내 최초의 위안부 기림비다. 일명 소녀상으로 불리면서 수요시위 1,000회라는 상징적인 숫자와 함께 세계 여론의 큰 관심을 끌었다.

평화비는 위안부 문제를 과거 역사 문제로 멀게 느끼던 젊은 세대에게 또래 여성의 성폭행 문제로 상상할 수 있도록 함으로써 젊은 세대의 관심과 참여를 이끌어 내는 역할을 했다.[39] 위안부 피해자들은 모두 세상을 떠날 수 있지만 평화비는 계속해서 그 자리에 남아 보는 이의 기억을 되살리며, 시민들은 수요시위가 없어도 평화비를 통해 역사적 부정의에 대한 자신의 감정을 투영할 수 있는 대상을 얻게 된 것이다. 이런 움직임에 위기감을 느낀 아베 정부는 수차례 소녀상 철거를 강압적으로 요구하여 세계를 경악하게 했다. 그러나 이러한 정치적 국면이 오히려 시민들의 위기감을 고조시켜 위안부 문제에 대한 관심과 평화비 지키기 또는 건립하기 운동이 확산되는 계기가 되기도 했다. 대학생들은 전국 대학생 연합동아리 '평화나비'를 만들어 적극적으로 위안부 문제를 알리기 위한 활동을 전개하고 있다. 전국 각지에는 지금까지 수십 개의 평화비가 설치되었고, 책상에 올려둘 수 있는 작은 소녀상을 비롯하여 크고 작은 평화비들이 각지에서 제작되었다. 이를 통해 위안부 문제는 시민들의 일상 속으로 점차 확대되었다.

평화비는 **수요시위**라는 상징적인 시
민들의 집합 장소와 시간의 제약성을
무한정으로 확대함과 동시에 지역화
했다. 평화비는 이를 보는 개인들 각자
가 위안부 문제를 기억하는 매개체가
되어 세계의 한인들을 중심으로 해외
에서도 기림비가 확대되어 갔다. 그 크
기도 형태도 다양하여 지역이나 설립
자에 따라 지역화된 기림비가 건립되
고 있다. 그러나 위안부 기림비가 한국
보다 먼저 세워진 것은 오키나와의 미
야코섬과 미국의 한인사회가 세운 뉴

〈그림 2〉 미국 버지니아주 페어파크카운티 위안부기념 평화공원
(Mary McCarthy 제공)

저지주의 팰리세이드 파크Palisades Park다. 2007년에 하원에서 위안부 문
제 해결을 촉구하는 결의안을 통과시킨 미국에는 한국 다음으로 많은 기
림비가 설치되었다. 하원 결의안의 통과를 위한 운동이 일단락되자 미국
의 위안부운동은 기림비를 설립하는 것으로 확대되었다. 그 첫 번째가
한인 단체인 뉴욕 유권자센터가 지방 정부에 건의하여 2010년에 뉴저지
팰리세이드 파크시에 세워진 위안부 기림비다.[40]

이후 2017년까지 11곳에서 기림비를 세우기 위한 지역운동이 있었
다. 이 중 8곳에서는 공유지에 기림비를 세우는 데 성공했고, 3곳에서
는 반대에 부딪혀 실패했다.[41] 샌프란시스코시와 같이 한국계 주민이
아시아계 주민의 다수가 아닌 경우에도 중국계, 일본계, 재일교포, 필

리핀계 등 범아시아계 주민들이 힘을 합쳐 일본 정부와 우익 집단의 집요한 반대에도 불구하고 기림비를 관철해낸 경우도 있다. 캘리포니아의 글렌데일에서는 과거에 역사적 비극을 겪은 바 있는 아르메니아 주민들의 협조와 이해가 매우 중요했다. 한인들에게 미국의 위안부운동은 미국사회에서 한인들의 정치적인 입지를 확립하고 고국의 역사를 공적으로 승인받는 디아스포라 정치학의 의미가 있다. 이들은 미국의 중요한 가치로 생각되는 보편적 인권 문제와 위안부 문제를 연계하여 제기하였고, 이러한 접근이 미국 내 이해를 넓힐 수 있었다. 캘리포니아에서는 한발 더 나아가 2019년 가을부터 위안부 문제가 기술된 교과서가 채택되어 가르치기로 한 것은 이러한 운동의 연장선이다.

그 외에도 독일, 캐나다, 호주, 중국, 타이완, 필리핀[42]의 각 지역에서 기림비를 설립했거나 설립하려는 시도를 했다. 상대적으로 최근에 이민 온 일본인이 많이 거주하거나, 일본의 비지니스가 지역경제의 중요한 역할을 하는 곳에서는 지역 주민 간의 갈등으로 번지기도 했지만 위안부 문제는 한일 관계가 아닌 여성인권과 세계역사 교육의 문제로 이해된 경우에는 지역 정부와 주민들의 승인을 얻을 수 있었다.

사진에서 보듯 나비 형태나 다양한 모습의 여성은 모두가 위안부 문제에 대한 기억이 세계 각지에서 지역화된 형태이다. 서울의 평화비가 소녀상을 하고 있는 데 대해 위안부 문제를 특정 이미지로 고정할 것이라는 염려가 없지 않았다. 하지만 '보편적인 인권'이나 '위안부 문제' 그 어느 것도 그 자체로 지역성과 시간성을 초월하는 단일한 의미를 가지는 것이 아니다. 세계시민들과 한인들은 각자의 역사와 경험 속에서 위안부 문제에 공감하고 그 의미를 재사유한다. 최근에는 한국의 젊은

〈사진 3〉 미국 뉴저지주 포트리헌법공원내 위안부 기림비(Linda Hasunuma 제공)

세대뿐 아니라 교포 3·4세, 일본의 재일 한국인 젊은 세대, 해외의 젊은 세대들도 그들 세대의 입장에서 위안부 문제를 접하고 전유한다. 때로는 서클 활동으로, 때로는 시위로, 더 많은 경우에는 예술과 문화 활동에 그들의 고민과 새로운 해석들이 반영된다.[43] 이렇게 위안부 문제를 기억하는 주체, 기억하는 방식, 그 기억의 내용은 모두가 무한한 가능성에 열려 있다.

4. 글로벌 #MeToo 시대에 다시 생각하는 위안부 문제

2017년 말부터 #MeToo운동이 세계적으로 확대되면서 위안부 문제는 다시 한번 새롭게 사유되고 있다. 2차 대전이 종결된 후에도 수십 년간 위안부 문제를 왜곡하고 생존자들이 침묵시켰던 가부장적 사회구조는 수많은 일상적 성폭력을 재생산하면서 아직도 피해자들을 침묵시키고 있다. 미투에서 드러난 여성의 성에 대한 왜곡된 인식과 피해자 비난, 그리고 성을 권력 행사의 도구로 사용하는 우리 사회의 젠더화된 권력 구조는 전후에 위안부 문제가 해결되지 못했던 바로 그 이유들과 동일하다. 이런 의미에서 위안부 생존자들이야말로 최초의 미투 운동가라고 평하는 것은 결코 우연이 아니다.

일본을 대표하는 미투의 상징적 존재인 이토 시오리(프리랜서 저널리스트)는 2018년 한국을 방문하여 위안부 생존자들을 만났다. 가해자와의 재판을 힘들게 진행하면서도 전 세계의 성폭력 피해자들을 취재하고 기록하여 성폭력의 실태와 구제 방안, 그리고 생존자들의 용기에 대해 알리는 활동을 하고 있는 이토와 같은 21세기의 생존자들에게도 위안부 생존자들의 삶과 투쟁은 용기와 연대의 가능성을 열어주었다.

이처럼 위안부 문제는 이제 생존자들의 피해와 보상의 문제로 축약될 수 있는 문제가 아니다. 어느 한 국가의 정부가 종결을 선언할 수 있는 문제는 더더욱 아니다. 위안부 문제는 1990년대의 여성인권의 세계사적인 발전과 더불어 초기부터 국제적인 이슈로 부각되었으며 그들을 지원한 아시아 여성들의 연대에 의해 세계화되었다. 이제 생존자들이 세상을 떠나고 그들을 수십 년간 지원해 온 시민들은 기억과 교육을 위해 또 다른 긴 여정을 시작하고 있다. 이러한 노력은 유네스코 인류 기억유산 제정을 위한 국제연대의 노력이나 한국에서 뒤늦게 발족한 정부 지원의 연구소 등이 포함된다. 하지만 그보다 더욱 의미 있는 것은 세계시민들이 그들의 지역에서 펼치고 있는 창조적이고 글로컬화된 기억과 교육 활동일 것이다. 위안부 문제는 그러한 자발적인 지역 활동의 세계적인 확산에 의해 다음 세대로 유지되고 창조적으로 계승될 것이다.

주석

1 이 글은 2018년 12월 한국외국어대학 국제심포지엄에서 발표한 내용을 수정 가필한 것임. 원고의 일부는 『일본비평』 2016년 8월호에 게재된 「글로벌 시각에서 본 일본군 '위안부' 문제-한일 관계의 양자적 틀을 넘어서」와 위안부 문제 웹진 『결』에 기고한 바 있다. 또한 일본어 저널 『思想』 4월호에 동일 제목으로 전문이 게재되었음을 밝힌다.

2 2019년 여름에는 일본 아이치 비엔날레의 '표현의 부자유' 전시 부분에 전시 예정이었던 평화비가 우익단체의 협박과 이를 지지하는 정치인들의 압력으로 전시가 일시 중단되는 사태가 발생했다. 일본 정부는 이후 비엔날레에 대한 보조금 지급을 취소했다.

3 신기영, 앞의 글.

4 https://www.britannica.com/topic/glocalization (검색 : 2019.9.21).

5 미군의 포로 자료를 중심으로 중부태평양의 축섬에 있었던 26명의 조선인 위안부의 존재를 밝힌 예. 전시 자료집 『기록 기억-일본군 '위안부' 이야기, 다 듣지 못한 말들』(2019)

6 http://fightforjustice.info/?page_id=583 (검색 : 2019.9.22.).

7 위안부 피해 상황을 파악할 수 있는 〈위안소 분포 지도〉는 2000년에 일본에서 개최되었던 여성국제전범법정(뒤에서 자세하게 논함)을 위해서 처음 만들어졌다. 당시까지 알려진 위안소의 위치를 지도에 표시한 것이다. 법정 이후에도 인도네시아, 중국에서 새로운 증언들이 나오고 일본 연구팀들이 3차 국회도서관 조사도 진행하여 새로운 사료들이 발굴되자, WAM(액티브 뮤지엄-여성들의 전쟁과 평화 자료관)에서 10년에 걸쳐 지도를 갱신하였고 2019년 12월에 공개되었다(https://wam-peace.org/ianjo/map/ (검색 : 2019.12.14).

8 (사)한국정신대 문제대책협의회 편, 『일본군 '위안부' 문제 해결운동의 과거와 현재, 그리고 미래』, 1999, 9쪽. 당시에는 정대협이 아직 결성되지 않은 때로, 한국교회여성연합회, 여성단체연합, 그리고 전국여대생대표자협의회가 기자회견을 하여 한국 정부의 적극적인 역할을 촉구하였다.

9 신혜수, 「일본군 위안부 문제 해결을 위한 국제 활동의 성과와 과제」, 한국정신대 문제대책협의회 편, 『일본군 위안부 문제의 진상』, 역사비평사, 1997

10 Executive Committee, International Public Hearing Concerning Post-war Compensation by Japan, ed. *War Victimization and Japan:International Public Hearing Report*, Tokyo:Nihon Tosho Centa, 1992.

11 戸塚悦郎, 「和解の条件-真実とプロセス」, 志水紀代子, 山下 英愛(編集) 『シンポジウム記録 「慰安婦」問題の解決に向けて-開かれた議論のために』, 白澤社, 2012년. 도츠카와 일본 시민단체는 독자적으로 1992년 2월 일본군 위안부 문제를 인권위원회에, 그리고 5월에는 현대형 노예제 실무회의에서 강제 연행 노동자 문제와 함께 위안부 문제를 제기했다. 정진성, 『일본군 성 노예제』, 2004, 서울대 출판부, 147쪽.

12 정대협, 앞의 책, 14쪽.

13 http://www.ohchr.org/EN/AboutUs/Pages/ViennaWC.aspx(검색 : 2016.5.21).

14 보고서 원문은 다음을 참조. E/CN.4/1996/53/Add.1(검색 : 2016.5.21.).

15 국제형사재판소 설립을 위한 로마조약에 이러한 여성인권 관련 내용을 구체적으로 포함시키게 된 것은 세계여성들의 로비 활동에 의한 것이었다. 여성주의적인 시각에서 국제형사재판소와 인권 규범에 대해 분석한 연구로는, Louise Chappell, *The Politics of Gender Justice at the International Criminal Court Legacies and Legitimacy*, Oxford:Oxford Univ. Press, 2015.

16 E/CN.4/Sub.2/1998/13(검색 : 2016.5.21).

17 아시아여성기금의 위로금을 받은 생존자도 다수 있다. 그들에 대한 기록은 아시아여성기금의
    디지털 아카이브에서 확인할 수 있다. 土野瑞穂, 「被害女性たちの生からみた「慰安婦」問題−
    「女性のためのアジア平和国民基金」を軸に」, 『平和研究』 47, 87-103, 2016.

18 일본의 활동가들에 대한 필자 인터뷰. 2016년 4∼5월. 2017년 8월. 일본에는 수십 개의
    단체들이 생겨나 서로 연대하면서 활동해 온 운동의 역사가 있다. 특히 북한 여성들과의
    연계는 사회당 여성의원의 역할이 매우 중요했다. 모든 단체들이 같은 방식으로 언제나 함께한
    것은 아니지만 이 운동의 역사도 한국의 위안부운동사 이상으로 중요하다. 이 글에서는 지면상
    다루지 못하지만 한일 여성운동사를 함께 정리하는 것은 또 다른 과제로 남는다.

19 한일여성운동단체의 연대 활동의 가장 큰 성과는 1998년 4월27일에 있었던 시모노세키
    재판 판결이다. 지금까지 일본 정부의 법적 책임을 인정한 유일한 일본내 판결이다. 이 재판
    과정에서 일본시민들은 부산과 시모노세끼를 왕래하며 법정 투쟁을 지원했다. 필자 인터뷰
    2016년 4월.

20 Awki Seo, "Toward Postcolonial Feminist Subjectivity:Korean Women's Redress
    Movement for "Comfort Women," in Julia C. Bullock, Ayako Kano, and James Welker
    eds. Rethinking Japanese Feminisms, University of Hawaii Press, 2018.

21 Heisoo Shin, "Seeking Justice, Honor and Dignity:Movement for the Victims of Japanese
    Military Sexual Slavery", Martin Albrow and Hakan Seckinelqin, eds., Global Civil Society
    2011:Globality and the Absence of Justice, Palgrave Macmillan, 2011:14-29. p.25.

22 정진성, 『일본군 성 노예제:일본군 위안부 문제의 실상과 그 해결을 위한 운동』, 松井やより,
    「戦争と女性への暴力」, 『愛と怒り戦う勇気−女性ジャーナリストいのちの記録』, 岩波書店,
    2003.

23 여성국제전범법정에서 재판관장을 담당했던 가브리엘 멕도날드(Gabrielle McDonald)는
    구유고슬라비아 국제전범법정의 재판관장이었다. 또한 수석 검사였던 퍼트리샤 셀러스
    (Patricia Viseur-Sellers)는 구유고 및 르완다전범법정의 검사단의 법률 자문이었다. 그녀는
    법정의 개시에 앞서 구유고 전범 법정이 그녀가 동경여성국제전범법정에 참여하는 것을
    공식적으로 허가했으며 그것은 곧 구유고전범법정이 동경여성국제전범법정을 지지한다는
    것을 의미한다고 했다.

24 판결 내용에 대해서는 International Organizing Committee for the Women's International
    War Crimes Tribunal for the Trial of Japan's Military Sexual Slavery, Judgement on the Common
    Indictment and the Application for Restitution and Reparation, Hague : The Hague, 2001 참조.

25 2000년 법정의 의미에 대해서는 Christine M. Chinkin, "Women's International Tribunal
    on Japanese Military Sexual Slavery," American Journal of International Law 95(2), April, 2001,
    pp.335∼340 참조. 법정의 내용에 대해서는 기록집을 참조.

26 민중법정은 모의법정과는 다르다. 모의법정은 가상의 사건을 다루고 재판관과 검사, 변호단이
    모두 역할 플레이(role play)를 하는 것에 비해, 민중법정은 실제 사건을 다루며 실제 재판과
    똑같은 과정으로 전개된다. 이미 전 세계의 많은 국가에서 시민의 힘으로 민중재판을 열고
    가해자를 심판했다. 2010년에는 2000년 여성국제전범법정을 모델로 하여 과테말라 선주민
    여성들이 전시하 성폭력을 재판하는 민중법정을 열어 가해자를 재판했다. http://ajwrc.org/j
    p/modules/bulletin/index.php?page=article&storyid=528 (검색 : 2016.6.30).

27 Lisa Yoneyama, Cold War Ruins : Transpacific Critique of American Justice and Japanese War Crimes,

Duke University Press, 2016.

28 유엔 인권기구는 2006년 조직개편을 통해서 그 위상이 강화되었다. 그동안 경제사회이사회의 하부조직이었던 인권위원회(Commission on Human Rights)는 경제사회이사회로부터 독립하여 이와 동급인 인권이사회(Human Rights Council)로 승급되었고 인권이사회의 하부조직에 자문위원회와 테마별 특별보고관, 특별대표, working group 제도를 두고 있다. 5년에 한 번씩 국가별 보편적 인권심사(Universal Periodic Review)를 실시한다. 그리고 인권이사회와는 별도로 사무총장 관하에 인권고등변무관(Human Rights Office of the High Commissioner)이 있으며 그 아래 핵심적인 국제인권조약에 의해 설치된 10개의 위원회가 있다. 여성차별철폐조약은 1979년 12월에 체결된 것으로 국제인권조약들 중에 네 번째로 오래된 조약이다. 여성차별철폐위원회는 이 여성차별철폐조약에 의해 구성된 전문가들의 심의기관으로, 위원회의 주요 역할은 조약 체약국들이 조약의 내용을 성실히 수행하고 있는지 감시, 심사, 권고하는 일이다 http://www.ohchr.org/EN/HRBodies/Pages/HumanRightsBodies.aspx (검색 : 2016.5.16)

29 Inderpal Grewal, "'Women's rights are human rights : feminist practices, global feminism and human rights regimes in transnationality", *Citizens Studies* 3, 1999, 337~354쪽; 本山央子,「武力紛争化の'女性'とは誰か―女性・平和・安全保障アジェンダにおける主体の生産と主権権力」,『ジェンダー研究』22, 2019, 27~46쪽.

30 각국 시민들의 활동에 대해서는『한국정신대대책협의회 20년사』참조.

31 1990년대 유엔에서의 한일 시민단체의 활동에 대해서는, 한국정신대 문제대책협의회 편찬위원회,『한국정신대 문제 대책 협의회 20년사』, 한울아카데미, 2014년, Heisoo Shin, 앞의 논문, 정진성,『일본군 성 노예제:일본군 위안부 문제의 실상과 그 해결을 위한 운동』, 서울대출판부, 2004, 戸塚悦郎,『(普及版)日本が知らない戦争責任―日本軍「慰安婦」問題の真の解決へ向けて』, 現代人文社, 2008년 참조.

32 CEDAW/C/SR.248 (1994/03/10) p.14

33 CEDAW/C/JPN/4 (1998/08/28) pp.16~17

34 2003년에는 지금까지와는 다른 많은 수의 일본 NGO들이 참석하여 로비를 했다. 반면 일본 정부는 위원회의 위원들을 개별 접촉하면서 위안부 문제를 권고에서 다루지 말 것을 종용했다. Heisoo Shin, 앞의 논문

35 원문은 다음과 같다. 37. The Committee notes that some steps were taken by the State party to address the situation of "comfort women" but regrets the State party's failure to find a lasting solution for the situation of "comfort women" victimized during the Second World War and expresses concern at the deletion of references to this issue in school textbooks. 38. The Committee reiterates its recommendation that the State party urgently endeavour to find a lasting solution for the situation of "comfort women" which would include the compensation of victims, the prosecution of perpetrators and the education of the public about these crimes. CEDAW/C/JPN/CO/6 (2009/08/07), p.8. (검색일 2016.5.21)

36 "유네스코, 일본압력에 세계기록유산 심사절차 바꾼다"(2018.1.3)https://www.yna.co.kr/view/AKR20180103069000073 (검색 : 2019.9.24)

37 https://tbinternet.ohchr.org/Treaties/CED/Shared%20Documents/JPN/CED_C_JPN_CO_1_33067_E.pdf (검색 : 2019.9.23).

38 필자 워싱턴 활동가 전화 인터뷰. 2019년 9월 1일. 또한 미국의 일부 도시와 호주, 독일에서 위안부 기림비를 설치하려던 운동이 실패로 돌아간 경우 및 소녀상 전시를 중지한 것 등을 예로 들 수 있다.

39 기림비의 형태에 대해서는 다른 의견도 많다. 위안부에 대한 소녀 이미지의 고착화는 적절치 않다는 비판 의견이 대표적이다.

40 "뉴저지에 미국 최초 위안부 기림비 건립," http://www.dongponews.net/news/articleVie w.html?idxno=17349 (검색 : 2019.9.24).

41 McCarthy, Mary M. & Linda C. Hasunuma, "Coalition Building and Mobilization:Case Studies of the Comfort Women Memorials in the United States," *Politics, Groups, and Identities*. https://doi.org/10.1080/21565503.2018.1491865.

42 필리핀에서는 이미 설치되었던 기림비가 일본 정부의 압력으로 철거되는 사태가 발생했으며 다른 지역에서도 공유지에서 사유지로 설치장소가 변경되기도 했다.

43 최근 젊은 일본계 미국인 미키 데자키의 다큐멘터리 영화 "주전장"의 세계적인 관심은 놀랍다. 젊은 세대의 거리감을 둔 신선한 접근이 많은 이의 공감을 얻고 있는 것이다.

제3장

일본군'위안부' 문제를 둘러싼 '역사전歷史戰'

글렌데일시 '평화의 소녀상' 건립을 사례로*

이지영

1. 일본군 '위안부' 문제의 국제화와 일본군 '위안부' 기림비

일본군 '위안부'(이하 '위안부') 문제가 사회적 이슈가 된지 25년 이상이 경과한 현재 이 문제는 한일 양국의 과거사를 넘어 다시는 되풀이되어서는 안 되는 전시 하 여성에 대한 폭력의 문제, 여성인권의 문제로서 국제사회의 보편적 이슈의 하나로 자리매김되었다.[2]

그러나 이러한 기조와는 달리 일본 국내에서는 제4기에 이르는 아베 내각의 장기 집권 하에서 역사수정주의의 등장과 강화, 일본사회의 보수우경화가 진행되는 가운데 '위안부' 문제는 '성 노예제'보다는 '상행위', '법적 책임'보다는 '도의적 책임', '전쟁범죄'보다는 '전장戰場의 성'으로 주장되고 인식되게 되었다.[3] 이제 일본에서는 '위안부' 문제에 대해 성 노예제나 법적 책임, 전쟁범죄를 논하면 일본의 명예를 훼손하고 국익을 저해하는 '반일', '매국', '공산주의자'로 규정되어 우파의 공격

대상이 되고 있다. 일본 우파의 '위안부' 부정론은 2014년의 '위안부' 문제를 둘러싼 『아사히朝日신문』의 오보 사태, 2015년 한일 '위안부' 합의와 그 이후의 파국을 거치면서 더욱 정당화되어 드디어 국내의 담론 투쟁에서 승리하기에 이른다.

국내의 담론 투쟁에서 승리한 우파의 다음 투쟁은 일본 국내를 넘어 국제사회의 왜곡된 '위안부' 문제에 대한 인식을 바로잡아 전후 70년 이상 잃어버린 일본의 올바른 역사를 되찾겠다는 역사전이다. 따라서 역사전의 주전장主戰場은 1998년 '위안부'를 성 노예, 위안소를 '강간소'로 규정하고 일본 정부에게 법적 책임의 수용과 피해 보상 등 여섯 개 항목의 권고를 제시한 '쿠마라스와미 보고서'[4]를 채택한 유엔 인권위원회와 2007년 '위안부' 문제를 20세기 최대 인신매매로 규정하고 일본 정부에 그 해결을 촉구하는 결의안을 채택한 미국이다.[5]

주전장 미국에서 일본 우파의 첫 번째 역사전이 벌어진 곳이 캘리포니아주의 작은 도시 글렌데일이다. 세계 최초로 의회에서 '위안부'결의안을 채택한 미국의 각지에서는 이 결의안을 형해화하지 않기 위한 노력의 일환으로 '위안부'기림비(이하 기림비)[6]가 세워지고 있다. 2010년 미 동부 뉴저지주 팰리세이즈파크의 공공도서관 부지에 최초의 기림비가 건립된 이후 현재까지 13곳에 다양한 기림비가 설치되었다. 글렌데일시는 2013년에 미국에서는 네 번째 기림비가 건립된 곳이다. 그렇다면 이 글렌데일시가 왜 역사전의 첫 번째 전장이 되었을까. 글렌데일시의 기림비는 해외에서는 처음 설치된 평화의 소녀상(이하 소녀상)이기 때문이다. 일본 정부가 한일 '위안부' 합의에 소녀상 철거를 조건으로 제시할 만큼 일본 정부를 비롯해 우파는 소녀상에 강한 거부감을 갖고 있으며 소녀상이 확산되어 '위안부' 표상의 공공성을 획득하는 것을 경계하고 있다.[7] 일본의 우파는 글렌데일시에 소녀상이 건립되자마자 바로 철거를 요구하는 소송을 제기하는 행동에 나섰으며 이 소송을 일본 국가의 명예를 회복시키는 투쟁으로 정당화했다. 일본의 국내 우파와 재미 일본인 '신新 1세'[8]가 연대하고 우파언론『산케이産經신문』이 홍보하며 소송 비용을 위한 모금과 여론의 지지를 호소하는 한편 이례적으로 일본 정부까지 전면에 개입한 이 글렌데일소송은 원고 패소로 끝이 났다.[9]

이 글은 글렌데일시 소녀상 건립과 이후 철거 소송의 과정을 분석함으로써 '위안부' 문제의 국제화에 나타나는 일본 우파의 역사전의 일단을 밝히고자 한다. 기림비가 한국을 넘어 미국뿐 아니라 캐나다, 호주, 독일, 중국, 타이완, 홍콩, 필리핀 등에서도 건립되면서 최근 기림비에 대한 연구가 활발히 진행되고 있다. 김부자는 소녀상과 소녀 이미지를 둘러싸고 전개된 한일의 여성 연구자와 한일사회의 정치를 내셔널리즘과 식민주의를 바탕으로 분석했다.[10] 윤지환은 미국의 기림비를 사례로 '위안부' 기억의 초국적 이동과 미국 내에서의 '위안부' 기억의 이식이 미국 내 한인 이민자 집단의 역할과 민족을 넘어선 연대에 어떻게 개입했는지를 고찰하는[11] 한편 소녀상을 통해 '위안부' 기억이 경관으로 재현될 때 저항의 응집력과 도덕적 공감대가 형성되는 과정을 설명했다.[12] 김동엽은 필리핀 '위안부' 동상을 중심으로 지역마다 다르게 표상되는 '위안부' 기억에 담긴 지역성을 논하고 있다.[13] 문경희는 호주 소녀상을 사례로 도덕성과 공감에 기반한 '코스모폴리탄' 기억의 정치와 호주 한인들의 초국적 민족주의의 다면성과 복합성에 대해 분석했다.[14]

그러나 선행연구에서는 공통적으로 일본에 대한 분석이 결여되어 있다는 한계가 있다. '위안부' 문제가 국제사회의 이슈가 되고 기림비가 확산되면서 일본의 우파는 해외에서 '위안부' 부정론과 기림비 건립 반대 운동을 적극적으로 전개하고 있으나 그에 대한 연구는 많지 않다. 이 글은 글렌데일시의 소녀상 건립을 둘러싼 추진운동뿐 아니라 일본 우파의 주장과 반대운동을 면밀히 분석함으로써 선행연구를 보완하고자 한다.

이 글은 문헌연구와 심층면접을 바탕으로 논술되었다. 심층면접은 2019년 7월 8일부터 11일까지 진행되었으며 면접자는 소녀상 건립 당시 글렌데일시의 시장이었던 퀸테로Frank Quintero 의원, 이창엽 글렌데일시 도시계획위원회 위원장, 한미연합회 전 사무국장 유은경 변호사, 김현정 가주한미포럼[15] 공동대표이다. 글렌데일시를 상대로 소녀상 철거 소송을 제기하고 소녀상 건립 반대운동을 주도한 메라 고이치目良浩一〈역사의 진실을 요구하는 세계연합회GAHT〉 공동대표에 심층면접을 의뢰했으나 아무런 반응이 없었다.[16] 그러나 최근 소송의 과정과 자세한 내용을 담은 저서가 출간되어 이 글의 소송 부분은 그의 저서와 글렌데일시의 내부 자료를 토대로 작성되었다.

2. 일본 우파의 '위안부' 문제를 둘러싼 역사전

『아사히朝日신문』의 일본군 '위안부' 오보 사태

일본 우파의 '위안부' 부정론이 일본 국내의 담론 투쟁에서 성공을 거두고 일본 우파가 세계를 향한 역사전에 나선 계기는 2014년 8월 5일과 6일에 『아사히신문』이 게재한 '위안부' 문제를 둘러싼 보도의 검증 특

집 「'위안부' 문제를 생각하다」이다.[17] "여성을 색출해 끌고 갔다狩り出した"는 등의 요시다 세이지吉田淸治의 증언은 '허위'였으며 1980년 3월부터 1994년 1월까지의 요시다 세이지 관련 기사 16건을 취소한다는 내용이다.[18] 이에 대해 9월 11일, 아사히신문사의 기무라 다다카즈木村伊量 사장이 기자회견을 열어 사죄했다. 요시다 세이지는 1942년부터 패전까지 3년 동안 야마구치현 노무보국회山口県労務報國会의 동원부장으로 조선인을 징용하는 일에 종사했던 인물로, 광주에서 남성 노무자를 동원하고 제주도에서 여성을 색출해 위안부로 끌고 갔다고 증언한 바 있으며 그의 저서에서도 밝히고 있다.[19]

『아사히신문』의 오보 인정과 기사 정정으로 "'위안부' 강제 연행', '피해자 20만 명' 설은 모두 『아사히신문』이 요시다 세이지의 거짓 증언을 토대로 날조한 것이라며 우파 단체와 언론은 일제히 『아사히신문』에 대한 비판과 공격에 나섰다. 가장 대표적인 것이 『산케이신문』이다. 『산케이신문』은 '위안부' 문제에 이의를 제기하고, '위안부' 문제의 진상규명에 선구적 역할을 해 왔다고 자부할[20] 정도로 '위안부' 부정론을 재생산하고 확산시켜 왔는데, 2014년 4월부터 '역사전'을 기획하여 연재하였고, '위안부' 문제 특집 제1부에서 제6부까지를 재구성하여 10월 20일에 『역사전 아사히신문이 세계에 퍼뜨린 '위안부'의 거짓을 타도하다』를 출간하였다. 이 저서에서 『산케이신문』은 역사전이라 명명한 것은 "'위안부' 문제는 단순한 역사 인식을 둘러싼 견해의 차이가 아닌 전쟁"이기 때문이며, 이 역사전에 스스로 적극 나서야 되는 이유를 "누명을 쓴 선조의 명예와 지금을 살아가는 우리 자신의 이익과 장래를 짊어질 자녀와 자자손손의 안녕을 위해서"라고 주장,[21] 일본 본래의 역사를 되찾기 위한 전쟁에 자발적으로 참여할 것을 독려했다. 그야 말로 '위안부' 문제가 일본의 명예, 나아가 역사를 전유하고 있다고 해도 과언이 아니다.

여기서 주목할 필요가 있는 것이 역사전에 새로운 주체들이 등장하기 시작했다는 것이다. 이들은 주류 우파단체를 모체로 다양한 보수운동에 참여하다 '위안부' 단일 이슈에 집중하기 위해 조직되었으며 주류 우파단체들보다 젊은 층을 적극적으로 동원하며 집회, 데모, 소송 등의 활동을 국내외에서 전개하고 있다.[22]

신 우파단체와 '애국여성'의 등장

주류 우파단체라고 하면 1984년 정책 제언을 목적으로 설립된 '일본 정책연구센터', 1996년 말에 조직된 '새로운 역사교과서를 만드는 모임'(이하 새역모), 1997년 5월에 '일본을 지키는 국민회의日本を守る国民会議'와 '일본을 지키는 모임日本を守る会'이 통합하여 결성된 '일본회의日本会議'를 들 수 있다. 이 단체들은 역사 인식과 '위안부' 문제에서부터 부부별성夫婦別姓 반대, 젠더프리 반대, 여성천황 반대, 애국교육, 개헌에 이르기까지 일본사회의 보수적 가치를 실현하고자 보수운동을 벌여왔다.[23]

2000년대에는 배외주의를 기조로 하는 단체들이 발족되는데 2006년의 '재일의 특권을 용인하지 않는 시민모임在日の特権を許さない市民の会'(이하 재특회)과 '주권회복을 지향하는 모임主権回復を目指す会' 등이 그것이다. 이러한 배외주의와는 거리를 둔 단체들도 설립되는데 보수계 TV프로그램 제작 프로덕션인 일본문화채널사쿠라의 미즈시마 사토루水島総 대표이사가 중심이 된 2010년의 '힘내라 일본! 전국행동위원회頑張れ日

本! 全国行動委員会'가 있다. 배외적이든 그렇지 않든 이들 단체의 특징은 자각한 국민들이 일어서는 풀뿌리운동을 강조하고 스스로를 그러한 운동을 일으키는 애국시민단체로 규정한다는 것이다.

2010년대에 접어들어서는 이러한 우파단체에서 파생하는 형태로 '위안부' 문제에 특화한 단체들이 새롭게 조직되기 시작하는데, 이들이 역사전에 나서고 있다. 논파프로젝트論破プロジェクト는 한국이 2014년 프랑스 앙굴렘 국제만화페스티벌에 '위안부' 기획전 '지지 않는 꽃'으로 50점의 작품을 출품하게 된 것을 계기로 이에 대항하기 위해 2013년에 만들어졌다. 논파프로젝트는 한국에 맞서 앙굴렘에 '사실에 근거한 올바른 위안부 만화史実に基づいた正しい慰安婦漫画'를 출품하기 위해 홈페이지에서 특히 젊은 층에 ① '좋아요'를 누르거나 리트윗해 SNS상에서 논파프로젝트의 기획을 확산시킬 것, ② 만화나 일러스트를 응모할 것, ③ 논문이나 기사를 투고해 논파프로젝트를 지지할 것, ④ 웹 광고를 구입하거나 모금을 통해 논파프로젝트를 지원할 것, ⑤ 영어 등 외국어 번역작업에 자원봉사로 협력할 것을 호소했다.[24] 논파프로젝트는 앙굴렘에서 '위안부'를 부정하는 내용의 전시를 했으나 결국 중지되었고 이후 '위안부' 문제에 대응하기 위한 해외 활동에 더욱 힘을 기울이고 있다. 2013년 같은 해에 '위안부' 문제에 대응하는 운동단체 '위안부의 진실' 국민운동'慰安婦の真実'国民運動이 발족되었다. '위안부의 진실' 국민운동은 단체 가입이 원칙이며 해외에서 기림비 반대운동을 전개하는 것이 주요 목적이다. 새역모의 고문이자 일본회의 대표위원인 가세 히데아키加瀬英明가 대표를 맡고 있다.[25]

이러한 신 우파단체 가운데 주목을 끄는 것이 여성단체의 존재이다.

2009년에 재특회가 도쿄 미타카시三鷹市에서 개최한 집회 '위안부페스티벌 2009-허구로 가득 찬 위안부'를 계기로 '일본여성의 모임 소요카제日本女性の会 そよ風[26]'(이하 소요카제)가 결성되었다. 이 소요카제가 '위안부' 문제에 대해 여성이 전면에 나서서 활동하는 선구가 되었다. 소요카제는 홈페이지에서 그 취지를 다음과 같이 밝히고 있다. "언론의 편향 보도, 교육의 장에서의 자학사관 수업 등으로 인해 일본의 위기를 느끼고 있습니다. 이제 남성에게만 맡겨둘 수 없습니다! 일본을 지키기 위해 우리 여성은 일어섭니다. 선인들이 목숨을 걸고 쌓아 온 이 훌륭한 나라, 일본을 잃지 않기 위해 지금 우리들이 힘을 내야만 하지 않겠습니까. 말로만으로는 아무것도 변하지 않습니다. 우리는 행동합니다. 소요카제는 일본을 사랑하는 여성의 모임입니다."[27] 소요카제는 여성이 주체적으로 '위안부' 문제에 대해 행동해야 일본을 지키는 것이고, 힘을 내서 일어서는 여성이야말로'애국여성'이라고 설파하고 있다.

소요카제와 더불어 해외의 기림비 건립 반대운동을 비롯해 '위안부' 문제에서 가장 활발한 활동을 전개하고 있는 것이 '나데시코[28]액션 올바른 역사를 차세대에 계승하는 네트워크なでしこアクション 正しい歴史を次世代に繋ぐネットワーク'(이하 나데시코액션)이다.

나데시코액션이 발족된 직접적인 계기는 2011년 12월 14일에 한국의 1,000차 수요집회와 연대하기 위해 개최된 '일본군 '위안부' 문제에 정의를! 한국 수요집회 1,000차 액션'에 항의하기 위해서였다. 대대로 지켜온 선조와 일본군의 명예가 위안부의 거짓으로 훼손되어서는 안 된다며 일본여성이 일어나 행동할 것을 결의한 것이 나데시코액션이다. 야마모토 유미코山本優美子 대표는 나데시코액션을 만들기 전에는 외국인참정권 반대운동을 기획했으며 재특회 회원으로 활동했었다.[29] 2014년 7월 9일 외국특파원협회 회견에서 야마모토 유미코 대표는 나데시코액션에 대해 "뜻있는 여성들이 잘못된 선전 활동을 저지하기 위해 활동하고 있는 단체입니다. 종군위안부의 존재를 인정하지 않는 것이 아니라 종군위안부가 성 노예로 오해되는 것을 좋아하지 않습니다. 그리고 해외에서 위안부의 기념비가 세워지는 것에 항의하는 의지를 표명해왔습니다"라고 설명하고, "나는 학자도 언론인도 아닌 극히 평범한 일본인 여성입니다. 단지 위안부에 대해 잘못된 것이 사실이 되어 세계에 퍼지고 있는 것을 심히 걱정하고 있습니다. 저도 위안부 여성이 매우 괴로운 경험을 했다는 것에는 매우 동정합니다. 다만 일본의 역사가 세계에 잘못 퍼지는 것에 대해 목소리를 내고 싶다고 생각했습니다. 그리고 위안부 문제는 남성이 말하는 것보다도 여성이 목소리를 내는 것이 좋다고 생각합니다"라며 '위안부' 문제에 나서게 된 이유를 밝히고 있다.[30] '위안부'=성 노예를 주장하며 일본 정부의 사죄와 배상을 요구하는 '위안부' 피해자와 한국정신대문제대책협의회, 그에 연대하는 일본의 여성단체에 대항할 수 있는 것은 같은 여성, 일본의 여성이라는 것이다.[31]

2013년에는 사회인과 주부가 중심이 되어 '날조 위안부 문제를 규탄하는 일본유지회捏造慰安婦問題を糺す日本有志の会'(이하 일본유지회)가 발족되었다. 일본유지회의 주력 활동은 날조된 위안부 문제를 수정하기 위해 전국적으로 위안부 패널전시회를 개최하는 것이다. 이미 제1부 〈역사를 위조한 것은 누구인가〉, 제2부 〈버마의 위안부〉, 제3부 〈'종군'위안부 그녀들은 함께 싸운 전우였다〉 등 총 3부에 걸친 전시회가 진행되었다. 이 전시회를 주최한 야마자키 하루카山崎はるか는 "일본은 노예제가 없었

던 나라이다. 그런데 처음 노예로서 거론된 것이 성 노예라니 굴욕이다. 어떻게 해서든 이 치욕을 씻어내고 싶다. 일본을 재생시키기 위해서 왜곡된 역사 수정에 전력을 다할 것"이라며 역사의 진실을 보다 많은 사람에게 전하고 싶다고 전시회의 의의를 강조했다. 이 전시회에는 민간업자가 낸 당시의 위안부 모집광고, 조선여성을 위안부로 강제 모집한 조선인에 대해 일본 관헌이 엄히 단속한 내용의 신문 기사, 위안부 월급이 현재의 화폐 가치로 4백만 엔이었다 등이 '위안부' 문제 관련 올바른 역사의 자료로 전시되었다.[32]

누가 남성이 만든 위안부 문제를 해결하고 '위기에 처한 국가'를 구출해내는 역사전에 나서야 하는가. 바로 일본을 사랑하는 평범하지만 결연히 일어서 주장하고 행동하는 주체적인 '애국여성'이라는 것이다. 이러한 '애국여성' 단체와 '애국여성' 담론이 만들어진 곳이 인터넷 온라인의 세계이다. 인터넷이야말로 "학교에서는 가르쳐주지 않는 구출해내야 할 일본 역사의 진실"을 발신하고 있는 곳으로 젊은 층에게 미치는 영향력과 정보의 파급력은 지대하다. 일본의 '애국여성' 담론은 일본 우파단체들이 말하는 "역사 인식의 정보혁명"을 통해 등장한 것이다.[33] 이들은 유튜브와 블로그를 통해 행동하는 '애국여성'의 영상과 기사를 발신하고, 트위터와 페이스북을 통해 '위안부' 문제에 젊은 여성들의 참여를 촉구하고 있다. 많은 일본의 젊은 여성들이 '애국여성'이 되어 가두에서 항의 데모를 열고 서명과 모금운동을 벌이는 한편 해외의 기림비 건립에 자신들의 반대 주장을 담은 서한과 메시지를 보내고 있다. 소요카제와 나데시코액션은 이러한 '애국여성'의 리더로서 직접 바다를 건너가 미국과 유엔에서 다양한 활동을 적극적으로 전개하고 있다.

'주전장主戰場', 미국과 유엔

일본의 우파가 말하는 역사전의 주전장은 어디인가. 일본의 우파에 따르면 '위안부'를 둘러싼 '강제 연행', '피해자 20만 명', '성 노예'라는 잘못된 인식이 가장 널리 퍼져있는 미국과 유엔이다. 이 잘못된 인식을 바로잡지 않고는 미국에서 기림비는 계속 세워질 것이고 유엔 인권위원회는 일본을 비난하는 권고를 계속 채택할 것이며 유네스코는 사실과 다른 역사나 거짓을 인류의 유산으로 등록해 일본은 명예와 올바른 역사를 되찾을 수 없다는 것이다.

따라서 일본 우파는 적극적으로 미국에서, 또는 유엔을 상대로 일본의 명예를 회복시키고 올바른 역사를 되찾는다는 투쟁을 벌이고 있다. 이러한 일본 우파의 역사전으로 인해 '위안부' 문제는 일본 국내를 넘어 국제화되었고 다시금 국제사회에 '위안부' 문제를 부각시켰다.

'위안부' 문제에 관해 일본 우파의 대 유엔 활동이 활발해진 것은 2014년 제네바에서 개최된 자유권규약위원회에 '위안부의 진실' 국민운동이 대표단을 파견하면서부터이다. 이 대표단에는 나데시코액션, 새역모, 논파프로젝트, 소요카제, 일본회의가 참가했는데 단장은 나데시코액션의 야마모토 유미코 대표가 맡았다. 이 단체들은 2015년 7월과 2016년 2월에 유엔 여성차별철폐위원회가 개최된 제네바에, 같은 해 3월에는 유엔 여성지위위원회가 열린 뉴욕에 가서 각 위원회에 의견서를 제출하거나 위안부 기획전, 집회 개최 등의 활동을 펼쳤다. 나데시코액션은 독자적으로 2015년 6월, 여성차별철폐위원회에 NGO보고서 「위안부 문제-전시 중 일본군에 성을 팔기 위해 상업적으로 고용된 한국민족을 포함한 여성들」을 제출했다.[34]

2016년 2월 제네바 유엔 본부의 여성차별철폐위원회 정부보고서 심사에서 스기야마 신스케杉山晋輔 외무심의관은 "일본 정부가 발견한 자료 중에는 군이나 관헌에 의한 이른바 강제 연행을 확인할 수 있는 것은 없었다"며, 요시다 세이지의 증언에 관해서 "당시 아사히신문사에 의해 사실로 크게 보도되어 일본, 한국의 여론뿐 아니라 국제사회에도 커다란 영향을 미쳤다"고 발언했다. 일본 우파의 지금까지의 주장이 유엔에서 일본 정부의 공식 견해로 발표된 것이다.[35]

일본 우파가 대 유엔 활동의 성과의 하나로 꼽는 것이 유네스코 세계의 기억유산에 중국, 한국, 일본 등 8개 국·지역이 공동으로 등록을 신청한 '일본군 '위안부'의 목소리'를 보류시킨 것이다. 나데시코액션, 메라 고이치가 대표인 일본재생연구회, '위안부 진실' 국민운동, 미디어보도연구정책센터 등 4개 단체는 '일본군 '위안부'의 목소리'에 대응하기 위해 '위안부'를 '일본군의 공창 제도에 종사한 여성'으로 정의하고 결코 '위안부'는 '성 노예'가 아니라는 위안부와 일본군의 규율에 관한 문서를 신청했다. 일본 정부는 심사의 투명성을 주장하며 의견이 다른 복수의 신청이 있을 경우는 양자의 대화를 촉구하도록 주장했다. 결국 이 주장이 받아들여져 양자의 신청이 보류되게 되었다.[36]

일본 우파의 역사전의 또 하나의 대상은 기림비이다. 그 가운데에서도 일본 우파가 경계하는 것이 한국의 일본대사관 앞에 설치된 소녀상이다. 소녀상에는 보는 사람이 저마다 갖고 있는 '위안부'관이 투영되어 공감, 비판, 혐오 등 여러 감정을 일으킨다.[37] 소녀상은 우리가 접하지 못한, '위안부'가 될 수밖에 없었던 피해자의 당시 모습을 '소녀'로 기호화함으로써 만난 적도, 본 적도 없는 당시 '위안부' 피해자를 시공을 초월해 대면하게 하고, '소녀'의 기호를 '위안부' 텍스트로서 이해하고 기억하게 하는 힘을 가지고 있다. 소녀상은 '위안부' 피해자를 기리기 위한 조형물 이상의 '역사의 재현'으로서의 의미를 갖고 있는 것이다. 2015년의 한일 '위안부' 합의에서 소녀상 철거가 언급된 이후 오히려 소녀상은 폭발적으로 늘어났고 2019년 8월 현재 여러 모습의 기림비가 한국 내에만 80여 개 이상, 해외에서도 연이어 세워지고 있다. 해외에서 가장 많은 기림비와 최초의 소녀상이 세워진 곳이 미국이다. 기림비 설치 반대, 소녀상 반대가 일본 우파가 힘을 기울이고 있는 역사전의 한 축이라면 그 주전장은 미국이다.

3. 글렌데일시 평화의 소녀상 건립

건립운동

미 서부 캘리포니아주의 작은 도시 글렌데일은 평화의 소녀상 건립이 시작되면서 일본 우파의 첫 번째 역사전이 치러진 전장이 되었다.

글렌데일시의 인구는 2010년 센서스 조사에 따르면 191,719명이며 전체 주민의 외국인 비율은 54%, 그중 아르메니아인의 비율이 가장 높다. 글렌데일은 미국 전체에서 아르메니아인이 가장 많이 거주하는 곳이기도 하다.

글렌데일시에서 소녀상 건립 안이 부상한 것은 2012년이다. 2007년 미 하원 '위안부' 결의안이 통과되기까지 적극적으로 풀뿌리운동을 펼쳤던 한인유권자센터 등 한인 커뮤니티는 결의안이 통과되고 나서 일본 정부가 아무런 행동도 취하지 않고 오히려 결의안을 '일본 비난 결의'라고 비판하며 반동을 강화해 가자 이렇게 끝내서는 안 된다는 문제의식을 갖게 되었다. 2010년에 뉴저지주 팰리세이즈파크에 기림비가 설치된 것을 계기로 기림비 건립을 위해 2012년 가주한미포럼(이하 한미포럼)이 발족되었다.[38] 윤석원 전 회장은 우선 공공장소에서 '위안부' 관련 전시회부터 개최하기로 기획했으나 장소 확보에 어려움을 겪고 있었다. 윤석원 회장은 지인인 글렌데일시 도시계획위원회의 이창엽 위원장에게 도움을 요청했고 이창엽 위원장의 조력으로 글렌데일시 시립도서관에서 전시회를 열게 된 것이 그 시작이다. 이 전시회에 한미포럼의 초청으로 김복동 할머니가 참석해 증언을 하면서 글렌데일시의 많은 사람들이 '위안부' 문제와 미 하원 결의안에 대해 인지하게 되었다.[39]

김복동 할머니가 기림비가 세워지면 제막식 때 다시 오겠다고 약속하면서 기림비 설치는 현실적인 안으로 부상했다.[40] 한편 김복동 할머니를 만나게 된 이창엽 위원장은 미 하원에서 결의안이 통과한 7월 30일을 '위안부' 기림일로 선언할 것을 글렌데일시에 요청했고, 퀸테로 시장이 이 요청을 받아들였다. 2012년 '위안부' 기림일을 지정한 글렌데일시는 매년 7월 30일 기념행사를 개최하고 있다.[41]

글렌데일시는 2009년 경북 고성과의 자매도시 관계를 필두로 2개 도시와 자매도시, 그리고 2개 도시와 우호도시 관계를 맺으면서 시장이 한국을 방문하게 되었다. 당시 글렌데일시의 퀸테로 시장은 2012년에 처음 방한했다. 기림비를 시찰하러 간 퀸테로 시장은 어느 공원에 있겠지 했는데 기림비가 일본대사관 앞에 있어서 놀랐고, 10대 소녀의 모습과 소녀 옆의 빈 의자가 너무나 인상적이었다고 한다. 일본대사관 앞의 소녀상을 본 순간 퀸테로 시장은 글렌데일시에도 이 소녀상을 세우고 싶다고 생각했고 돌아와 계획한 지 1년 만에 글렌데일시 시립도서관 앞 중앙공원에 소녀상을 설치하였다.[42] 소녀상이 글렌데일시의 공공장소에 설치될 수 있었던 것은 고성과의 자매도시 결연으로 발족된 글렌데일시 자매도시위원회가 자매도시의 미술품을 전시하는 등 교류사업에 대비해 미리 부지를 매입해 둔 것이 컸다. 소녀상 설치를 위해 한미포럼은 모금운동에 나섰고 윤석원 회장이 한인 커뮤니티에 지지를 호소했다.[43]

글렌데일시와 한인 커뮤니티는 별다른 어려움 없이 소녀상이 설치될 것이라고 생각했다. 주민의 다수를 차지하는 아르메니아인의 지지를 동원할 수 있었기 때문이다. 터키로부터 학살의 고통을 경험한 아르메니아인들은 '위안부'의 고통에 공감했고 소녀상 건립운동에 동참했다.[44] 또한 언어 문제나 인종차별 문제에 있어서 아르메니아인과 한인은 연대해 글렌데일시의 정책을 개선해 온 공통의 경험이 있다. 아르메니아인 커뮤니티와의 고통의 감정과 연대 경험의 공유가 소녀상 설치에 큰 역할을 했다.[45]

재미일본인 단체도 소녀상 설치에 찬성하고 지지를 표명했다. '시민권과 명예회복을 요구하는 일본계 미국인 모임NCRR'과 '일본계 미국인 시민연합JACL'은 한미포럼과 연대했다. 이들 단체는 1868년 하와이 사탕수수농장으로 노동 이주한 재미일본인 1세의 후손들이 결성했는데 특히 NCRR은 제2차 세계대전 당시 미국이 실시했던 일본인수용정책에 관해 미국 정부의 사죄와 보상을 요구하며 1980년에 조직되었다. 1945년 12월 일본의 진주만 공격 이후 미국 정부는 이주 일본인을 적으로 간주하여 대규모 수용소를 건설하고 강제 수용하는데, 수용당한 2세들은 미국에 대한 충성심을 증명하기 위해 참전하여 모국과 전쟁을 벌여야 했다. NCRR의 사죄 요구와 보상운동이 결실을 맺어 1988년에 미국 정부는 사죄하고 피해자 개인에게 보상을 실시했다.[46] 이후 NCRR은 소수자의 권리와 인권 침해 시정을 추진하는 활동을 하고 있다.

'위안부' 피해자와 인권 침해의 경험을 공유하고 있는 NCRR은 '위안부'의 아픔에 공감했고, 사죄가 명예회복의 전제조건이라는 것을 누구보다 이해했다. JACL의 한 여성 회원은 일본 우파의 "만약 위안부 제도가 대규모 인권 침해였다면 1990년대가 되어서야 돌연 국제 문제로 부상한 것은 부자연스럽다"는 주장에 대해, 수용소에 구속되었던 자신의 부모님도 몇십 년이나 침묵했다며 하물며 성폭력 피해자인 '위안부'가 오랫동안 침묵해야 했던 것은 하나도 이상할 것이 없다고 반박했다.[47]

건립 반대운동

소녀상 건립 반대가 거세게 일기 시작한 것은 글렌데일시가 소녀상 설치를 위해 2013년 7월 9일에 특별공청회를 개최한다는 것이 공지되면서이다. 빠르게 진행돼 온 소녀상 설치안의 구체적인 내용이 이때 처음 공개되었기 때문이다. 한국의 일본대사관 앞 소녀상이 글렌데일시의 공공 장소에 설치된다는 것이 공개되자 일본의 우파는 반대운동을 조직했다.

이 반대운동의 특징은 재미일본인 '신 1세'가 중심이 되어 일본 국내의 우파와 연대한다는 것이다. '신 1세'는 미국에서 역사전의 거점 역할을 하고 그러나 미국사회 내에서 지지자가 소수인 탓에 부족한 '신 1세'의 인적, 물적운동 자원을 국내 우파가 동원하는 구조이다. 따라서

대 유엔 활동이든 미국 내 기림비 반대운동이든 같은 면면이 늘 함께 참여하며 '신 1세'는 미국 시민사회의 자발적 궐기라는 명분을 제공하고, 이 명분을 일본 우파가 국내에서 재생산하며 우파의 결속과 연대를 강화하는 것이다. 주전장 미국에서 역사전이 진행될수록 일본 국내에서 '신 1세'의 위상이 높아지고 일본 우파단체 간 애국 경쟁은 더욱 심화되고 있다.

글렌데일시 소녀상 건립 반대운동을 주도한 것은 메라 고이치이다. 1933년 조선의 경성에서 출생한 메라 고이치는 전후 미국으로 이주한 '신 1세'로 로스앤젤레스에 거주하고 있다. 그는 2006년에 일본을 전범국으로 재판한 극동국제군사재판에 이의를 제기하며 전승국의 논리를 그대로 받아들이는 자학사관에서 벗어나기 위해 재미일본인을 대상으로 올바른 역사를 공부한다는 일본재생연구회를 발족시켰다. 일본재생연구회에는 주로 1980년대 후반에서 1990년대 초 거품경기 붕괴 이후 미국으로 이주한 일본인들이 참가하고 있다.[48]

특별공청회를 앞두고 소녀상 건립에 항의하는 편지와 메일이 '신 1세'와 일본 국내로부터 쇄도했으며 *LA Times*에 위안부는 성 노예가 아니며 일본은 위안부 문제에 대해 1965년의 한일청구권협정과 1995년 발족된 아시아여성기금을 통해 모든 조치를 취했다는 내용의 기고문이 실렸다. 일본 국내의 반대운동을 촉구한 것은 나데시코액션이었다.[49] 한편 일본총영사는 글렌데일시 의원들과 시장에게 로비 활동을 하고자 접촉하려 했다. 그러나 시장과 의원들은 총영사를 만나주지 않았다.[50]

특별공청회에는 일본재생연구회가 LA와 캘리포니아주 전역, 그리고 일본 국내에서 동원한 100여 명의 일본인이 참석했다. 공청회에서는 찬

성 의견과 반대 의견이 제시된 후 시의회 의원의 발언이 이어졌다. 찬성 의견을 제시한 사람은 7명에 불과했으나 반대 의견은 25명이나 되었다. 소녀상 건립에 대한 의견 개진 후 발언을 이어간 시의회 의원 4명은 아르메니아인 의원 2명, 전 시장 퀸테로 의원과 백인 여성의원이다. 아르메니아인 의원은 "소녀상은 역사를, 피해자를 기억하자는 것이지 소녀상이 일본인을 괴롭히는 인종차별 범죄를 유발한다는 것은 말이 되지 않는다", "김복동 할머니의 말씀에 깊이 공감했다. 그것이 거짓일 리 없다"고 했고, 여성의원은 "'위안부'가 주장대로 매춘부라고 하더라도 14살의 자발적인 매춘부는 있을 수 없다"고 말했다. 퀸테로 의원은 "일본의 교육시스템은 '위안부'에 대해 전혀 교육하지 않고 있다. 당신들이 역사를 모른다고 그 사실이 없는 것인가"라고 준엄하게 물었다.[51]

모든 의견이 피력되고 시의원 4명과 시장이 채결에 들어갔고 당시 글렌데일시장이었던 위버Dave Weaver를 제외한 전원이 찬성함으로써 소녀상 건립안은 승인되었다. 위버 시장이 반대한 이유는 "글렌데일시가 국제 문제에 말려들 이유가 없다"는 것이었다.[52]

4. 글렌데일시 평화의 소녀상 철거 소송

연방 정부의 독점적 외교권한 vs. 글렌데일시의 언론의 자유

글렌데일시의 중앙공원 시립도서관 앞에 소녀상은 설치되었다. 소녀상이 설치된 지 얼마 되지 않아 소녀상 때문에 일본인과 그 자녀들이 괴롭힘과 차별을 당하고 있다는 주장이 일본인 커뮤니티와 일본 국내

에 확산되었다. 메라 고이치는 바로 글렌데일시를 상대로 소송에 들어 갔다. 오로지 소송을 위해 2014년 2월에 GAHT가 설립되었고 동시에 소송을 위한 모금을 위해 일본GAHT가 2015년 3월에 발족되었다.[53] 일본 국내 활동은 '위안부 진실' 국민운동의 가세 히데아키 대표가 중심이 되어 추진했으나 이 소송으로 나데시코액션을 비롯해 역사전의 범 우파 연대가 형성되었다. 역사전에의 여론 형성은 『산케이신문』이, 집회와 모금을 통한 풀뿌리 참여는 '위안부 진실' 국민운동과 나데시코 액션이, 정치력 동원은 자민당과 일본유신회日本維新の会의 우파 정치가가 담당했다. 이 역사전은 그야말로 총력전이라 할 수 있다.

GAHT가 승소를 위한 전략을 세우면서 가장 공을 들인 것이 원고단 구성과 유력 법무법인의 변호사 섭외였다. 글렌데일시를 상대로 제소하려면 원고는 글렌데일시 주민이어야 하는데 글렌데일시에는 일본인 주민이 소수인 데다 소녀상으로 인해 입은 피해 구제를 요구하는 원고로 나서는 사람이 없었다. 결국 메라 고이치 자신이 글렌데일로 주소지를 옮기고 글렌데일 거주 고령의 '신 1세' 여성을 중심으로 원고단을 구성, 헌법 전문가까지 고용하면서 2014년 2월에 글렌데일시를 상대로 소녀상 철거를 요구하는 소송을 제기했다.

제소의 이유는 '위안부' 성 노예 주장이 역사적 사실과 달라서도, '위안부'의 증언이 거짓이어서도, 글렌데일시의 소녀상이 일본인에 대한 차별 범죄를 유발해서 일본인과 그 자녀가 괴롭힘을 당하고 있어서도 아닌, 글렌데일시의 소녀상 설치 행위가 미국 헌법이 보장한 연방 정부의 독점적 외교 권한을 침해한다는 것이었다. '위안부' 문제는 외교 문제이며 소녀상의 설치는 미일 동맹에 균열을 가져올 수 있어 글렌데일시의 소녀상 설치는 연방 정부에만 독점적으로 외교권을 인정한 헌법에 위배된다는 주장이다. 그렇다면 왜 이러한 이유로 소송을 제기한 것일까. 지금까지 일본 우파가 주장해 온 것과는 달리 '위안부' 부정론은 어디까지나 논의의 하나이며 역사적 견해의 하나일 뿐 법에 의해 그 시시비비를 가릴 수 없기 때문이다.[54]

소송 제기에 한인 커뮤니티는 놀랐고 무모하다고 생각했다. 글렌데일시와 김현정 공동대표를 중심으로 한미포럼은 즉각 대응했다. 법무법인들에 글렌데일시의 상황을 설명하고 지원을 요청하는 서한을 보냈고 유력 법무법인에서 무료로 소송을 맡겠다고 나섰다. 그리고 승소했을 경우 소송비용을 원고가 지불하게 하는 전략적 봉쇄소송SLAPP : Strategic Lawsuit Against Public Participation으로 대응한다는 것이다.[55] 글렌데일시와 계약한 법무법인은 글렌데일시의 소녀상 설치에 대한 GAHT의 제소는 피고의 언론, 집회, 결사의 자유와 기본권을 제한하여 피고를 괴롭히는 것을 목적으로 하는 SLAPP에 해당한다고 규정했다. 이 SLAPP는 미국 사회가 가장 중요하게 여기는 가치, 헌법수정조항 1조에 규정된 언론의 자유, 표현의 자유를 억압하는 것이며 글렌데일시의 소녀상 설치는 시의 언론의 자유에 해당한다는 것이다.

GAHT측 법무법인은 영리만 추구하여 비도덕적인 재판까지 맡는다는 신문 기사가 나자 소송에서 하차하고 새로운 법무법인이 재판을 대리하게 되었다. 결국 연방 재판소와 캘리포니아주 재판소에서 나뉘어 진행된 소송은 GAHT의 1심 패소와 항소로 이어졌지만 이례적으로 빠르게 결심이 내려졌다. 2017년 3월 27일에 연방 재판소에서, 2017년 5월 4일에는 캘리포니아주 재판소에서 글렌데일시의 소녀상 설치는 시의 표현의 자유에 해당하며 이것은 연방 정부의 외교권한을 침해하지 않는다는 판결과 더불어 원고에게 소송비용 30만 달러의 지급을 명하는 최종 판결이 내려졌다.[56]

일본 정부의 대응

일본 정부는 글렌데일시의 소녀상 설치와 철거 소송에 이례적으로 전면 개입했다. 2013년 7월 31일 스가 요시히데菅義偉 관방장관은 정례 기자회견에서 소녀상이 설치된 것에 "글렌데일시의 시장과 의회에 대해 소녀상 설치를 제고하도록 요구해 왔다"며 "소녀상 설치는 일본 정부의 입장과 상반되며 매우 유감"이라고 강조했다. 또한 2017년 2월, 외무성은 GAHT가 연방 재판소에 항소하자 의견서를 워싱턴DC의 법무법인에 의뢰해 작성했다. 그 내용은 일본 정부는 메라 고이치와 GAHT를 지원한다는 것, 지금까지의 미국의 판례에 비추어보면 글렌데일시의 행위는 미국 헌법에 위반한다고 판단해야 하며, 위안부에 대해서는 스기야마 신스케 심의관이 유엔에서 표명한 바와 같이 강제 연행은 없었고 위안부는 성 노예가 아니며 그 수도 20만 명이 아니라는 일본 정부의 입장을 명확히 밝히는 것이었다.

그러나 일본 정부까지 개입한 재판은 패소로 종결되었다. 이에 대해 스가 관방장관은 2017년 3월 27일의 정례 기자회견에서 "위안부상 설치 움직임은 일본 정부의 입장과 상반된다. 매우 유감"이라고 밝히며, "다양한 관계자에 대해 위안부 문제에 관한 일본 정부의 기본 입장과 조치에 대해 적절히 설명하고 명확한 견해를 요구하고 있다"고 언급했다. 그리고 앞으로도 이러한 조치들을 계속해 나가겠다고 덧붙였다.[57]

5. 일본의 '역사전'과 성찰

지금까지 글렌데일시 평화의 소녀상 건립과 이후 철거 소송의 과정을 분석함으로써 '위안부' 문제의 국제화에 나타난 일본 우파의 역사전의 일단과 그 한계를 살펴보았다. 『아사히신문』 오보 사태로 일본 국내의 담론 투쟁에서 승리한 일본 우파는 유엔과 미국에서 '위안부' 문제를 둘러싼 허위를 알리고 올바른 사실을 발신함으로써 잃어버린 일본의 명예와 역사를 되찾는다는 역사전을 전개하고 있다. 이 역사전에는 새로운 싸움의 주체로 등장한 행동하는 '애국여성'을 비롯해 전국적인 풀뿌리운동을 조직하고 젊은 층을 동원하려는 우파단체와 정치가, 일본 정부가 범 연대를 형성해서 임하고 있다.

그러나 일본이 역사전에 힘을 기울일수록 국제사회에서 '위안부' 문제는 다시 부상하고 일본사회의 보수우경화가 더욱 드러나는 한계도 현저히 나타나고 있다. 글렌데일시 소녀상 철거 소송과 함께 일본 국내에서도 대규모 소송이 연이어 제기됐는데 바로 아사히신문사를 상대로 한 소송이다. 글렌데일시에 소녀상이 설치되자 글렌데일시에 소녀상이 설치된 것은 위안부에 관한 성 노예, 강제 연행 등 『아사히신문』의 오보로 인해 잘못된 정보가 해외에 발신되어 영향을 미쳤기 때문이며 그 결과 일본의 명예가 훼손됐다며 '신 1세'와 일본 우파가 소송을 제기한 것이다. 국내외 2,557명이 원고단을 구성했고 1심 패소 후 그중 62명이 항소했으나 2018년 2월 8일 도쿄 고등법원은 원고의 항소를 기각했다. 국회의원과 대학교수 등이 주축이 되어 이와 비슷한 소송을 제기했는데 2015년 1월에 원고단 2만 5,722명이 아사히신문의 허위기사로 일본 및 일본 국민의 국제적 평가가 저하되어 국민적 인격권, 명예권이 현저히 훼손됐다고 주장했다. 또 다른 소송도 집단소송이었는데 아사히신문의 오보로 독자의 알 권리가 침해되었다며 482명이 1인당 1만 엔의 손해배상을 청구했다. 3건의 재판 모두 원고 패소가 확정되었다.[58]

일본의 우파는 자문한다. 국내의 담론 투쟁은 승리했는데 왜 역사전에서는 쉽게 이기지 못하는가. 일본 국내의 특수성이 보편적 가치를 지향하는 국제사회의 인식을 '위안부' 부정론을 통해 바꿀 수 있다는 신념, 그 신념을 바탕으로 한 지속적이고 반복적인 동원을 통한 애국경쟁, 이제 멈춰 서서 성찰해야 한다고 생각한다.

주석

1   이 글은 「일본군 '위안부' 문제를 둘러싼 '역사전(歷史戰)'과 글렌데일시 '평화의 소녀상'」, 『일본연구』 81, 한국외대 일본연구소, 2019를 가필·수정한 것이다.

2   이지영, 「일본군 '위안부' 문제를 둘러싼 한일 갈등의 해결 모색—여성인권과 글로벌거버넌스」, 『일본학』 44, 동국대 일본학연구소, 2017, 77~103쪽.

3   그 자세한 과정과 원인에 대해서는 이지영, 「일본사회의 일본군 위안부 문제에 대한 담론의 고찰」, 『한국정치학회보』 47-5, 한국정치학회, 2013, 407~429쪽을 참조.

4   유엔 인권위원회의 여성폭력특별보고관 쿠마라스와미(R. Coomaraswamy)에 의해 작성된 '쿠마라스와미 보고서'의 원제는 'Report of the Special Rapporteur on violence against women, its causes and consequences'이다.

5   産経新聞社, 『歷史戰 朝日新聞が世界にまいた「慰安婦」の噓を討つ』, 産経新聞出版, 2014.

6   기림비의 형태는 2011년 1,000차 수요집회를 기념하기 위해 서울의 일본대사관 앞에 세워진 평화의 소녀상을 비롯하여 다양하다. 미국의 각 주는 공공부지에 조형물을 설치할 경우 의회의 승인을 거쳐야 하며 조형물의 디자인은 공모를 통해 결정하는 경우가 많아 기림비는 여러 가지 형태로 제작되고 있다.

7   김부자, 「한국의 '평화의 소녀상'과 탈진실(post-truth)의 정치학—일본의 식민주의/남성중심적인 내셔널리즘과 젠더를 검토한다」, 『한국여성학』 33-3, 한국여성학회, 2017, 279~322쪽.

8   재미일본인은 이주시기에 따라 1800년대 말부터 제2차 세계대전 이전에 미국으로 이주한 이주민을 재미일본인 1세, 그 자녀를 2세라하며 현재 4세까지 이어지고 있다. 한편 1945년 패전 이후 미국으로 이주해 영주권이나 국적을 취득한 이주민을 '신 1세'라고 칭한다.

9   目良浩一, 『アメリカに正義はあるのか グレンデール「慰安婦像」撤去裁判からの報告』, ハート出版, 2018.

10 김부자, 앞의 글.

11 윤지환, 「기억의 초국적 이동과 이민자 집단의 정치—미국 위안부 소녀상을 사례로」, 『한국경제지리학회지』 21-4, 한국경제지리학회, 2018, 393~408쪽.

12 윤지환, 「평화의 소녀상을 통해 형성된 위안부 기억의 경관과 상징성에 관한 연구」, 『대한지리학회지』 53-1, 대한지리학회, 2019, 51~69쪽.

13 김동엽, 「기억의 표상에 담긴 지역성 연구—필리핀 위안부 동상을 중심으로」, 『동남아시아연구』 28-3, 한국동남아학회, 2018, 75~110쪽.

14 문경희, 「호주 한인들의 '소녀상' 건립과 일본군 '위안부' 운동—'코스모폴리탄' 기억형성과 한인의 초국적 민족주의 발현」, 『페미니즘연구』 18-1, 한국여성연구소, 2018, 47~92쪽.

15 가주한미포럼은 2019년 7월 27일 미 하원 '위안부'결의안 채택 12주년, 글렌데일시 소녀상 건립 6주년을 맞아 단체 이름을 '배상과 교육을 위한 위안부 행동(CARE:Comfort Women Action for Redress and Education)'으로 바꾸고 새롭게 출발했다.

16 메라 고이치(目良浩一)는 2019년 12월 17일 사망했다.

17 能川元一, 「『歷史戰』の誕生と展開」 山口智美 他 『海を渡る「慰安婦」問題』 岩波書店, 2016, 30쪽.

18 「記事を訂正、おわびしご説明します 朝日新聞社慰安婦報道、第三者委報告書」, 『朝日新聞』, 2014.https://www.asahi.com/shimbun/3rd/2014122337.html(검색 : 2019.7.25)

19 吉田清治, 『朝鮮人慰安婦と日本人—元下関労報動員部長の手記』, 新人物往来社, 1977. 吉

田清治, 『私の戦争犯罪―朝鮮人強制連行』, 三一書房, 1983. 이 책은 번역본 『나는 조선사람을 이렇게 잡아갔다―나의 전쟁범죄 고백』(현대사연구실 역, 1986, 청계연구소)으로 출간되었다.

20 産経新聞社, 앞의 책, 4쪽.

21 위의 책, 14~24쪽.

22 山口智美, 「官民一体の『歴史戦』のゆくえ」, 山口智美 他, 앞의 책, 101~109쪽.

23 정미애, 「일본의 보수·우경화와 시민사회의 구도」, 『일본연구』 37, 한국외대 일본연구소, 2008, 13~15쪽.

24 論破プロジェクト, 「慰安婦の漫画, フランスの漫画祭に出品し, 国際社会へ広く展開」, 2013. http://rom-pa.com/project01/(검색 : 2019.7.25)

25 山口智美, 앞의 글, 112~113쪽.

26 소요카제(そよ風)는 산들바람이다. 이 글에서는 번역하지 않고 소요카제로 쓴다.

27 日本女性の会そよ風, 2009. http://www.soyokaze2009.com/soyokaze.php(검색 : 2019.7.25)

28 패랭이꽃이라는 뜻이며 전통적인 일본여성에 대한 미칭(美稱)이기도 하다. 이 글에서는 번역하지 않고 나데시코로 쓴다.

29 佐波優子, 『女子と愛国』, 祥伝社, 2013, 141~145쪽.

30 BLOGOS編集部 2014년 "‘従軍慰安婦'"は"性奴隷"ではない なでしこアクション山本優美子氏が会見' https://blogos.com/article/90160/(검색 : 2019.7.25)

31 杉田水脈·山本優美子 『女性だからこそ解決できる慰安婦問題』, 自由社, 2017, 16~19·33쪽.

32 佐波優子, 앞의 책, 146~147쪽.

33 위의 책, 148쪽.

34 杉田水脈·山本優美子, 앞의 책, 50쪽.

35 山口智美, 앞의 글, 129~131쪽.

36 産経ニュース 2017, '「慰安婦性奴隷」登録阻止へ激闘! ユネスコ、第2 R突入でこれからが勝負' https://www.sankei.com/world/news/171201/wor1712010002-n1.html(검색 : 2019.7.23)

37 김부자, 앞의 글, 282쪽.

38 김현정 가주한미포럼 공동대표 인터뷰 내용(2019.7.11, 오전 11시부터 로스앤젤레스 리틀도쿄의 카페에서 인터뷰 실시).

39 이창엽 글렌데일시 도시계획위원회 위원장 인터뷰 내용(2019.7.10, 오후 3시부터 글렌데일시 시립도서관에서 인터뷰 실시).

40 김현정 공동대표 인터뷰 내용.

41 글렌데일시 내부 자료.

42 퀸테로 전 글렌데일시장 인터뷰 내용(2019.7.10, 오후 3시 30분부터 글렌데일시 시립도서관에서 인터뷰 실시).

43 이창엽 위원장 인터뷰 내용.

44 김현정 공동대표 인터뷰 내용.

45 유은경 변호사 인터뷰 내용(2019.7.8, 오전 11시부터 로스앤젤레스 코리아타운 사무실에서 인터뷰 실시).

46 호리야마 아키코(堀山明子), 「현지보고 위안부상을 둘러싼 일본계 미국인 사회의 역할과 갈등」, 『일본공간』 14, 도서출판 선인, 2003, 202~203쪽.

47 小山エミ, 「アメリカの『慰安婦』碑設置への攻撃」, 山口智美 他, 앞의 책, 44~45쪽.

48 위의 글, 43~44쪽.
49 目良浩一, 앞의 책, 43~44쪽.
50 김현정 공동대표 인터뷰 내용.
51 김현정 공동대표 인터뷰 내용.
52 目良浩一, 앞의 책, 21~26쪽.
53 위의 책, 53~54쪽.
54 위의 책, 47~53쪽.
55 김현정 공동대표 인터뷰 내용.
56 目良浩一, 앞의 책.
57 위의 책.
58 朝日新聞 DIGITAL 2018년 '慰安婦めぐる訴訟、二審も朝日新聞勝訴 東京高裁'
    https://digital.asahi.com/articles/ASL1Q5FSDL1QUTIL05K.html(검색 : 2019.8.1)

참고문헌

김동엽, 「기억의 표상에 담긴 지역성 연구 – 필리핀 위안부 동상을 중심으로」, 『동남아시아연구』 28-3, 한국동남아학회, 2018.

김부자, 「한국의 '평화의 소녀상'과 탈진실(post-truth)의 정치학 – 일본의 식민주의/남성중심적인 내셔널리즘과 젠더를 검토한다」, 『한국여성학』 33-3, 한국여성학회, 2017.

문경희, 「호주 한인들의 '소녀상' 건립과 일본군 '위안부' 운동 – '코스모폴리탄' 기억 형성과 한인의 초국적 민족주의 발현」, 『페미니즘연구』 18-1, 한국여성연구소, 2017.

윤지환, 「기억의 초국적 이동과 이민자 집단의 정치 – 미국 위안부 소녀상을 사례로」, 『한국경제지리학회지』 21-4, 한국경제지리학회, 2018.

_____, 「평화의 소녀상을 통해 형성된 위안부 기억의 경관과 상징성에 관한 연구」, 『대한지리학회지』 53-1, 대한지리학회, 2019

이지영, 「일본사회의 일본군 위안부 문제에 대한 담론의 고찰」, 『한국정치학회보』 47-5, 한국정치학회, 2013

_____, 「일본군 '위안부' 문제를 둘러싼 한일 갈등의 해결 모색 – 여성인권과 글로벌거버넌스」, 『일본학』 44, 동국대 일본학연구소, 2017.

정미애, 「일본의 보수・우경화와 시민사회의 구도」, 『일본연구』 37, 한국외대 일본연구소, 2008.

호리야마 아키코(堀山明子), 「현지보고 위안부상을 둘러싼 일본계 미국인 사회의 역할과 갈등」, 『일본공간』 14, 도서출판 선인, 2013.

小山エミ, 「アメリカ『慰安婦』碑設置への攻撃」, 山口智美 他 『海を渡る「慰安婦」問題』, 岩波書店, 2016.

佐波優子, 『女子と愛国』, 祥伝社, 2013.

産経新聞社, 『歴史戦 朝日新聞が世界にまいた「慰安婦」の嘘を討つ』, 産経新聞出版, 2014.

杉田水脈・山本優美子, 『女性だからこそ解決できる慰安婦問題』, 自由社, 2017.

能川元一, 「『歴史戦』の誕生と展開」, 山口智美 他, 『海を渡る「慰安婦」問題』, 岩波書店, 2016.

目良浩一, 『アメリカに正義はあるのか グレンデール「慰安婦像」撤去裁判からの報告』, ハート出版, 2018.

山口智美, 「官民一体の『歴史戦』のゆくえ」, 山口智美 他, 『海を渡る「慰安婦」問題』, 岩波書店, 2016.

吉田清治, 『朝鮮人慰安婦と日本人-元下関労務動員部長の手記』 新人物往来社, 1977.

『私の戦争犯罪-朝鮮人強制連行』, 三一書房, 1983(현대사연구실 역, 『나는 조선사람을 이렇게 잡아갔다 – 나의 전쟁범죄 고백』, 청계연구소, 1986).

「記事を訂正, おわびしご説明します' 朝日新聞社慰安婦報道'第三者委報告書」, 『朝日新聞』, 2014.

https://www.asahi.com/shimbun/3rd/2014122337.html(검색 : 2019.7.25)

朝日新聞DIGITAL 2018년 '慰安婦めぐる訴訟, 二審も朝日新聞勝訴 東京高裁'

https://digital.asahi.com/articles/ASL1Q5FSDL1QUTIL05K.html(검색 : 2019.8.1)

産経ニュース, 「慰安婦性奴隷」登録阻止へ激闘! ユネスコ, 第2R突入でこれからか勝負」, 2017.

https://www.sankei.com/world/news/171201/wor1712010002-n1.html(검색 : 2019.7.23)

日本女性の会そよ風 2009년 http : //www.soyokaze2009.com/soyokaze.php(검색 : 2019.7.25)

BLOGOS編集部 「"従軍慰安婦"は"性奴隷"ではない なでしこアクション山本優美子氏が会見」, 2014.
https : //blogos.com/article/90160/(검색 : 2019.7.25)

論破プロジェクト, 「慰安婦の漫画, フランスの漫画祭に出品し, 国際社会へ広く展開」, 2013.
http://rom-pa.com/project01/(검색 : 2019.7.25)

제2부

일본군 '위안부' 문제의 로컬리티

제4장

고착의 '역사', 진행하는 '피해'

두 국가의 일본군 '위안부' 역사를 다루는 방법

한혜인

1. 누가 은폐하는가?

일본 정부는 '위안부' 등 역사 문제에 관련한 '국가의 입장'을 담화 및 각의 결정의 방법으로 공식화해 왔다. '위안부'(이하 위안부)에 관련해서는 1993년 고노河野담화를 통해 '위안부' 제도의 일본군관헌의 포괄적 개입과 강제성을 인정하는 입장으로 정리하고, 그것을 계승해 왔다. 그러나 2007년 아베安倍는 1993년 정부조사 1차 사료 속에는 "군과 관헌에 의해 강제 연행이 되었다는 것을 직접적으로 기술한 자료가 없다"는 것을 이유로, '위안부'의 강제성을 부정하는 각의 결정을 했다. 아베는 1차 자료, 즉 일본군관헌이 생산한 공문서라는 가장 좁은 범위의 기록을 앞세워 '위안부'의 실체를 가두면서, 존재를 부정하는 효과를 냈다. 일본은 '위안부' 피해자의 문제를 공문서 사료라는 과거에 가두어, 일본 제국의 법과 인식에서만 판단하면서 국가의 불법행위는 없었다고 주장하고 있다.

일본 제국의 공적 질서는 '위안부' 피해를 기록하지 않았다. 다만, 권력의 시각에서 인정해야 할 사실만을 인정해 왔다. 한국의 정부도 역시 마찬가지이다. 조금 복잡하지만, 해방 이후 한국의 식민지 기억은 제국에 대한 협력의 사실을 은폐하기 위해 '민족의 수난'이라는 피해의 역사를 강조하여 '민족애'를 불러일으켜 '반항일'을 공공화해 갔다. 한국은 피해자를 '민족의 수난자'라는 틀 속으로 일원화하여 국민의 일부로 만들고, 이와 같이 피해자로 지칭되는 '국민'은 스스로 기꺼이 민족의 수난이라는 기억에 협력하게 된다. 이러한 방식으로 '위안부' 문제는 일본이나, 한국이나 국가가 지키려는 공공기억에 '기여'하게 된다. 즉 한국이 '위안부' 문제에 관해서는 일본에 저항하는 요인으로 사용하지만, 그 안에서 여성의 문제로 부각될 때는 국가＝기득권＝남성성을 유지하고 있다는 점에서는 일본과 한국이 동일선상에 있다. 여기에서는 한국과 일본에서 '위안부' 역사를 어떻게 다루고 있는가에 대해 여러 측면에서 살펴보고자 한다.

2. 대중 인식의 과정 - 공공역사에서의 문제

언제부터 '위안부'의 존재가 인식되었을까? 보통 1991년 8월 14일 피해자 김학순의 공개 증언을 계기로 '위안부' 문제가 제기되었다고 알려져 왔다. 하지만 훨씬 이전부터 한국과 일본사회에서는 '위안부'의 존재와 실태가 꾸준히 언급되어 왔다. 한국의 경우는 해방 직후부터, 신문 등 미디어에서 3·1절이나 광복절을 전후로 일본 제국의 식민지

〈그림 1〉 '일제는 '처녀공출' 까지 해갔다', 『경향신문』, 1963.8.14.

피해로 전쟁에 끌려간 군인, 군속, 노동자, 정신대 피해를 언급하면서, 정신대를 일본 군대에 끌려가 몹쓸 짓을 당한 위안부도 포함해 지칭했다.[1] 1963년 8월 14일 『경향신문』에 실린 「광복전야, 일제의 발악. 8·15에 생각나는 말들」이라는 기사에서 정신대를 "속칭 여자공출", "나이찬 처녀들을 전선으로 끌고 가 위안부로 삼았다. 일제 병사에 인신을 공양한 것이다"라고 설명했다. 이 기사의 삽화가 〈그림 1〉로, 군인에 의해 보쌈당하듯 끌려가는 '처녀', 무기력하게 울고 있는 아버지가 표현되어 있다. 기사의 내용은 공출·징용·보국대·정신대 등을 설명하고 있는데, 유독 삽화는 '처녀공출'로 대표화해서 '민족'의 피해를 어린 여성의 모습을 극단적으로 표현하였다. 이 신문기사에서 "일제 패망 후 싱가포르나 마닐라에서 정신대로 나온 여자들이 고향에 돌아가면 한이 없겠다면서 창녀로 떨어지는 것을 보았다"는 비화도 함께 설명했다. 1982년 한일 간 역사교과서 문제가 처음 불거졌을 때 역시,

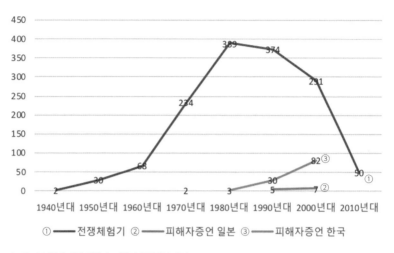

〈그림 2〉 남성의 전쟁 체험기, 피해자 증언생산 추이

'위안부' 문제는 정신대라는 이름으로 제기되었다.[2]

이와 같이 한국에서는 공식적으로 민족의 수난, 식민지 피해라는 관점에서의 '위안부' 피해는 군인, 군속, 노무자 및 근로정신대와 구분하지 않는, 가시화된 피해, 공공의 기억으로 인지되었다.

그에 비해 일본에서 '위안부'의 존재는 공공의 기억으로 표면화되지 않았다. 사적 기록에서 '소문'과 같이 확산되었다. 일본에서는 병사의 전쟁 체험기가 1940년대 후반부터 시작되어 계속 늘어나면서 1980년대에 정점을 이루고, 1990년대, 2000년대까지 활발하게 생산되었다가, 2000년대 중반부터 현격하게 줄었다. 이 체험기 속에서는 병사 자신이 겪은 전쟁의 참혹함과 함께 '위안부'가 회고되기는 하지만, 육체적·정신적으로 남성을 '위로'하는 대상으로 그려졌다.[3] 이 체험담을 근거로 창작되는 재현물에서는 보다 더 노골적으로 성性이 강조되었다. 최초의 작품이 1950년 다무라 다이지로田村泰次郎의 소설 『춘부전春婦

傳』이다. 이 작품은 조선인 '위안부'
를 제재로 한 작품으로 1950년 〈새
벽의 탈출〉이라는 제목으로 원작 그
대로 영화화되있는데, GHQ의 검열
에 의해 조선인 위안부 사실이 일본
인이 군인을 위문하러 가는 이야기
로 바뀌었다. 이후 1965년에 다시
영화화되었는데, 군인을 위문하러
가는 내용을 바탕으로 위안부를 소
재하여. 원작의 조선인 위안부가 아
닌 일본인 위안부로 변경되었다. 일
본의 인식 속에는 '위안부'를 조선인

〈그림 3〉스카라극장 광고 '여자정신대'. 『동아일보』. 1974.

으로 표현하고 싶어했던 민족적 비하와 동시에 같은 민족인 일본인 '위
안부'는 비가시적 존재로 치환하고 있다고도 할 수 있다.

일본에서 일본인 '위안부' 피해 당사자가 증언한 것은 1970년대부터
나타나기는 하지만, 절대적 소수였다. 들리지 않는 '목소리'였던 것이
다. 따라서 일본에서는 '위안부'에 대한 정보는 남성들의 전쟁 체험기에
서 남성의 시선으로 그려진 모습으로 각인·고착화되어 갔다.

한국에서도 '위안부'가 비공식적 대중의 이미지에서는 일본과 비슷한
현상을 보였다. 1965년의 영화 〈춘부전〉의 영향을 받아, 1974년과 1985
년에 〈여자정신대〉라는 제목으로 젊은 여성과 성性이 부각되는 스토리로
재현되었다. 한국에서는 3·1절과 광복절과 같이 역사의 공적 기억을 만
들어 갈 때는 군인, 군속과 같이 남성의 피해와 더불어 가시화된 피해자로

식민지 피해를 구체화하는 데 사용되는 동시에, 비제도적 비공식적 기억에서는 식민지 피해라는 역사성이 소거되고, 남성의 성의 대상으로 향유되는 존재로 그려졌다. 따라서 한국인들에게 '위안부'의 존재는 공적 기억에서는 식민지 피해의 구체화된 표상으로 인식되고, 대중의 인식에서는 '성'의 문제가 포함된 문제로 은폐되고 터부시되며 침묵하게 하는 이중적 구조를 가지고 있다.

이는 일본 제국이 사회적 인식 속에서는 신민의 신분을 얻지 못했던 일본의 추업여성들에게, "황군을 위안하는 신민"이라고 '애국'을 '위안부'로의 희생을 강요했던 것과 같은 구조라는 점에 주목할 필요가 있다. 1980년대 한국은 국가적으로는 '민족의 수난'이라는 자격을 주어 남성과 같이 호출하지만, 여성의 피해라는 측면에서는 개별화하고 은폐했다.

1982년 일본의 역사교과서 문제가 발생했을 때, 한국의 위안부 피해자가 자신의 피해를 고발하는 기사가 등장했다. 1982년 8월 『레이디경향』 9호에 「독점수기-나는 일본군의 정신대였다/일분군은 내 젊음을 이렇게 짓밟았다」라는 제목으로 여성인 '내'가 직접 피해를 고발한 것이다. 이어 1984년에는 배옥수, 노수복이 공개 증언을 했다.[4] 그러나 이들의 공개 증언은 공공화되지 못했다. 모두 여성지를 통해 소개되어 사회 문제로까지 인식하기에는 역부족이었다. 물론 노수복의 경우, 해방 후 귀국하지 못하고 타이에서 살다가 가족을 찾는다는 이유로 신문과 미디어에서 보도를 하지만 그것은 '여성의 피해'로서가 아니라, '민족의 수난'으로 그려졌다. 이와 같이 1980년대에 '위안부' 피해자가 증언하게 된 계기는 일본의 역사교과서 도발에 의한 공공역사의 분노에서 시작되었지만, 소비되는 방식은 여성지에서 취급하는 성의 문제를 포함한 사적인 가쉽처럼 취급되었다.

이와 같이 한국은 공공역사를 만들 때는 '위안부' 피해자를 남성(권력)의 시선으로 일본에 대항하는 '민족애'를 불러일으키는 것으로 가시화했지만, 여성의 피해에는 일본에서와 같이 성의 도구로, 은폐되어야 하는 부끄러운 것으로 취급했다.

이러한 어긋난 시선이 일정 정도 깨진 것은 1991년 8월 14일 김학순의 공개 증언 때문이다. 이 공개 증언이 앞선 이남님, 노수복, 배옥수 등과 달랐던 것은, 1990년대의 여성인권 의식의 신장이 그 바탕에 있지만, 공개 증언의 장소가 여성지가 아닌, 신문과 미디어를 통해서였다는 것과 개인의 피해 사실에 그치지 않고, 국가 책임의 차원에서 이야기했다는 점이다. 그리고 김학순 스스로가 일본을 상대로 '재판'하고 싶다고 말했다. 법정에서 책임을 묻겠다는 것이었다.[5] 그동안 남성의 시각에서 거론된 사적 여성의 기억을, 피해를 자각한 김학순의 목소리로 공공의 기억으로 끌어올리고 국가를 대상으로 법의 심판을 받겠다는 의지와 그것을 기록하기 시작했다는 데 김학순 증언의 의의가 있다.

김학순 등 노령의 피해자들의 증언은 대중의 인식도 바꾸었다. 군인의 성적 대상으로서의 '젊은 여성'의 '매춘부'의 이미지에서 성의 요소를 소거한 이미지로 바뀌기 시작했다. 피해자가 당당하게 자신의 피해를 이야기하고 세상으로 나오자, 성적 대상으로서의 '위안부'가 고발자 '위안부'로 실체화되기 시작했다. 1990년대는 다큐멘터리, 르포르타주 등 역사적 사실을 규명하기 시작했고, 피해자들의 증언도 속속들이 나오기 시작했다. 이에 따라 한국과 일본의 '위안부' 재현물 속에서 성적 요소가 제거되었고, 여성의 시각, 인권회복의 시각 그리고 전쟁의

피해자의 시각으로 '위안부' 문제가 논의되기 시작했다.[6]

하지만 한편으로는 여전히 한국의 일부에서는 '위안부'를 둘러싼 어긋한 시선이 공고하게 자리하고 있다. 2008년 설립 예정이었던 서대문 형무소에 '위안부'박물관 설립 계획이 독립운동가 단체들에 의해 무산되는 과정 속에서 여실히 드러나기도 했다.

일본에서도 1990년대부터 '위안부' 문제를 둘러싼 운동이 활발하게 이루어졌다. 그러나 일본의 운동단체는 전쟁 책임이라는 입장에서 한국, 중국, 필리핀, 인도네시아, 동티모르 등 일본전쟁 피해국의 '위안부'를 지원하는 운동이 주를 이루었다. 일본에서도 여전히 일본인 '위안부'는 비가시적 존재이고 피해자로서의 자격이 주어지지 않은 상태로 남아 있었다. '위안부'운동이 보편적 여성인권운동이라고 표방하고 있었지만, 공공의 역사에서는 여전히 한국과 일본, 즉 '민족'을 바탕으로 하는 운동으로 인식될 수밖에 없는 요인이라고도 할 수 있겠다.

3. 일본의 공적 사실의 발견

김학순의 공개 증언 이후, 일본 정부는 '위안부'의 문제를 한일 간의 문제로 공공화했다. 1993년 8월 4일 소위 고노담화 즉 '위안부 관계 조사 결과 발표에 관한 고노내각 관방장관담화'가 나오기까지 일본은 두 차례(실질적으로는 세 차례)에 걸쳐 자료 조사를 행했다. 첫 번째로 1991년 12월부터 1992년 6월까지 조사하여 내각관방 내각외정 심의실에서 「조선반도 출신 교정소위 종군위안부 문제에 관하여」를 1992년 7

월 6일 공표했다. 조사대상 기관은 경찰청, 방위청, 외무성, 문부성, 후생성, 노동성 등 6개 기관에서 방위청 70건, 외무성 52건, 문부성 1건, 후생성 4건으로 총 127건이 발견되었다.[7]

이 조사 결과로 얻어진 결론은, 군 당국이 위안시설을 필요로 했었다는 점, 위안부 모집 단속에 관하여 위안부 모집자의 인선을 적절히 해야 한다는 문건이 군 내부에서 나왔다는 점, 위안소 건조, 증간에 관해서 군인이 협력해야 한다는 취지의 명령이 나왔다는 점, 위안소 경영 감독에 관해서 부대에서 위안소 규정을 작성했다는 점, 위안소 위안부의 위생 관리에 관여되어 있었다는 점, 위안소 관계자에게 도항 시 군의 증명서로 도항시킬 필요가 있다는 문서가 발견된 점, 그 외에도 선박 수송 등에 관해 군 및 외무성이 전보 등을 냈다는 점 등을 들어, "소위 종군위안부 문제에 정부의 관여가 있었다고 인정된다"고 발표했다.[8]

그러나 일본 정부는 한국 정부 및 일본 의회로부터 조사 결과가 미흡하다는 지적을 받고, 1993년 두 번에 걸쳐 2차 조사를 했다. 1차 조사 기관인 경찰청, 방위청, 법무성, 외무성, 후생성, 노동성을 비롯하여 국립공문서관, 국립국회도서관, 미국국립공문서관을 비롯한 기관과 관계자로부터의 청취조사, 국내외의 문서 및 출판물(한국 정부 작성 조사보고서, 한국정신대 문제대책협의회, 태평양전쟁희생자유족회 등 관계단체가 작성한 위안부 증언집) 등을 섭렵하고, 미국에 담당관을 파견하여 미국공문서 조사, 오키나와 현지 조사 등을 한 후, 내각관방 내각외정심의실에서 「소위종군위안부 문제에 관해서」를 발표했다.[9]

이 조사 결과로 발굴된 자료는 방위청 48건, 법무성 2건, 외무성 43건, 문부성 1건, 국립공문서관 30건, 국회도서관 17건, 미국국립공문서

〈표 1〉 일본 정부 조사 위안부·위안소 관련 자료 현황

분류 (사료의 내용)	기관	1932	1933	1934	1935	1936	1937	1938	1939	1940	1941	1942	1943	1944	1945	1946	1947	기타(연.
위안소 설치에 관한 건	방위청①							2	1	1								
위안부 모집에 관련한 단속 건	방위청①							1										
	외무성①							1	2									
	경찰청②-2							2										
위안시설의 건축 확대에 관한 건	방위청①													4	5			
위안소경영 감독에 관한 건	방위청①							4	2		15	7	4	14				
	방위청②-1							4	2	1	1	19	2	4	1			
	외무성①						1	3										
	문부성①													8				1(19
	후생청①														1			
위안소 위안부의 위생관리에 관한 건	방위청①							3	1	3		10	2	3				
	외무성①					1		2										
	문부성①													8				1(19
위안소 관계자의 신분증명서 등 발급에 관한 건/통계표/도항	방위청①											2						
	외무성①						1	5	44	10	2	2	2					불
	외무성②-1							1	29	6	4	2						불
	국립공문서관②						1	1										
그 외 위안소 위안부에 관한 기술	방위청①			1	1	2		7	7		11	12	1	2	2	1		
	방위청②-1							1	2	1	1	7	1	2	1			
	방위청②-2							2		2	7	14	14	8				
	후생성①													1	1	1		
	문부성②-1												1					
	국립공문서관②-1	1	9	2	1	1	1		2		1	2	2	2	1			불
	국립공문서관②-2												2					
	국립국회도서관②-1													2				
	국립국회도서관②-2												1					
	영국국립공문서관②-2												3		1			
명부조사	후생성②-2																	(19
위안소 관련 사건	법무성②-1															1	1	
	국립국회도서관②-1												13	1				불
	미국국회도서관②-1													5	5	5		불
계		1	9	2	2	3	6	37	94	23	37	70	50	70	27	4	2	

* 출처 : 내각관방실, 『内閣官房慰安婦調査』, 관방청 소장자료, 小林久公 제공.
* ① : 제1차 조사, ②-1 : 제2차 조사 첫 번째 발굴자료, ②-2 : 2차 조사 두 번째 조사.
* 분류는 1차 조사 보고서의 일본 정부 측 분류를 따랐다. 2차 조사에서는 분류 없이 보고되고 있다. 2차 조사 결과는 사료의 성격에 맞추어 1차 보   방식으로 정리했다. 단, 위안소 관계자의 신분증명서 등 발급에 관한 건은 도항 관련, 통계 관련 자료도 포함되어 있다. 명부조사와 위안소 관련   항목은 덧붙인 분류방식이다.

관 19건 등 총 160건이 발표되었다. 이중 국립공문서관 자료는 군 관련 자료, 경찰월보, 조선총독부 관련 자료, 후생성 관련 자료들이었다. 국회도서관 자료는 ATIS, 즉 연합군심문조서, 조사보고 문건 등이었고, 미국국립공문서관 자료도 심문조서, 전쟁정보국 관계 문서 등이었다.

1차 조사대상이었던 기관에서 추가로 발굴된 자료로는 경찰청 2건, 방위청 47건, 국립공문서관에서 2건, 이 국립공문서관에서 발굴된 2건은 각의결정된 회의 문건이다. 국립국회도서관에서 1건, 후생성에서 1건이었다. 이후 영국국립공문서관에서는 4건이 발굴되어 2차 조사에서 총 57건이 첨가되었다. 국립국회도서관 발굴 자료는 1차 때와 같이 ATIS문건, 즉 연합군 문건이었다. 영국국립공문서관에서 발굴된 자료는 연합군 노획문서로, 그 내용은 일본군 주둔군사령부, 수송사령부 관련 자료이다. 총 521건에 이른다. 일본 정부 조사에서 발굴한 사료를 사료의 내용과 연도별로 다시 분류해 보면 〈표 1〉[10]과 같다.

이 자료들을 통해 1993년 8월 4일 다음과 같은 결론을 도출했다고 일본 내각관방 내각외정심의실은 발표했다. 요약해 보면 다음과 같다.

① 위안소 설치 경위

　위안소 개설은 군당국의 요청

② 위안소가 설치된 시기

　1932년 상해사변 발발 시 위안소 설치 자료 존재. 그 이후에 확산

③ 위안소 존재했던 지역

　일본, 중국, 필리핀, 인도네시아, 말레이지아, 타이, 미얀마, 뉴기니아, 홍콩, 마카오 및 프랑스령 인도네시아.

④ 위안소의 총수

자료로 확정할 수는 없지만, 광범위한 지역에 위안소가 설치되어 수많은 위안부가 존재했다는 것을 인정.

⑤ 위안부의 출신지

일본, 조선반도, 중국, 타이완, 필리핀, 인도네시아 및 네덜란드. 일본인을 제외하면 조선반도 출신자가 많음.

⑥ 위안소의 경영 및 관리

구 일본군이 직접 위안소를 경영한 케이스도 있다. 민간업자가 경영한 경우에도 일본군이 개설허가, 위안소 시설정비, 위안소 규정 등 구 일본군은 위안소의 설치와 관리에 직접 관여.

⑦ 위안부의 모집

군 당국의 요청을 받은 경영자의 의뢰에 의해 알선업자가 담당. 업자가 감언 등 본인 의향에 반해 모집한 케이스가 많고 관헌 등이 직접 가담한 케이스도 보인다.

⑧ 위안소 수송

일본군이 특별하게 군속에 준한 취급으로 도항신청을 허가, 일본 정부는 신분증명서 등 발급, 군의 선박과 차량 이용, 패배 후 귀환시키지 않은 경우도 많음.

위에서 보는 바와 같이 내각관방 내각외정심의실의 결과보고서는 위안소 제도 및 위안부 동원에 대하여 각각의 사항에 따라 직접적인 사료를 통해 군의 관여와 동원의 강제성을 인정했다. 그러나 일본 정부는 위의 결과보고서를 바탕으로 8월 4일 고노담화를 발표하게 되는데, 고노담화는 내각관방 내각외정심의실 결과보고서의 위안부의 모집에 "군관헌이 직접 개입한 케이스도 있었다"는 구체적 내용을 빼고, 포괄적으로 위안소 제도에 군관헌의 개입이 있었다고 발표했다. 궁극적으로 고노담화에서는 사실을 축소하기는 했지만, 이 정부조사를 통해 발굴된 사료로 발표한 것으로 '위안부' 관련된 역사적인 사실 거의 대부분이 밝혀졌다는 것을 알 수 있다.

4. 일본, 공적 사실을 의도적으로 무시하다

정부조사 이후에도 자료발굴은 끊임없이 이루어져 왔다. 하지만, 대부분이 새롭게 발굴된 자료이기는 하지만, 새로운 사실을 직시하지는 않는 자료가 대부분이다.

다만, 2005년 발굴된 나가이 카즈永井和의 「야전주보규정개정野戰酒保規程改正」(1937.9.29陸達第48号)은 새로운 중요한 사실을 적시하는 신발굴 자료이다. 나가이 카즈는 이 사료를 통해 위안소 자체가 '군대에 속해 있는 군시설'이라는 점을 들어, 일본군관헌의 개입은 당연한 사실이므로, 현재 행해지는 강제 연행에 군관헌의 직간접 개입의 유무 논란은 무의미하다고 주장했다.[11]

최근 중국에서 발굴된다는 자료는 크게 나누면 점령지 정부(상하이특별시, 난징특별시, 천진특별시 등)자료와 일본관동군 자료로 나눌 수 있다. 길림성 당안관, 헤이룽장성 당안관, 내몽고당안관, 친황다오 당안관, 랴오닝성 당안관에서 발굴되는 자료는 관동군(헌병대 포함) 사료가 주이고,

이는 일본에서 발굴되는 자료와 내용적으로는 중복되는 자료가 대부분이다. 중국 지린성당안관에서 발굴되고 있는 관동군헌병대 자료군은 일본 정부 발굴 자료 속에 포함되어 있는 「진중일지」, 「통신문서」 등과 같은 자료군으로 내용이 조금 다르지만, 지금까지 밝혀지지 않은 사실을 적시하는 내용은 없다. 일본 정부 조사 이후 새롭게 발굴된 자료로 피해자 재판 관련 자료까지 포함하여 wam에서 목록화하고 있는 자료는 466건에 이른다.[12]

wam의 목록에 들어가 있지 않은 자료로는 한국 국가기록원에서 보관하고 있는 11건의 사료 중 5건, 남경시당안관 소장 34건, 상하이시 당안관 40건, 난징 제2역사당안관 소장 4건[13] 그리고 2016년 5월 '위안부' 관련 기록물 유네스코 세계기록유산 공동 등재를 위한 국제연대위원회가 등재 신청한 '일본군 '위안부'의 목소리'에 포함되어 있는 중국 역사당안관, 길림성 당안관, 헤이룽장성 당안관, 내몽고 당안관, 친황다오 당안관, 랴오닝성 당안관에서 49건의 공문서가 포함되어 있지 않다. 이들을 모두 합하면 일본 정부 조사 이후에 공문서는 598건에 달한다.

이들 공문서 중 일본 정부조사 자료와는 다른 새로운 자료로는 타이완총독부 문서군, 전범재판군(네덜란드 NIOD, 미국 NARA, 중국 중앙역사당안관), 상하이, 난징 등 중국 점령 정부가 생산한 자료 등이 있다. 타이완총독부 문서군은 '위안부' 동원 및 위안소 개축에 식민지 기관이 개입되어 있다는 사실을 알리고 있다[14] 전범재판군 사료에는 일본군의 강제 연행 개입, '위안부'의 가혹행위 등을 알리는 사료가 포함되어 있다.

상하이시 당안관과 난징시 당안관에서 발굴된 자료는 주로 전시戰時기의 상하이시와 난징시 정부 문서로 중국어로 된 문건이다. 상하이시

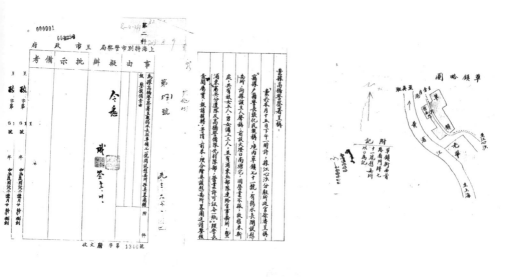

<figure>〈그림 3〉 상하이시 당안관 보관 위안부 관련 사료</figure>

당안관에서 발굴된 자료는 상하이특별시정부와 경찰국 문서로, 위안소 설치, 위안소조합 등 위안소 관리, 위안부(예창기)에 관한 자료가 핵심자료이다. 특히 위안부 설치에 관련한 자료는 일본군이 위안소 개설에 상하이특별시정부를 어떻게 이용하고 있는지, 그리고 어떠한 방식으로 제도를 만들어 가고 있는지를 잘 보여주고 있다. 또한 상하이, 즉 점령지(조계지 포함)에서 중국인 혹은 일본인이 위안소를 개설하기 위해서는 어떠한 과정을 거쳐야 하는지, 무엇이 필요한지를 생생히 보여준다. 이는 점령지에서만 발굴될 수 있는 자료로, 일본 측 자료가 이야기하지 않는 중요한 사실들을 알려주고 있다. 즉 일본군이 점령 직후, 공창제가 없던 상하이에서 사창 제도를 이용했던 사실이 확인되었다. 사창 제도의 틀 속에서 중국인이 일본군위안소를 개설하기 위해서는 우선 일본군의 허가를 받아야 한다. 일본군의 허가를 받은 중국인 업자는 그

허가서와 기녀명부, 위안소 약도 등을 가지고 상하이특별시 경찰과 시정부에 제출하여 다시 허가를 받는다. 이 사료 속에는 15세밖에 안 된 여성을 '위안부'로 고용한 사실도 확인되었다. 위안소를 개설하는 과정에 일본인이 중국인 여성을 강제 연행한 것으로 해석할 수 있는 자료도 발견되었다.[15]

일본 정부 조사를 포함하여 현재까지 발굴된 공문서 자료로도 일본 군관헌, 총독부 등 점령지 행정기관이 모두 관여하여, 제도적으로 혹은 폭력적으로 여성들을 강제 연행하여, 식민지 전장지에서 위안부로 삼았다는 역사적 사실은 모두 증명되어 있다. 다만, 일본의 일부 세력이 이 사실을 인정하고 있지 않을 따름이다.

5. 은폐의 기술 - 일본의 공공담론의 구조

일본에서는 '위안부'에 대한 공공담론이 어떻게 구성되어 갔는가는 연구성과와 담론 형성의 경향을 보면 잘 알 수 있다. 일본에서 '위안부' 문제가 공공의 담론의 장으로 나온 것은 역시 1991년 김학순 피해자의 공개 증언 이후이다.

필자의 조사로는 '위안부' 관련 글이 1990년 이후 2014년까지 1,552건, 그 외에도 단행본으로는 446권(자료집 포함)이 생산되었다.[16] 다른 비슷한 역사적 사항에 비추어 보았을 때, 단일 주제로는 단기간에 많은 성과를 내었다고 볼 수 있다. '위안부' 관련 글 1,552건을 ① 진보적 주장, ② 보수적 주장, ③ 역사적 사료를 사용해서 새로운 역사적 사실을 발굴

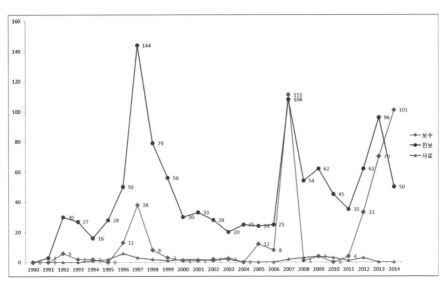

〈그림 4〉 1990년대 이후 '위안부'의 담론 형성 추이

한 논문 및 잡지로 분류하여 살펴보았다. 진보적 주장과 보수적 주장으로 나눈 기준은 첫째, 각각의 글의 논조가 '위안부' 문제에서 ⓐ '위안부' 존재에 대한 진위 논란 ⓑ 강제성에 대한 인식 ⓒ 증언에 대한 진위 논란 ⓓ 공창제와의 연관성(특히, 자발적 매춘행위로 해석)을 기준으로 구분했다. 단, 공창제에 관련한 것은 공창제와 연결했다는 그 사실 만으로 판단한 것이 아니라, 강조하면서 자발적 매춘이라고 강조하는 것을 보수적 견해로 보았다. 이와 같은 기준으로 1,552건을 분류하면 〈그림 4〉와 같은 그래프가 그려진다.

이 그래프를 잘 관찰하면 빨간 선은 ③ 역사적 사료를 사용해서 새로운 역사적 사실을 발굴한 논문에 해당하는데, 이는 1990년 이후 그다지 변화가 없다는 사실을 볼 수 있다. 즉 일본 정부 조사 시 발굴한 사료로 발표된 이래, '위안부'의 역사적 사실에 대해서는 더 이상 기존 연구를 뛰어넘는 새로운 사실이 발굴되지 않았다는 것을 의미한다.

그렇다면 위의 수많은 일본에서의 담론은 무엇을 주장하고 있는 것일까? 앞서 말한 바와 같이 위안부 관련 글들은 1991년 김학순의 공개 증언 이후, 그해 11월 김학순 등이 일본 정부를 상대로 낸 손해배상 청구 소송 이후부터 생산되었다. 그래서 공공 공간에서의 담론의 구도는 재판의 구도 즉 피고와 원고의 입장에서, '범죄 사실이 무엇인가', '누구의 책임인가', '피해의 범위와 정도'를 각 입장에서 주장하는 방법으로 구축되었다. 초기 연구가 『월간 사회당』과 『법학세미나』가 주도한 것도 그런 이유에서 일 것이다.

원고 즉, 피해자의 입장에서는 '위안부' 피해의 실태와 정도, 가해의 주체, 책임의 범주, 보상과 배상 문제가 문제의식으로 자리하고 있어, 궁극적으로 그 피해의 전적 책임은 '국가'라는 것을 증명해 내는 연구와 담론이 주를 이루고 있다고 하겠다. 1990년대 초반부터 일본 진보적 입장의 연구는 '위안부' 문제를 일본의 '전쟁 책임, 전후 책임'으로 정의하고, 그 범죄 실상을 밝히는 연구를 시작했다.[17] 이 연구의 계보는 전쟁범죄의 '인도에 반한 죄'를 염두에 두고 있어서[18] 시스템적 범죄보다는 개별적으로 '얼마나 가혹한 행위'를 당했는가, 불법적 요소가 무엇인가가 주 증명 대상이 되었다.[19] 그 결과 식민지의 제도적 강제가 왜소화되었다.

1996년 쿠마라스와미 보고서의 발표와 더불어, 1997년 자민당 의원의 교과서 위안부 기술 문제 제기, 이시하라石原 관방부장관이 고노담화의 강제성은 사료가 있는 것이 아니라, 위안부 피해자의 청취 조사를 통해 인정한 것이라고 발표해서 보수와 진보 사이에 큰 논란거리가 되어 많은 글들이 쏟아져 나왔다.

이런 진보적 입장에 반해, 보수파는 그 대응 논리로, '위안부' 제도는 '나쁘지만, 합법'이라는 주장과 일본군 위안부 문제를 '강제 연행'의 유무 문제, '군관헌의 개입' 문제, '증언의 진위' 문제로 끌고 갔다.[20] 피고, 즉 일본 제국의 제도적 국가 책임을 회피하는 입장에서, 불법행위를 '위안부 제도' 전체가 아닌 동원 시의 '강제 연행'으로 축소해 갔다. 이러한 움직임은 1994년 이후 본격적으로 일본의 주류 사학을 자학사관이라고 비판하면서, 고바야시 요시노리小林よしのり와 후지오카 시노부藤岡信夫 등의 역사수정주의자들에 의해 구체화되었다. 그들은 피해자 증언을 '허위'라고 폄하하면서 강제 연행을 한 '실증적 증거'를 요구했다.[21]

위의 그래프에서 2014년의 기점에 보수적 담론이 많이 생산된 이유에는 『아사히신문』이 일본의 군관헌이 강제 연행에 가담했다고 증언했던 요시다 세이지吉田清治 증언 보도와 정신대 용어 사용에 대한 오보를 인정했기 때문이다.

결국 담론구조 속에서는 진보적 주장에서는 일본 국가 책임의 원인인 가혹 행위의 한 축에서 '강제 매춘 및 강제 연행'을 주장해 왔기 때문에, 보수진영의 '강제 연행' 부인에 대하여 적극적인 논리로 대응했다.[22] 그러는 사이에 '위안부' 문제는 동원에서의 '강제 연행'의 유무를 증명하는 방식으로 전개되었다. 이에 편승해 2007년 아베 정권이 들어서서 '위안부 강제 연행'을 했다는 문건이 존재하지 않는다고 발표해서, 보수와 진보는 다시 '위안부에 대한 강제 연행' 유무를 증명하는 논란에 빠져들었다. 이 논란은 사료를 통해 밝혀진 일본군관헌의 직접적 관여라는 커다란 범죄 사실을 '직접적 강제 연행' 범죄로 축소하고, 그 사실을 증명하는 사료가 없음을 앞세워 실체를 부정하게 되는 결과를 낳았다.

6. 기억에서 기록으로 - 여성이 복원하는 기록

　김학순의 공개 증언을 계기로, 네덜란드, 타이완, 필리핀, 인도네시아, 동티모르, 중국, 북한의 피해자들이 공개 증언을 하게 되었다. 피해자들은 공개 증언과 더불어, 시민사회와 함께 진실규명 등 활동을 해가면서 상처를 치유하면서, 그동안 은폐되어 왔던 사실들을 '기억'해내고, 증거를 찾아가면서 기록화해 갔다. 한국 피해자의 경우, 한국 정부에 등록되어 있는 피해자 240명, 그리고 등록되어 있지 않은 3명 중, 증언집, 증언록, 증언 조사지 중 한 가지라도 있는 피해자는 102명 정도이다. 이 증언의 자료들은 일본 제국의 공식 사료가 기록해내지 않은 것들을 기억하고 기록해 간 자료이다. 식민지의 피지배자, 피해자의 역사를 연구할 때는 제국의 언어로 만들어진 '공식 사료'와 체현적으로 만들어진 식민지배의 기억, 증언, 구술이라는 또 다른 사료가 완전한 역사를 만들어낸다. 그러나 일본 제국은 자신들이 만든 공식 기록 속에 없는 '사실'에 대해서는 끊임없이 부정하고 부인한다.

　구체적으로 일본 우익은 군인에게 끌려갔다는 '위안부'의 증언을 '거짓'이라고 한다. 1930년대 말 식민지 조선에서는 일본 군인이 민간인을 직접적으로 끌고 갈 수 없다는 '공문서'를 근거로 한다. 그러나 식민지 조선에서는 군에 끌려가는 '처녀공출'이라는 말이 널리 퍼져 있었다. 식민지 조선에서는 '처녀공출'은 실체였고, 그 실체는 제국의 기록이 아니라 식민지의 기억으로 이어져 왔다. 피해자들의 기억은 그것을 여실히 말해주고 있다. 여기에서는 일례로 노청자를 통해 그의 기억이 어떻게 복원되어 기록되는지, '실체'를 증명하는지에 대해 말하고자 한다.[23]

노청자의 구술은 1937년 중일전쟁이 발발했을 때, 초기 '위안부'를 어떻게 동원했는지를 잘 알 수 있다. 결론부터 이야기하면, 조선 주둔 군이 전장에 참전하면서 가는 길에 군인과 헌병이 직접 트럭에 조선인 여성을 강제로 싣고 끌고 갔다는 실체를 잘 증명하고 있다.

노청자는 김학순의 공개 증언 이후 제소된 1991년 '아시아태평양전쟁 한국인 희생자 보상청구소송'[24]의 제2차 원고로 참가해, 1992년 4월 제출한 ① 소장에 자신의 '위안부' 경험을 남겼다. 두 번째 구술기록은 1992년 일본의 사진기자 이토 다카시가 조사한 ②『(증언) 종군위안부, 여성근로정신대』(1992.8)에 수록되어 있는 것이다.[25] 세 번째 구술기록은 1992년 8월 21일 한국정신대연구소의 ③ 이상화와 오쿠야마 요코가 조사한 녹취록이 있다.[26] 네 번째 구술 기록으로는 2002년 한국정신대 문제대책협의회 부설 전쟁과여성인권센터 연구팀의 연구원 김은경·박정애가 새롭게 조사한 연구보고 2002-16『그 말을 어디다 다 할꼬ー일본군 '위안부' 증언 자료집』에 실려 있다. 이 조사를 기반으로 해서 다시 앞의 연구팀이『역사를 만드는 이야기』(여성과인권, 2004)를 편찬했다. 피해자 노청자가 73세 때인 1992년 구술한 ①, ②, ③의 내용은 1992년 노청자가 72세 때 이루어진 것이고, ④는 10년 후인 82세 때 이루어진 것이다. ④를 조사한 조사자는 당시 노청자가 치매 초기 상태에 있었다고 기술했다. ①, ②, ③의 내용과 ④의 내용 중 가장 다른 것은 앞의 ①, ②, ③의 구술 내용에는 지명, 당시 주변 상황 등이 비교적 상세하게 구술되어 있고, ④의 내용은 위안부의 생활 쪽의 구술이 상세하다.

노청자는 대전에서 태어나 자라다가 1937년 군인에 의해 강제동원되어 '위안부'의 피해를 입었다. 노청자는 끌려간 곳이 증언 ④에서는

'일본놈들 땅'이라고 구술하고 있지만, ①에서는 타이친카, ②에서는 타이카친, ③에서는 한국어로는 태원太原, 일본어로 타이카친으로 구술하고 있다. 노청자는 모든 구술에서 끌려간 곳이 "성으로 둘러싸여 있는 곳"이라고 했다. 그리고 "성 안에 들어갔는데 부대는 저 마작 있고 위안부는 여가 있단 말이여 (…중략…) 들우다 보니께 말, 마방간", "말 덜 매놨어"라고 말이 함께 있다는 것을 구술했다. 노청자가 타이겐까지는 군인들과 함께 '뚜껑없는 열차'를 타고 갔다고 하고 있다. 열차에서 내려 트럭을 타고 3, 4시간 가면 오태산五台山이라는 곳으로 들어갔다고 했다. 노청자의 ③의 구술 내용을 보면, 타이겐으로 이동 중에 전투를 만나 기차 바퀴 밑으로 피신했다고 실감나게 이야기하고 있다.

타이겐은 중국 산시성山西省의 도시로 성곽도시이다. 타이겐과 오태산은 1937년 9월부터 11월까지 일본의 북지방면군과 관동군부대가 타이겐 작전을 폈던 지역이다. 타이겐 작전에 파병된 조선군 제20사단의 작전일지와 제20사단 기밀작전 일지를 보면 1937년 7월 기병騎兵을 출전하고,[27] 1938년에는 400마리의 말을 수송할 계획도 하고 있다.[28] 노청자의 기억과 공식 사료가 말하는 것이 일치하고 있다.

타이겐 작전에는 조선 주둔군 중 제20사단이 참전했다.[29] 조선에 주둔하고 있던 제20사단이 타이겐 지역으로 진군했다. 제20사단 사령부는 경성에 있고, 제20보병단 사령부, 보병 제78연대, 79연대는 경성에 주둔하고 있었다. 보병 제80연대의 경우 본대는 대구에 있지만, 제3대대는 대전에 주둔하고 있었다.[30] 따라서 제3대대가 타이겐 작전에 참전하기 위해서 1937년 대전을 출발하게 된다. 노청자는 이 시기 대전에서 같은 마을에 있던 한 여자와 함께 군인들이 타고 있는 트럭에 같이 타고 38명이 같이 타이겐으로 끌려가게 된다.

노청자가 끌려갈 때의 시기 및 상황에 대한 구술이 구체적인 것은 ③이다. 노청자가 끌려가게 된 시기는 열일곱 살 늦은 3월 씨앗을 심을 때였다. 밭일을 하던 어머니가 집에 밥을 가지러 갔다가 ③ "군인들이 색시를 잡아간다"고 하면서 산 중의 고모네 집으로 피신하라고 하면서 헐레벌떡 왔다. 노청자는 고모네 집으로 넘어가다가 군인 10명, 헌병 1명에게 붙들려 한 5리 정도 가니, 포장이 쳐진 트럭이 3대가 있었다. 트럭 안에는 우는 소리가 나고, 트럭 두 대는 누렇게 군인들이 있었고, 헌병도 있었다. 같은 마을에서 온 다른 사람과 트럭에 올라 세어 보니 38명이 붙잡혀 있었다고 했다. 이것은 공식 사료에서는 기록하지 않는 '사실'이다.

노청자는 위안소에 대해서도 잘 기억하고 있었다. 이 타이겐의 위안소에 대해서는 독립혼성제4여단의 병사도 구술했다. 장교용 위안소에는 일본인 여성, 하급병사용으로는 조선인, 중국인이 있는 위안소가 2개 있었다고 했다.[31] 병사의 기억과 노청자의 기억이 일치하고 있다.

노청자의 구술을 분석해 보면, 사실 관계가 달라진다는 일본 우익의 비판과는 달리, 네 가지의 구술이 서로 보완적이었다. 재판과 피해자 판정을 위해 구술한 ①, ②, ③은, 질문에 맞추어진 구체적인 피해 사실을 명확한 지명, 상황 설명 등으로 진술하였고, ④의 경우는 그때 당시의 느낌, 일상을 구술을 했다. 10년이라는 세월이 주는 것일 수도 있고, 조사자의 전공 및 조사 태도에 따른 것일 수도 있다. 예를 들면, 초기 피해 사실을 강조할 때는 권번 경험과 위문단 경험과 같은 것은 소거하고 있었으나, ④에서는 구술하고 있다. 따라서 한국어로 된 ①, ③에서는 지명 및 단어 외에는 일본어를 구사하지 않고 있는데, ④에서는 당시 군인에게 들었던 이야기나 그때 군인들과 나누었던 이야기 등 일상적으로 사용했던 일본어의 문장, 감성적 표현 등이 보다 더 구사되어 있다. 이와 같이 위안부 피해자는 구술 활동을 통해 자신의 고통의 역사를 기억해내고, 그 기억해낸 구술은 공식적 사료, 남성의 기억과 함께 "역사적 사실"로 기록된다.

7. 사실의 발견과 인정, 그리고 보존

'위안부'의 역사는 1930년대 말 일어난 전시 여성폭력 사건이 남성 권력이 지배하던 시기에 은폐되어 오다가, 1990년대 민주화에 따른 인권의식에 눈뜬 피해자가 자신의 피해를 국가 책임으로 느끼고 공개 증언하고, 그에 공감한 세계 시민사회가 여성인권을 회복하고 "정의롭게" 해결하기 위해 싸워온 역사이다.

그러나 기존 권력=일본 정부=한국의 공공기억=남성=가해자는 아직도 '위안부'의 문제를 그들이 원하는 방식으로 기억하고 기록하고 배치하고자 한다. 그들의 공고한 권력이 필요로 할 때는 '황군을 위안하는 신민'으로, '민족의 수난'으로 불러내 시각화하고 정작 피해자(여성)의 목소리로 공공화하는 것에는 소극적이었다. 아니, 지협적 문제를 끌어내 국가개입이 공식 사료로 증명되지 않는다는 이유로 계속적으로 은폐를 도모해 왔다.

앞서 본 바와 같이 고노담화를 발표하기 이전에 김학순이라는 피해자의 실체가 증명되었고, 관련 공식 문서를 통해 '위안부'의 역사, '위안부'를 동원하거나, 위안소 제도를 만드는데 일본의 군관헌이 개입되었다는 것이 명백하게 밝혀져 있었다. 하지만 일본은 일본 정부의 불법 행위로 집약되는 '일본군관헌의 직접 강제 연행'의 사실을 교묘히 은폐했다. 일본의 역사수정주의자와 아베에 의해 그 은폐는 제국이 생산한 '사료'의 부재라는 프레임을 만들어, 위안부 피해자의 실체를 암묵적으로 부정하기에 이르렀다.

이 프레임은 한국에서는 역으로 작용하여, 그들이 원하는 공식 사료를 발굴해야 한다는 강박에 사로잡혀, 사료를 찾아내는 것이 커다란 뉴스가 되고 있다. 기존에 발굴되어 있는 사료를 새 발굴 사료라고 대대적으로 보도하기도 하고, 급기야는 현재 '위안부' 피해자가 생존해 그 실체를 알리고 있음에도 불구하고, 당시 실재하는 위안부의 동영상을 발굴했다는 것이 커다란 뉴스가 되는 아이러니도 일어난다. 이러한 현상들은 일본을 공격하는 것처럼 보이지만, '공적 사료'만이 진실을 말한다는 프레임을 더 강고히 할 따름이다. 이는 한국이 공적 기억을 만들어 가는데 역시 '위안부'를 '민족의 수난'이라는 관점에서 국가=민족=남성=권력의 눈으로 시각화하는 데 익숙해 있다는 것을 의미한다.

그러나 아베가 말하는 "직접 강제 연행을 적시한 사료"는 발굴할 수 없다. 왜냐하면 그들이 인정할 만한 공적 기록을 만들지 않았기 때문이다. 지금까지 발굴된 '위안부'의 강제 연행을 증명하는 네덜란드 전범 재판 자료, 상하이특별시정부 경찰첩보자료, 시공간을 달리하는 '위안부'들의 공통된 증언과 같이 아무리 관련 사료를 제시해도 그들은 부정한다. '사료'가 없기 때문이 아니라, 그들의 질서 안에서 국가의 불법행위를 인정할 수 없기 때문이다. 한일 간의 대립이 되고 있는 면의 '위안부'의 역사 중, 더 밝혀져야만 하는 사실은 없다. 이미, 모든 것은 밝혀져 있다. 다만, 일본이, 권력이 그 사실을 인정하고 있지 않을 뿐이다.

피해자들은 이러한 국가=민족=남성=권력의 욕망에 맞서 싸우면서 자신들의 억압되어 왔던 기억을 복원하고 기록해 갔다. 그 기억의 복원은 권력의 공식기록과 남성의 기억과 일치시키고 공식화해 가면서, 그들이 끊임없이 은폐하려는 폭력의 '사실'을 증명해 나갔다. 이 과정을 거치면서 '위안부'의 역사는 제2차 세계대전 시 일어난 '위안부' 문제 만에 국한되지 않고, 보편적 여성인권 문제로 확산되었다.

이 과정을 나타내는 '위안부' 관련 기록물은 일본 제국이 생산해낸 공문서뿐 아니라, 피해자 개개인의 기억과 증언, 그들이 자신의 피해를 깨닫고 극복해 가는 과정에 생산된 모들 관련 자료, 피해자들을 지원하며 연대했던 시민들의 활동자료, 또 불완전하기는 하지만, 문제 해결을 위해 노력했던 각국 정부, 국제기구들이 생산해낸 모든 기록이 역사를 이루는 구성 요소다.

주석

1 이에 대한 근거사료, 실례를 들어 설명한 논문은 다음을 참고 바란다. 한혜인, 「일본군 '위안부'의 증언연구」, 한국여성정책연구원 편, 『일본군 '위안부' 피해자 문제 종합적 연구』, 2015.
2 한혜인, 「우리가 잊은 할머니들. 국내 첫 커밍아웃 이남님, 타이에서 가족 찾은 노수복」, 『한겨레 21』, 2015.8.7.
3 한혜인, 「일본군 '위안부' 관련 문화 컨텐츠 해제」, 성균관대 동아시아역사연구소·서울시립대 편, 『일본군 '위안부' 문제 관련 국내외 사례조사 및 향후과제 종합보고서』 5, 여성가족부, 2017.
4 한혜인, 「우리가 잊은 할머니들. 국내 첫 커밍아웃 이남님, 타이에서 가족 찾은 노수복」, 『한겨레 21』, 2015.8.7.
5 "지금도 '일장기'만 보면 억울하고, 가슴이 울렁울렁합니다. 텔리비전이나 신문에서 요즘도 일본이 종군위안부를 끌어간 사실이 없다고 하는 이야기를 들을 때면 억장이 무너집니다. 일본을 상대로 재판이라도 하고 싶은 심정입니다." 「종군위안부 참상 알리겠다/국내거주자 중 첫 과거폭로 김학순 씨」, 『한겨레신문』, 1991.8.15.
6 한혜인, 「일본군 '위안부' 관련 문화 컨텐츠 해제」, 성균관대 동아시아역사연구소·서울시립대 편 『일본군 '위안부' 문제 관련 국내외 사례조사 및 향후과제 종합보고서』 5, 여성가족부, 2017.
7 内閣官房内閣外政審議室, 「いわゆる従軍慰安婦問題の調査結果について」(1992.7.6) 『内閣官房慰安婦調査』, 관방청 소장자료, 小林久公 제공.
8 内閣官房内閣外政審議室(1993.8.4), 「いわゆる従軍慰安婦問題について」, 『内閣官房慰安婦調査』, 관방청 소장자료, 小林久公 제공
9 위의 사료.
10 Shincheol, Lee, Hyein, Han, "Comfort Women : A Focus on Recent Findings from Korea and China", Asian Journal of Women's Studies Volume 21, 2015－Issue 1에 실린 것을 재인용했다.
11 永井和, 「陸軍慰安所の創設と慰安婦募集に関する一考察」, 『二十世紀研究』 1, 京都大学出版会, 2000, 이 논문은 위의 '야전주보규정개정에 관한 건'이 발견된 후 가필해서 2005년에 다시 인터넷상에 발표했다.
12 관련 목록은 「wam 女たちの戦争と平和博物館」에서 공개하고 있다. https://wam-peace.org/ianfu-koubunsho/
13 식민과냉전연구회, 성균관대 동아시아역사연구소(이신철·윤명숙·윤경순·한혜인), 「한중 연구자 네트워크 구축과 상하이 난징 지역 위안부 관련 자료조사를 위한 출장보고서」, 2013.8.7.~14.
14 최종길, 「타이완척식주식회사자료를 통해 본 일본군 위안소 설치와 운영」, 『일본연구』 27, 고려대 글로벌일본연구원, 2017.
15 한혜인, 「중일전쟁기 상하이 지역 위안소 설립 및 관리 제도의 변화」, 『한중일학술회의 일본군 '위안부' 문제 해결을 위한 공유와 연대』, 중국 상하이사범대, 2014.2.8~9.
16 CiNii Articles(http://ci.nii.ac.jp/)와 일본 국회도서관(http://www.ndl.go.jp/)에서 '위안부', '위안소'로 검색하여 중복을 제외한 글 및 단행본 총수(2014년 기준).
17 竹村泰子 「'日本の戦後責任と従軍慰安婦問題'に関する私たちの提案(1991.11.16)」, 『日本

の戦後責任と従軍慰安婦問題』, シンポジウム(東京), 月刊社会党 (435호), 8589쪽, 1991-12, 文化評論, 『従軍慰安婦問題と戦争責任〈特集〉』, 65-102, 1992-04, 福島瑞穂, 「従軍慰安婦訴訟(いま,問われる日本の戦後補償〈特集〉)−(補償を求める人びと)」, 『法学セミナ』(452호), 65~67쪽, 1992.8.

18 福島瑞穂, 「国際的に裁かれる'人道に対する罪'−'従軍慰安婦裁判'の現状と課題(戦後補償−来年こそ実現の1歩を」, 〈特集〉, 月刊社会党』(448), 51~56쪽, 1992.12; 阿部浩己, 「'慰安婦'問題と国際法」, 『専修大学社会科学研究所月報』(371), 27~41쪽, 1994.5.

19 佐藤健生, 「ドイツの戦後補償に学ぶ−[過去の克服]-8-日独の「慰安婦」問題をめぐって」「ドイツの'強制売春'問題と日本の'従軍慰安婦'問題」, 『法学セミナ』(463), 1993.7.

20 加藤正夫, 「事実無根の慰安婦狩証言」, 『現代コリア』(325), 455쪽, 1992.10, 上杉千年, 「総括・従軍慰安婦奴隷狩りの'作り話'」, 『自由』34(9), 10~30쪽, 1992.9; 秦郁彦, 「慰安婦狩り'証言 検証第3弾−ドイツの従軍慰安婦問題」, 『諸君』24(9), 132~141쪽, 1992.9.

21 한혜인, 「'황국'의 신민에서 '자학'의 국민으로−자유주의사관의 근원」, 문화사회학회 학술대회 발표문, 2014.8.19.

22 佐藤健生, 앞의 자료.

23 한혜인, 「일본군 '위안부' 증언의 발굴과 해제사업」, 한국여성정책연구원 편, 『일본군 '위안부' 관련 자료 발굴 및 해제사업』, 2017, 여성가족부 (비공개 자료). 여기에 실린 노청자 해제를 전체 인용한다.

24 김학순을 비롯한 피해자 9명과 군인 군속 피해자와 함께 한 소송. 1991년 12월 6일 동경지방재판소에 제소하여 2001년 3월 26일에 동경재판에서 청구기각. 2003년 7월 22일 동경고등재판소에 청구기각되었고, 2004년 11월 29일 최고재판소에 상고 기각 판결. 지방재판소 판결은 사실인정을 했지만 법적 주장은 인정하지 않고 청구를 기각했다. 고등재판소에서는 강제노동조약 위반 추업조약 위반등의 국제법 위반을 지적하고 일본 정부의 안전배려의무 위반을 인정했다. 국가무답책의 법리에 관해서도 "현행협법하에서는 정당성, 합리성을 인정할 수 없다"고 고등재판소에서는 처음으로 부정했지만, 청구는 기각되었다.

25 盧清子, 「「結婚式の直前, 「慰安婦」に」, 伊藤孝司, 『'証言'従軍慰安婦・女性勤労挺身隊』, 風媒社, 1992

26 이 조사의 녹취록은 2015년 여성가족부 "2015년 일본군 위안부 피해자 관련 사료 및 체계적 분류관리 사업"의 결과물 『Ⅲ. 2015년 일본군 위안부 증언녹취록 피해자 9인 증언자료 (2)』에 실려있으나, 아직 비공개 상태이다.

27 「第20師団機密作戦日誌 昭和12年7月12日~12年12月31日 1/2部中」C11111040000, 第20師団機密作戦日誌 昭和12年7月(1)C11111040200

28 運輸通信長官 渡邊右文, 「第20師団整備支那馬輸送に関する件」, 昭和13年8月10日(1938.8.10), C04120494300

29 戸部良一, 「朝鮮駐屯日本軍の實像」, 日韓歴史共同研究委員会 編, 『日韓歴史共同研究報告書 第3分科篇 下巻』, 日韓歴史共同研究委員会, 2005

30 「大田歩兵第80連隊第3大隊に文庫設置の件」, 大正7年(1918.1.1~1918.12.31), C030110 32200. 「陸軍常備兵力II」 http://kitabatake.world.coocan.jp/rikukaigun52.html.

31 『DAYS JAPAN』, 「特集「慰安婦」100人の証言」, 2007.6.

참고문헌

한혜인, 「일본군 '위안부'의 증언연구」, 한국여성정책연구원, 『일본군 '위안부' 피해자 문제 종합적 연구』, 여성정책연구원, 2015

_____, 「일본군 '위안부' 관련 문화 컨텐츠 해제」, 성균관대 동아시아역사연구소·서울시립대 편, 『일본군 '위안부' 문제 관련 국내외 사례조사 및 향후과제 종합보고서』 5, 여성가족부, 2017.

_____, 「일본군 '위안부' 증언의 발굴과 해제사업」, 한국여성정책연구원 편, 『일본군 '위안부' 관련 자료 발굴 및 해제사업』, 2017, 여성가족부.

永井和, 「陸軍慰安所の創設と慰安婦募集に関する一考察」, 『二十世紀研究』 1, 2000.

竹村泰子, 「日本の戦後責任と従軍慰安婦問題」に関する私たちの提案(1991.11.16・「日本の戦後責任と従軍慰安婦問題」シンポジウム(東京), 月刊社会党 (436), 1991.12

文化評論(357), 「従軍慰安婦問題と戦争責任〈特集〉」 1992.4

福島瑞穂, 「従軍慰安婦訴訟 (いま,問われる日本の戦後補償〈特集〉)」, 法学セミナ- (452), 1992.8

阿部浩己, 「慰安婦」問題と国際法」, 専修大学社会科学研究所月報 (371), 1994.5

佐藤健生, 「ドイツの戦後補償に学ぶ [過去の克服] -8-日独の「慰安婦」問題をめぐって-1-ドイツの「強制売春」問題と日本の「従軍慰安婦」問題」, 法学セミナ- (463), 1993.7

加藤正夫, 「事実無根の慰安婦狩証言」, 現代コリア (325) 1992.10

上杉千年, 「総括・従軍慰安婦奴隷狩りの「作り話」」, 自由 34(9), 1992.09

秦郁彦, 「「慰安婦狩り」証言 検証第3弾--ドイツの従軍慰安婦問題」 諸君 24(9), 1992.9

伊藤孝司, 『'証言'従軍慰安婦・女性勤労挺身隊』, 風媒社, 1992.

戸部良一, 「朝鮮駐屯日本軍の實像」, 日韓歴史共同研究委員会 編, 『日韓歴史共同研究報告書 第3分科篇 下巻』, 日韓歴史共同研究委員会, 2005.

「特集「慰安婦」100人の証言」, 『DAYS JAPAN』, 2007.6.

제5장
일본군 위안부 문제에 관한 정치적 언설

이상훈

1. 왜 정치적 언설인가?

1991년 8월 14일, 김학순 할머니의 '일본군 위안부' 실상에 관한 최초의 공개 증언에서 시작된 위안부 문제는 기본적으로 전시戰時여성의 성폭력이라는 보편적 인권 문제이다. 그 때문에 이것은 한국에서 뿐만 아니라, 전시 아시아여성 모두에게 해당하는 국제적 성격을 가진 문제로써 제기되었다.[1] 그리고, 이러한 움직임은 1993년 '고노담화河野談話', 1994년 '무라야마담화村山談話', 1995년 '여성을 위한 아시아평화국민기금'의 설립으로 이어졌다. 다만, 한일 간에는 일본군 위안부에 대한 시각차가 좁혀지지 않았다. 한국 정부는 일본군 위안부 문제에 대해 반인도적인 불법행위이며, 양국 간에 재정적·민사적 채권·채무 관계를 다룬 1965년의 한일청구권협정에 의해서도 해결되지 않은 문제라고 규정했다. 2005년에 한국에서 한일회담의 자료가 공개된 후,

총리실 산하의 '한일회담 문서공개 후속대책 관련 민관공동위원회'도 보도자료를 통해 "일본군 위안부 문제와 같은 일본 정부·군 등 국가 권력이 관여한 반인도적 불법행위에 관해서는 청구권협정에 의해서도 해결되었다고 볼 수 없으며, 일본 정부의 법적 책임이 남아 있다"고 발표했다. 이에 대해 일본 정부는 한일청구권협정에 의해 위안부 문제는 완전하게 종결했다는 입장을 고수해 왔다.[2]

그러나 2011년 8월 30일에 한국 헌법재판소는 일본군 위안부의 배상청구권이 한일청구권협정에 의해 소멸했는가의 여부에 대해 한일 간에 해석상의 '분쟁'이 있다고 판단했다. 그리고 이 문제의 해결을 위해 일본 정부에 구체적인 행동을 취하지 않는 한국 정부의 부작위不作爲를 국민의 기본적 인권 등을 정한 한국헌법에 비추어 '위헌'이라고 결정했던 것이다. 즉 한일청구권협정 제3조 1항에 "본 협정의 해석 및 실시에 관한 양 체약국 간의 분쟁은 우선 외교상의 경로를 통하여 해결한다"고 되어 있었기 때문이다. 만약 '65년체제'[3]가 동요하기 시작한 90년대에 들어와 현재회懸在化한 일본군 위안부 문제에 관한 한일 간의 해석의 차이가 협정상의 분쟁에 해당한다고 한다면, 일본 정부의 "청구권 문제는 이미 해결, 분쟁은 존재하지 않는다"는 주장이 성립하지 않는다고 한다. 협정 체결 후, 외무성이 정리한 문서 「해설·일한조약」[4]에 따르면, "무엇이 '분쟁'에 해당하는가"에 대해 한쪽 당사국이 "어떤 문제에 대해 명백하게 대립하는 견해를 가졌다고 하는 사태가 발생했을 때"라고 규정하고 있다. 또 분쟁의 발생 시기에 대해서는 어떠한 제한도 없으며, 앞으로 발생하는 모든 분쟁이 대상이 되어야 한다고 설명하고 있다. 나아가 한일 간에 분쟁이 발생한 경우, "우선 외교상의 경로를 통해 해결하기 위해, 가능한 모든 노력을 기울이지 않으면 안 된다는 것은 말할 필요도 없다"고 지적하고 있다.[5] 이러한 인식을 감안하다면, 일본의 법적인 책임은 별도로 하더라도, 피해 부분에 대한 고의적 누락이나 회피 등에 대한 도의적 책임은 피하기 어렵다고 생각된다.

이상과 같이 한일회담 문서공개와 한국의 헌법재판소 판결에 의해 촉발된 일본군 위안부 문제는 이명박 대통령의 문제 제기와 박근혜 대통령의 강경노선, 급선회, 정치적 타협에 의한 '합의',[6] 문재인 정권의 '재교섭' 논란, '화해치유재단'의 해산 발표로 이어졌다. '합의'는 이루어졌지만, 양국에 긍정적·부정적 평가가 공존하는 과정 속에서 "최종적이고 불가역적인 해결"과는 거리가 먼 미완의 과제로 남겨지게 되었다.

미완의 과제로 남아 있는 일본군 위안부에 관해서는 다양한 어프로치가 존재한다. 그것은 일본군 위안부 문제가 내포하고 있는 복합성에 기인한다. 즉 일본군 위안부 문제는 국가 책임의 문제, 강제성의 문제, 역사에 대한 인식론의 문제, 인권 문제, 식민주의 문제, 젠더 문제 등이 복합적으로 얽혀 있는 문제인 것이다.[7] 이처럼 복합적인 문제이기 때문에 일본군 위안부에 관한 선행연구는 다양한 학문 분야에 상당히 많이 존재한다. 그것을 크게 분류하면, 역사적 관점(인식과 사실 관계), 국제법적 관점(조약과 실정법), 인도적 관점(인권과 윤리) 등이 될지 모르겠다.[8]

다만, 여기에서는 일본의 정치지도자의 언설을 중심으로 분석하고자 한다. 왜냐하면, 우선 일본군 위안부 문제가 미완의 과제로 남겨지게 된 것은 일본 정치가에 의한 언설이 미친 영향이 크다고 생각하기 때문이다. 또 다른 하나의 이유는 필자가 정치학자로서 일본군 위안부에 관한 문헌조사보다는 정치가의 언설言説 검토에 좀 더 관심이 있기 때문이다. 언설이란 무엇인가를 말하는 것이며, 기록이나 발화發話로 대상에 의미를 부여한다. 많은 사람이 같은 형식으로 말한다는 특징이 있으며, 동시에 말하지 않는 것, 언설이 되지 못하는 것이 있다는 것을 의미한다고 한다.[9] 여기에서 일본군 위안부 문제에 관한 정치적 언설을 검토하는 의미도 거기에 있다. 즉 왜 일본군 위안부 문제에 관한 분석이 필요한가 하면, 언설이 어떠한 형태로 말해지고, 변화되며, 말하지 못한 것에는 어떠한 것이 있는가에 대한 분석을 통해 그러한 분석에서부터 얻을 수 있는 함의가 무엇인가를 알게 되고, 90년대 이후 현재에 있어서도 일본군 위안부 문제와 일본의 정치 상황이나 국가권력 사이에 깊은 관계가 있다는 것을 명확히 할 수 있기 때문이다.

2. '고노담화'에 관한 정치적 언설의 전개

일본군 위안부와 관련된 정치적 언설 중에서 가장 많이 언급된 것은 '고노담화'에 관한 정치적 언설이었다. 여기에서도 냉전체제의 붕괴 이후 등장한 '고노담화'에 관한 정치적 연설의 전개를 정리한다.

'고노담화'를 둘러싼 정치적 언설

일본 정부는 당초 일본군 위안부에 대한 국가나 군軍의 관여를 인정하려 하지 않았다. 일본군 위안부 문제로 한국의 반발이 강해진 계기가 되었던 것은 1990년 6월 6일 참의원예산위원회에서 당시 노동성勞働省[10] 직업안정국장이었던 시미즈 츠타오淸水傳雄가 정부위원으로서 행한 다음과 같은 답변이었다.[11] "종군위안부라는 것에 대해…… 역시 민간업자가 그런 분들을 軍과 함께 끌고 다녔다고 하는, 그러한 상황이 있다고 해서, 그러한 실태에 대해 저희들이 조사해서 결과를 낸다는 것은 솔직히 말씀드려 불가능하다고 생각하고 있습니다."[12] 일본 정부가 패전을 맞이했을 때 조직적으로 공문서를 파기·인멸했다는 것은 널리 알려진 사실이지만, 그 때문에 국가가 관여한 증거가 없다고 하는 이러한 발언이 가능했던 것이다.

그러나 1992년 1월 11일, 『아사히신문』은 요시미 요시아키吉見義明가 방위연구소도서관에서 위안부 자료를 발견했다고 머리기사로 보도했다. 이 보도는 미야자와 기이치宮沢喜一 총리가 한국을 방문하기 수일 전이었기 때문에 미야자와 총리는 한국 방문 중 8번 사죄 발언을 할 수밖에 없었다.[13] 그리고 귀국 후, 미야자와 총리는 정부에 위안부 문제 조사를 지시했다. 그 지시에 의한 2번의 조사를 거쳐, 1993년 8월 3일에 나온 '위안부 관계 조사결과 발표에 관한 고노 내각관방장관 담화'가 우리가 흔히 말하는 '고노담화'의 정식 명칭이다. 이것은 일본 정부가 공식적으로 위안부·위안소의 존재와 군당국·관헌의 관여를 인정하고, '사죄와 반성'을 표명한 것이다. 고노담화의 핵심은 다음과 같다.

첫째   "당시 군의 관여하에서 다수 여성의 명예와 존엄에 깊은 상처를 입힌 문제"라고 하여 당시 군의 관여를 인정한 점.

둘째   "소위 종군위안부로 수많은 고통을 경험하고, 심신 모두 치유하기 어려운 상처를 입은 모든 분들에게 마음으로부터 사죄와 반성의 뜻을 전한다"고 하여 사죄와 반성의 뜻을 나타낸 점.

셋째	"우리들은 역사연구, 역사교육을 통해 이러한 문제를 오랫동안 기억하고, 같은 잘못을 다시는 반복하지 않겠다는 굳은 결의를 다시 한번 표명한다"고 기억의 계승을 선언한 점이다.[14]

이 담화 이전인 1992년 1월에도 미야자와 내각의 가토 고이치加藤紘一 관방장관이 위안부 문제에 대한 일본군의 관여를 인정했지만, 고노담화는 한 걸음 더 나아가 위안부 모집에 있어서 "본인들의 의사에 반하여 모집된 사례가 많이" 있다는 점을 명백히 하고, 위안소의 생활에 대해서도 "강제적인 상황하에서 참혹했었다"는 점을 표명하고 있다. 이것은 위안부 제도에 관한 연구자의 견해와 피해자들로부터의 청취 조사에 기초한 것으로, 담화의 수정을 요구하는 움직임이 존재하는 현재에도 사실 인식에 있어서 그 타당성을 상실한 것은 아니다.[15]

역대 정권의 '고노담화' 계승

38년간의 자민당정권을 대신하여 등장한 비자민연립정권의 호소카와 모리히로細川護熙 총리는 1993년 9월 24일의 참의원 본회의에서 자민당 의원 오가와라 다이치로大河原太一郎의 '종군위안부 문제'에 관한 질문에 대해 "한일 양국 간에는 종군위안부 문제에 대한 보상 문제를 포함하여 한일 양국과 양 국민 간의 재산청구권 문제는 1965년의 한일청구권·경제협력협정에 의해 완전하고 최종적으로 이미 해결되었다는 것이 정부의 입장입니다. 한편 종군위안부로서 수많은 고통을 경험하고, 심신에 치유하기 어려운 상처를 받은 분들이 계신다는 것은 사실이기에 정부로서는 인도적 관점에 서서 이 분들에 대해 어떻게 해서 사죄와 반성의 마음을 표현할 것인가에 대해 지금 예의銳意 검토하고 있는 중입니다"[16]라고 답변했다. 호소카와 총리의 사임으로 총리가 된 하타 츠토무羽田孜는 1994년 6월 17일의 참의원예산위원회에서 "미야자와 내각 시절의 종군위안부 문제, 이것은 인도적 문제로 대응하지 않으면 안 된다. 따라서 개별적으로 무언가 해야 한다는 것은 아니지만, 무언가 여기에서 하나의 결말을 보지 않으면 안 된다는 것이 관방장관의 발표 속에 들어있으며, 우리들은 그러한 것을 받아들이고 있습니다"[17]라고 고노담화의 계승을 표명했다.

그 후 사회당 위원장으로서 자민·사회·사키가케 3당 연립정권의 총리가 된 무라야마 도미이치村山富市는 1994년 7월 18일 중의원에서 행한 소신 표명연설에서 "전후 50주년을 목전에 두고, 저는 우리나라의 침략행위나 식민지지배 등이 이 지역의 많은 사람들에게 참기 어려운 고통과 슬픔을 주었다는 인식을 새롭게 하고, 깊이 반성을 하며, 부전不戰의 결의하에서 세계평화의 창조를 위해 힘을 다하겠습니다. 이러한 견지에서 아시아 근린제국과의 역사를 직시함과 동시에 다음 세대를 짊어질 사람들의 교류나 역사연구 분야를 포함한 각종 교류를 확충하는 등 상호이해를 한층 심화시킬 시책을 추진하기 위해 앞으로 그 구체적 작업을 서두르겠습니다"[18]라고 자신의 역사 인식을 표명한 후, 7월 22일의 참의원 본회의에서 "종군위안부에 대해서도 이러한 우리나라로서의 입장은 견지하면서, 우리나라로서 사죄와 반성의 마음을 어떻게 표현할 것인가에 대해서는 소신표명 연설에서 말한 생각에 입각하여, 가능한 한 빠른 시기에 결론을 내기 위해 현재 예의 검토하고 있는 중입니다"[19]라고 발언했다.

1994년 8월 31일 발표한 '평화우호교류계획'에 관한 무라야마 내각 총리대신의 담화 속에서 무라야마 총리는 '소위 말하는 종군위안부'에 관해 "마음으로부터 깊은 반성과 사죄의 뜻"을 표하고, 평화우호교류계획의 실시를 표명하고 있다. 이 계획 중의 한 사업으로 1995년 7월에 '여성을 위한 아시아평화국민기금'(이하 아시아여성기금)을 발족하였으며, 일본군 위안부에 대한 보상사업을 진행했지만, 그 결과는 성공적이라고 말할 수 없는 것이었다. 그것은 한국의 지지를 받지 못했기 때문이라는 것이 주된 이유라고 한다. 아시아여성기금에 대한 한국 정부의 인식이 좋지 못했던 것은 일본 정부에 대한 불신감이 배경에 존재하고 있었다. 즉 무라야마 정권기에 아시아태평양전쟁 50주년을 맞이하여 역사 인식 문제에 대한 공식 견해를 명백히 하려고 했던 시도가, 반대로 일본 정부 내에서 다양한 역사 인식과 관련된 발언을 생산하게 되었다. 그 발언 중 일본군 위안부가 자발적으로 참가했다고 주장한 가지야마 세로쿠梶山静六 관방장관의 발언이 한일 관계가 크게 악화되는 흐름을 형성하였다. 결과적으로 한국 정부의 일본 정부에 대한 신뢰는 심각한 타격을 입었으며, 그러한 과정 중에 나온 '무라야마담화'나 아시아여성기금 구상은 한국 정부의 지지를 받을 수 없었다.[20]

그 후의 총리들도 고노담화에 대해서는 계승을 표명하고 있다. 즉 1996년 5월 9일 하시모토 류타로橋本龍太郎 총리는 참의원 예산위원회에서 "방금 전에 사죄문이라는 말씀이 있었습니다만, 저는 그것에 어떠한 형태로 국가가 그 마음을 표현하면 좋을지를 생각했을 때, 바로 이 여성기금 설립의 전제가 된, 고노 관방장관이 관방장관담화로 말씀하신 것이 있습니다만, 그 속에 포함된 마음을 가지고 대응해야만 한다고 생각합니다"[21]라고 말하고 있다. 오부치 게죠小淵惠三 총리도 1998년 8월 10일 중의원 본회의에서 "소위 종군위안부 문제에 대한 정부의 기본적 입장은 1993년 8월 4일의 고노 관방장관담화와 같습니다"[22]라고 고노담화의 계승을 표명하였다.

아베 총리의 등장과 변화하는 정치적 언설

1990년대와 비교하여 2000년대의 일본과 한국에서 일본군 위안부 문제에 관한 사회적인 관심은 높지 않았다. 『아사히신문』의 위안부 관련 기사의 빈도를 보더라도 2000~2009년은 1990년대에 비해 격감하였다.[23] 물론 2000년대에 들어와서도 아베 신조 총리가 등장하기 전까지는 모리 요시로森喜朗 총리나 고이즈미 준이치로小泉純一郎 총리도 일본군 위안부 문제에 관해서는 기본적으로 고노담화를 답습하였다. 즉 2000년 9월 27일 모리 총리는 참의원 본회의에서 "소위 종군위안부 문제에 대해 묻고 계십니다만, 이 문제에 대한 정부의 기본적 입장은 1993년 8월 4일의 고노 관방장관담화와 같으며, 다수 여성의 존엄에 깊은 상처를 입힌 문제라고 인식하고 있습니다"[24]라고 말하고 있다. 고이즈미 총리도 2001년 10월 3일 참의원 본회의에서 "소위 종군위안부 문제에 대해서는 다수 여성의 명예와 존엄에 깊은 상처를 입힌 문제라는 인식하에서, 정부로서는 위안부분들에게 국민적인 보상을 하는 사업 등을 행하는 아시아여성기금에 대해 이미 최대한의 협력을 해오고 있습니다"[25]라고 말해 고노담화의 계승을 표명했던 것이다.

그러나 아베 총리의 등장으로 고노담화에 대한 언설이 변화한다. 원래 아베 신조라는 정치가는 일본군 위안부에 대해 "실태는 한국에는 기생

집이 있고, 그러한 것을 많은 사람들이 일상적으로 하고 있거든요. 따라서 그것은 말도 안 되는 행위가 아니라, 상당히 생활 속에 녹아들어와 있는 것은 아닌가라고 저는 생각하고 있습니다"[26]라는 인식을 가지고 있었다. 이것은 자민당 내에 1997년에 만들어진 '일본의 전도와 역사교육을 생각하는 젊은 의원 모임'이 개최한 연구회에서 행한 발언이다. 이러한 인식을 가지고 있었기 때문에, 제1차 아베 내각 시절부터 고노담화를 계승한다고 말은 하면서도, 일본군 위안부 모집에 있어서의 '강제성'에 대해서는 의문점이 있다는 주장을 하고 있다고 볼 수 있다.

일본군 위안부 문제에 있어서 '강제성'에 관한 언설이 많이 등장하게 된 것은, 2006년에서 2007년에 걸쳐 미국 하원 외교위원회가 위안부 문제를 논의하기 시작했기 때문이며, 이때부터 아베 총리를 포함한 보수세력은 '강제성'의 논의를 정치화精緻化하는 형태로 국내외를 향해 일본 정부의 강제 연행 관여를 부정하게 되었다고 한다.[27] '강제성'에 관한 상징적 언설은 2007년 3월 5일 아베 총리가 참의원 예산위원회에서 행한 답변이다. 즉 강제에는 협의狹義와 광의廣義가 있으며, 일본 정부의 관여는 "관헌官憲이 집에 강제로 들어와 연행한다"는 의미의 협의의 강제는 아니라는 것이다. 조금 길지만, 아베 총리의 언설을 인용한다.

이 강제성이라는 것에 대해 무엇을 가지고 강제성이라는 것을 논의하고 있는가라는 것입니다만, 말하자면 관헌이 집에 강제로 들어와 사람을 납치하듯이 끌고 간다고 하는, 그러한 강제성은 없었다고 하는 것은 아닌가, 그런 것입니다.

원래 이 문제의 발단은, 이것은 확실히 『아사히신문』이었다고 생각합니다만, 요시다 세지(吉田淸治)라는 사람이 위안부 사냥을 했다고 하는 증언을 했는데, 이 증언이 완전히, 나중에 날조라는 것이 들어났습니다. 즉 발단은 이 사람이 그러한 증언을 한 것입니다만, 지금 말씀드린 것 같은 전말이 된 것에 대해, 그 후에, 말하자면 이러한 위안부 사냥과 같은 강제성, 관헌에 의한 강제 연행적인 것이 있었다고 하는 것을 증명하는 증언은 없다는 것입니다.[28]

그러나 일본 국내에서 행한 '강제성'을 부정하는 아베 총리의 언설은 해외의 반발을 사게 된다. 즉 2007년 7월 30일, 미국 하원 본회의에서 일본군 위안부 문제에 관해 일본 정부에 사죄를 요구하는 결의가 채택되었지만, 이것은 "관헌에 의한 강제 연행적인 것이었다고 하는 것을 증명하는 증언은 없다"는 아베 총리의 언설이 미국 의원들의 불신과 반발을 불러일으켰던 것이 크게 작용했다는 것이다.[29] 미국 하원의 위안부사죄 결의 후, 11월 8일에 네덜란드 하원, 11월 28일에 캐나다 하원, 12월 13일에 EU 의회에서 각각 위안부사죄 요구결의가 이루어졌다.

'고노담화' 의 검증

제1차 아베 내각 이후의 내각인 자민당의 후쿠다 야스오福田康夫 내각, 아소 타로麻生太郎 내각, 민주당의 하토야마 유키오鳩山由紀夫 내각, 간 나오토菅直人 내각, 노다 요시히코野田佳彦 내각은 거의 모두 고노담화의 계승을 표명했다.

그러나 총리 재임 1년 만에 퇴진했다가 2012년 12월 총리에 복귀한 아베 신조는 역대 내각과는 달리 일본군 위안부 문제에 관해 오히려 고노담화 수정에 힘을 기울였다. 그리고 고노담화에 대한 검증 작업을 시도하여, 2014년 6월 20일에 '위안부 문제를 둘러싼 한일 간의 교섭 경위-고노담화 작성에서 아시아여성기금까지'를 공표했다. 이러한 움직임은 한국이나 중국, 미국으로부터 고노담화가 담고 있는 사죄의 신용을 떨어뜨리고, 담화에 상처를 입히는 것이라는 비판을 받았다.

원래 일본군 위안부 문제가 주목받는 하나의 계기를 만든 것은 요시다 세지吉田淸治의 증언이었다. 야마구치현 노무보국회 시모노세키지부 동원부장이었던 그는 저서와 강연에서 "제주도에서 200명의 젊은 조선인 여성을 '동원했다'"고 말했으며, 『아사히신문』이 이것을 1982년부터 기사화했다. 그러나 그 후의 조사·연구에 의해 요시다의 증언이 허위라는 것이 밝혀졌고, 『아사히신문』은 일본군 위안부에 관한 특집기사를 통해 과거의 보도가 잘못되었다는 것을 인정하고, 해당 기사를 취소했다. 일본의 보수·우파는 이것을 역으로 이용하여 "요시다 증언이 허위였다"고 하면서, 위안부 강제 연행은 존재하지 않았다고 주장하기에 이르렀다. 아베 총리는 총리 취임 직전인 2012년 11월 일본기자클럽이 주최한 당수토론회에서 "『아사히신문』의 오보에 의한 요시다 세지라는 사기꾼과 같은 남자가 만든 책이 마치 사실인 것처럼, 이것이 일본 전국에 전해짐으로써, 이 문제가 점점 커져갔다"고 말하고 있다.[30]

그리고 11월 4일에는 사쿠라이 요시코桜井よしこ 등이 참여하고 있는 '역사사실위원회'가 미국 뉴저지주 지방신문인 『스타레저The Star-Ledger』에 일본군 위안부 문제를 부정하는 의견 광고를 냈는데, 그것에 찬동한 국회의원 39명 중에 아베 신조도 포함되어 있다.[31] 그 후 아베 총리는 일본군 위안부 문제를 축소하기 위해 '요시다 증언'을 반복적으로 이용하

고 있다. 2014년 10월 3일에는 "요시다 증언 자체가 강제 연행의 커다란 근거가 되고 있었다는 것은 사실이 아닌가, 이렇게 생각하고 있습니다"[32]라고 발언하였으며, 10월 31일에는 "요시다 세지 문제도 그렇습니다. 그러한 것을 제대로 확인할 수 있는 조사를 했다면 막을 수 있던 것을, 막지 못함으로써 일본의 명예가 상처를 입었다고 하는, 이것은 커다란 문제가 아니겠습니까"[33]라고 발언하였고, 2018년 2월 13일에도 "요시다 세지의 증언에 이르러서는, 이것은 일본의 자부심에 정말로 상처를 입혔던 것입니다"[34]라고 주장했던 것이다.

'위안부 문제의 최종 합의'

2015년 12월 28일 한일 외무부장관에 의해 돌연 발표된 일본군 위안부 문제에 관한 한일 '합의'는 한일 양 정부의 타산에 의해 정해진 정치적 결착이었다. 배경에는 한일 양국을 안보체제로 묶어두려는 미국의 압력이 있었다고 한다. 한국에서 열린 '위안부 문제의 최종 합의' 공동기자회견에서 기시다 후미오岸田文雄 외무대신은 협의 결과를 발표할 때 가장 먼저 다음과 같이 말했다.

위안부 문제는 당시 군의 관여 하에서 다수 여성의 명예와 존엄에 심한 상처를 입힌 문제이며, 이러한 관점에서 일본 정부는 책임을 통감하고 있다. 아베 내각총리대신은 일본국 내각총리대신으로서 다시 한번 위안부로 수많은 고통을 경험하여 몸과 마음에 치유하기 어려운 상처를 입은 모든 분들에게 마음으로부터 사죄와 반성의 뜻을 표명한다.[35]

그러나 해가 바뀌자 일본 정부 관계자들이 피해자·피해국 사람들을 모욕하는, '합의'정신에 어긋나는 발언을 또 시작했다. 사쿠라다 요시타카桜田義孝 전 문부과학부대신은 1월 14일 "종군위안부 문제는 일본에서 매춘 금지법이 만들어지기 전까지는 매춘부라고 말은 하지만, 직업으로서의 창부, 비즈니스였다. 이것을 뭔가 희생자인 것 같은 선전공작에 너무 현혹되어 있다"는 취지의 발언을 자민당회의에서 했던 것이다.[36]

또한 아베 총리도 국회에서 "지금까지 정부가 발견한 자료에 군이나 관헌에 의한 강제 연행을 직접 지시하는 자료는 보이지 않았다는 입장에 어떠한 변경도 없다. 전쟁범죄에 해당하는 종류의 것을 인정한 것은 아니다"라고 답변하고 있다.[37] 그리고 한국이 설립한 '화해치유재단'이 일본군 위안부에 대한 아베 총리의 사죄 편지를 요청했지만, 아베 총리는 2016년 10월 3일 중의원예산위원회에서 편지를 보내는 것은 "털끝만큼도 생각하고 있지 않다"[38]고 답변했다.

이 한일합의는 우선 그 합의에 이르는 협의 과정에 피해자를 완전히 배제했다는 점에서 피해자를 소거消去하고 있으며, 또 문제의 사실 인식에 있어서 국가의 '관여'는 인정하고 있지만, 그것을 조직적으로 실행·추진한 가해 주체로서는 인정하고 있지 않다는 점에서 가해자를 소거하고 있다. 따라서 '합의했다'고 말하더라도 피해자 자신이 그것에 합의하고 있다고는 말할 수 없으며, '사죄했다'고 했더라도 결코 가해자의 책임 주체로서의 사죄가 행해졌다고 말할 수는 없는 것이다.[39]

3. 일본군 위안부에 관한 정치적 언설의 함의

한국과 일본 사이에 일본군 위안부만이 아니라 역사와 관련된 다양한 문제에 기인하는 갈등이 증가하고 있는 것은 탈냉전과 함께 1990년대 이후 한반도를 둘러싼 동북아시아의 국제환경이 급격한 변화에 직면했기 때문이다. 그리고 이러한 구조적 변화에 영향을 받으며 증가한 일본군 위안부에 관한 정치적 언설에는 일본군 위안부 문제만이 아니라 일본사회나 국가권력의 본질을 알 수 있는 힌트가 포함되어 있다.

동북아시아에 있어서의 구조적 변화와 역사 문제의 등장

냉전체제의 종결, 동북아시아 지역체제와 한일 양국의 국내체제 변화라는 새로운 환경은 한일 국교정상화 이후의 한일 관계를 규정해 온 기본적 틀, 즉 '65년 체제'를 변화시켰다. 즉 냉전의 종결은 '한미일 반공연대'라는 기존의 안보중심 가치관을 약화시키고, 한일 양국의 정치 변동과 정치가의 세대 교체는 한일 간에 형성되어 있던 기존의 공식·비공식의 대화 채널을 약화시켰던 것이다.[40] 그에 따라 일본군 위안부 문제 등과 같은 외교적 현안이 한일 양국 정부에 의해 컨트롤할 수 없는 혹은 해결할 수 없는 구조적 환경이 생겨났던 것이다.

또한 1980년대 중반 이후 한국에서 진행된 정치·사회적 민주화와 경제 성장에 의한 국제정치적 위상 상승은 90년대에 들어와 국제무대에서의 한국의 발언력과 영향력의 상승으로 이어졌다. 그리고 민주화와 경제 성장으로 대표되는 한국의 변화는 대일 관계에서도 '65년 체제'의 변혁을 요구하는 강경정책의 토대를 제공했다. 즉 한국의 지속적인 경제 발전에 따라 한일 간의 경제적 격차가 급속하게 줄어들고, 동시에 국제정치에 있어서의 한국의 존재감도 증대하면서 한일 관계가 수평적으로 변용하고, 한국이 역사 문제에 관해 일본에 자신의 주장을 하게 되었던 것이다.

나아가 일본의 국내 정치경제적 변화, 다시 말하면 '55년 체제'의 붕괴와 비자민연립정권의 등장, 장기적인 경제 침체 등은 일본에서 보수와 혁신의 갈등을 표면화시키는 데 그치지 않고, 역사 문제에 관한 한일 간 갈등을 심화시키는 요인으로도 작용했다. 호소카와 모리히로 정권과 무라야마 도미이치 정권은 일본 국민의 정서보다 전향적인 사죄·반성론을 표명했으며, 이에 대한 보수진영의 반발은 경제 침체와 한신대지진, 오옴진리교사건 등 연속된 재난에 의해 자신감을 상실하고 있던 일본 국민의 공감을 획득하면서 수정주의 역사관으로서 정착했던 것이다.[41] 이러한 일본 보수진영의 성장이나 수정주의 역사관은 일본의 강경한 대외정책 및 안보정책의 전개에 커다란 영향을 미쳤다고 볼 수 있을 것이다.

위와 같은 냉전의 붕괴나 한일 양국의 국내체제의 변동에 의해 촉발된 한일 관계의 변화는, 1990년대 이후 한일 간의 다양한 충돌 상황을 야기했다. 자민당이 사회당과의 연립을 통해 집권당으로 복귀한 직후인 1994~1995년 사이에 자민당 각료에 의한 망언 문제,[42] 일본군 위안부 문제 등 역사 문제와 관련한 쟁점이 한일 간의 외교 현안으로 부상했던 것이다. 그리고 고이즈미 정권 탄생 이후에도 역사교과서 문제 및 수상의 야스쿠니신사 참배 문제 등 일본인의 역사 인식과 관련된 문제가 외교적 갈등 요소로 등장하였고, 아직까지 한일 간 갈등 요소로써 뿌리 깊게 남아 있다. 이처럼 역사 인식과 관련된 문제가 전후부터 제기는 되었지만, 그것이 국민여론이나 매스미디어를 통해 한일 관계에 있어서 커다란 영향력을 갖게 된 것은 냉전 종언 후의 일이라는 말이다.

구조 변화라는 점에서 또 하나 말할 수 있는 것이 한일 관계의 '쌍방향화'이다. 한국에서 일본의 존재감 저하, 일본에서 한국의 존재감 상승에 따라 가치·정보의 흐름이라는 시각에서 본다면, 일본에서 한국으로 향하는 양量뿐만 아니라, 한국에서 일본으로 향하는 양도 비약적으로 증대하여, 점차 양국 간에 균형을 맞추게 되었다는 것이다. 이 '쌍방향화'는 한일 양국 간에 상호불신을 증폭시키는 요인으로 작용하기도 하였다. 즉 한국의 엄한 대일對日여론에 일본의 대한對韓여론이 종래 이상으로 자극을 받아 민감하게 반응하고, 이러한 일본의 대한여론 악화에 대해 한국의 대일여론이 더욱 민감하게 반응함으로써 관계 악화를 한일 쌍방에서 증폭시키는 역학이 작용하게 된 것이다.[43] 예를 들면, 일본군 위안부 문제에 관해 일본 내에서 일본군의 책임을 부인하고, 일본군 위안부나 지원단체의 요구는 말할 것도 없이 고노담화로 대표되는 일본 정부의 조치조차 비난하는 언설, 즉 '일본군무죄론'을 주장하는 목소리가 커지자,[44] 이러한 상황이 매스미디어나 SNS 등을 통해 한국에 전해져 한국의 대일여론을 악화시키고, 그러한 심각해진 대일여론에 일본의 대한여론이 또 민감하게 반응하여 양국의 관계 악화를 증폭시키는 역학이 작용하게 되었다는 것이다.

당파성으로 보는 일본군 위안부 문제에 관한 언설

상술한 일본군 위안부에 관한 정치적 언설의 흐름을 관찰하면, 거기에는 당파성이나 정치적 신념에서 오는 차이가 존재하고 있음도 확인할 수 있다. 당연한 것이지만, 자민당과 대항정당이었던 사회당, 일본신당, 민주당과의 사이에는 역사 인식의 차이가 보인다는 것이다. 즉 일본이 과거의 역사 문제에 대해 가장 적극적이고 전향적인 자세를 보인 것은 1993년 호소카와細川 내각과 1994년 무라야마村山 내각 시기이며,[45] 그다음이 2009년 하토야마鳩山 내각과 2010년 간菅 내각이었다고 한다. 이 내각의 공통점은 자민당정권이 아니었다는 것이다. 이러한 평가는 일본군 위안부에 관한 언설로도 확인할 수가 있다. 2007년 국회의원의 '질문주의서質問主意書'[46]에 대해 "군이나 관헌에 의한, 소위 말하는 강제 연행을 직접 나타내는 기술을 발견할 수 없었다"는 답변서를 각의 결정했던 아베 내각은 2014년 제2차 아베 내각에서 "고노담화는 수정하지 않는다"고 말하면서도 검증 작업을 진행했다. 이것은 고노담화를 "실질적으로 무효화하는"[47] 작업이었다고 말하지 않을 수 없다. 이에 대해 무라야마 전 총리는 2014년 5월 25일 행한 강연에서 "위안부 증언을 전부 믿을 것인가 아닌가는 별개로, (위안부 모집의 강제도) 있었던 것은 아닌가라고 상정할 수 있다. 그러한 사실이 없다든가 기록이 없다고 말하지만, 그런 것을 기록에 남겨둘 리가 없다. 자민당정권이 했던 것을 자민당정권이 다시 끄집어낸 끝에 '그런 사실은 없었다'고 말하며 문제시하고 있다. 할 필요가 없다는 것이 내 생각이다"고 말해, 고노담화의 검증 작업을 해서는 안 된다고 주장했던 것이다.[48]

이와 같이 일본군 위안부에 관한 언설에 있어서도 당파성이 보인다. 물론 일본 국회에서 처음으로 일본군 위안부에 대한 사죄 발언을 한 미야자와 기이치宮沢喜一[49]나 고노 요헤이河野洋平와 같은 정치가가 속해 있었다 하더라도, 자민당은 기본적으로는 보수 경향이 강한 정당이며, 아베 신조 총리가 장기 집권하는 과정에서 보수적인 색채가 더욱 강해지고 있음 또한 사실이다. 그 때문에 과거 역사에 대해 솔직하고 명확한 자세를 보였던 1995년의 '무라야마담화'나 2010년의 '간菅담화' 그리고 2010년의 조선왕실도서 반환 결정이 자민당 이외의 정권에서 이루어졌다는 것이 우연의 일치라고 말할 수는 없을 것이다.[50]

다만, 1955년에 탄생한 자민당정권은 1993년 8월부터의 2년 반과 2009년 9월부터의 3년 4개월을 제외하고, 약 60년이라는 긴 시간에 걸쳐 정권을 잡고 있지만, 자민당 내부에는 강경보수에서 온건중도에 이르기까지 다양한 이념을 가진 세력이 공존하고 있다는 것도 생각해 볼 필요가 있다. 즉 같은 자민당 의원이라 하더라도 역사 인식 문제에 대해 비교적 진보적인 혹은 리버럴한 생각을 가진 정치가가 없었던 것은 아니라는 것이다. 일본군 위안부 문제에 관해서는 말할 필요도 없이 1993년 미야자와 기이치 내각에서 '고노담화'를 발표했던 고노 요헤이가 그 대표적 예일 것이다. 고노 요헤이는 국가에 의한 강제 연행은 없었다고 생각하는 젊은 의원들과의 대화에서, '고노담화'가 위안부 모집을 할 때 강제 연행 등에 관헌의 직접적 관여가 있었다고 한 것은 다양한 요소, 예를 들면 관계 자료의 조사, 위안부 16명에 대한 인터뷰, 담당자들 간의 논의 등에 기초하여 역사적 사실이라고 종합적으로 판단했기 때문이라고 설명했던 것이다.[51]

"강제 연행에 관한 공적 자료는 없다"는 언설

일본군 위안부 문제에 관한 정치적 언설 중에서 아베 총리에 의해 가장 많이 발신되고 있는 것은 "공적 자료가 없기 때문에 강제 연행은 없었다"는 언설일 것이다. 그런데, 테사 모리스 스즈키Tessa Morris-Suzuki에 따르면, 1950년대, 1960년대, 1970년대에는 나중에 총리가 되는 나카소네 야스히로中曾根康弘를 포함한 구 일본군 장병들이 일본군 위안부와 관련된 회고록을 출판했다고 한다.[52] 나카소네 야스히로는 1978년에 출판된 책 속에서 23세에 3천 명의 총지휘관이었다고 말한 후, "나는 고심苦心해서 위안소를 만들어 주었다"고 증언하고 있다.[53] 유명한 보수파 정치가이며, 5년간 총리로서 재임했던 나카소네 야스히로조차 위안부와 일본군의 관계를 인정하고 있음에도 불구하고, 아베 총리는 "군이나 관헌에 의한 강제 연행을 직접 나타내는 자료는 발견하지 못했다"는 언설을 반복하고 있는 것이다.

"공적 자료가 없다"는 언설에는 다양한 문제가 포함되어 있다고 생각한다. 우선, 아베 총리처럼 일본군이 여성들을 군위안소에 징용했던 것을 부정하는 사람들이 자주 공적 문서와 구술 증언을 명확하게 구분하고 있다는 점을 들 수 있다. 즉 부정론자는 위안부의 강제 연행과 감금에 일본군이 관여하고 있었다는 것을 나타내는 공적 자료가 존재하지 않는다고 주장하는 경우가 많다. 그러나 거기에서 말하는 "공적 자료가 존재하지 않는다"고 하는 것은, 일본군 및 일본 정부에 의해 만들어진 공적인 서류가 존재하고 있지 않다는 것을 의미한다. 군위안부에 강제적으로 끌려갔다고 증언하는 수많은 여성들이 존재하고 있음에도 불구하고, 부정론자들은 여성들 증언의 신빙성이 낮으며, 역사적인 증거로서 채용할 수 없다는 표현을 사용한다. 여기에서 가장 중요한 점은 활자화된 기록도 구술 증언도 둘 다 사람에 의해 만들어졌다는 것이다. 테사 모리스

스즈키를 포함한 많은 역사가는 활자화된 사료도 구술 증언도 그 배경이나 상황을 고려하여 평가되어야만 한다고 말하고 있다.[54]

그리고 강제 연행을 나타내는 공적 자료가 이미 많이 발굴되어 있음에도 공론화되지 못하고 있다는 점도 문제라고 할 수 있다. 일본 정부의 각의결정이나 답변서에서 '문서가 없다'고 주장하고 있는 것은 기본적으로는 고노담화를 발표한 시점, 최대한 길게 잡더라도 아시아여성기금의 자료집에 실려 있는 자료까지를 말하는 것이며, 그 이후의 자료에 대해서는 언급하지 않는다. 그 후의 연구 성과, 조사 결과를 전혀 반영하려고 하지 않는다. 특히 최근 발견된 자료에는 일본 국립공문서관에서 발견한 것도 있다. 다시 말하면 일본 정부 자신이 가지고 있던 자료조차 충분하게 조사하지 않았다는 것이다. 발견된 자료의 내용을 보더라도 위안소가 군의 시설이었다는 것이 명확히 나타나 있으며, 군의 직접적인 관여를 보다 명확히 나타내는 문서도 나와 있다.[55] 또한 전쟁 중에 일본 정부나 일본군이 현지 일본군의 규율을 일탈한 범죄행위에 애를 먹어 현지에 위안소 설치를 지시한 문서나 그와 관련된 자료가 현재 일본 정부의 관계성청에 상당수 보관되어 있다고 한다. 특히 구舊 내무성 자료 등은 아직 비공개라고 한다. "공적 자료가 없다"고 말하는 아베 총리가 군이 실증주의에 철저하게 의거하겠다면 모든 자료의 개시, 조사가 선결되어야 할 것이다.[56] 또 하나, 기억해야만 하는 것은 잘 알려진 것처럼 패전에 처했을 때 일본 정부가 조직적으로 공문서를 파기·인멸했다는 사실이다. 그것을 알고 있기 때문에 국가가 관여한 증거가 없다는 언설이 가능했다는 말이다.[57]

마지막으로 일본군 위안부 문제의 정치적 언설과 관련하여 매스미디어 문제를 거론하고 싶다. 역사적 사실과는 무관계하게 제1차 아베 내각이 낸 답변서 중 "강제 연행을 직접 나타내는 기술은 발견할 수 없었다"는 한 구절은, 역사수정주의자들에 의해 "위안부의 강제 연행은 없었다"는 정부 견해가 발표되었다는 형태로 왜곡되었다. 그리고 더 나아가 "위안부는 강제된 것이 아니라 자유의지로 한 것이다", "공창公娼과 같다", "합법적인 것이었다." 나중에는 "일반적인 매춘과 같은 것이다"라고 곡해되어 갔다.[58] 이러한 언설은 매스미디어를 통해 지속적으로 확산되고 있다. 또한 전술한 바와 같이 일본군 위안부와 관련된 다양한 자료가 발견되고 있음에도 불구하고, 매스미디어는 아베 총리 등이 말하는 "공적 자료가 없다"는 언설을 비판은 하지만, "이러한 문서, 자료가 있지 않은가"라는 근거 제시를 하지는 않는다. 한국이나 중국이 화내고 있다는 수준의 보도밖에 하지 않는다. 따라서 일반인들에게는 정부가 "근거가 없다"고 말하고 있으니 그런가 보다라는 이미지만이 정착되어 가고 있다는 것이다.[59] 이러한 현상은 일본 미디어가 국가권력에 굴복했기 때문에 일어나는 것이라고 볼 수 있다. 원래 미디어의 역할이란 "공적인 자료가 없다"고 주장하는 정치권력에 대한 비판과 지속적인 감시라고 생각하기 때문이다.

이상과 같이 일본군 위안부와 관련된 "공적인 자료가 없다"는 반복적인 정치적 언설이 의도하고 있는 것은 국가권력에 굴복한 매스미디어를 통해 일본군 위안부 강제 연행에 일본 정부나 군이 관여했다는 사실을 믿지 않는, 국가권력을 비판하지 않는 '국민'을 형성하는 것이라고 말할 수 있을 것이다. 이러한 의도는 1997년도판 중학교 역사교과서를 출판한 일곱 곳의 출판사의 모든 역사교과서에 일본군 위안부가 기술되어 있었지만, 1999년에 네 곳의 출판사가 기술을 삭제했으며, 2006년도판 중학교 역사교과서 본문에서 일본군 위안부 관련 기술을 삭제함으로써, 일본군 위안부 강제 연행을 믿지 않는 국민이 아니라, 일본군 위안부 존재 자체를 모르는 국민을 형성하려는 시도의 연장선상에 있다고 보아야 할 것이다.

4. 일본군 위안부 문제 '해결'의 전망

2019년 1월 28일 밤, 한국의 일본군 위안부로 2015년 한일위안부합의에 반대하는 '상징적 존재'였던 김복동 할머니가 서울의 한 병원에서 사망했다. 그녀는 1992년에 실명으로 일본군 위안부였음을 밝히고 일본을 포함한 세계 각지에서 체험을 이야기하며 전시 여성에 대한 성폭력의 근절을 호소했다. 위안부 문제의 "최종적이고 불가역적인" 해결을 주장하는 한일 합의를 엄하게 비판하면서 '합의'에 기초하여 설립된 '화해치유재단'의 해산과 아베 총리의 직접적인 사죄를 요구하며 '1인 시위'를 전개했다. 그것은 한일 합의에 부정적인 의견이 다수를 점하는 한국여론의 형성에 적지 않은 영향을 미쳤다.[60] 그 후 김복동 할머니를 포함한 9명의 할머니가 사망하여 현재 생존자는 16명에 불과하다.

그러나 16명에 불과한 생존자가 살아있는 동안에 이 문제가 '해결'될 것이라는 전망이 그다지 밝은 것은 아니다. 일본군 위안부에 관한 정치적 언설을 검토하면서, 정치 리더에 의한 언설이 '해결'에 악영향을 미치고 있음을 다시 한번 느낄 수밖에 없었다. 정치 공간에 있어서의 '고노담화'에 대한 비판, 일본군 위안부 문제를 왜곡하는 "관헌이 집에 강제로 들어와 연행한다"는 의미의 "협의의 강제"는 없었다는 언설의 정착, 국가권력에 굴복하여 "공적 자료는 없다"고 하는 언설의 정착에 커다란 역할을 수행하고 있는 매스미디어 등을 고려하면, 일본군 위안부 문제의 '해결'은 상당히 어렵다고 생각하지 않을 수 없다. 또한 일본에서는 위안부 문제에 대해 발언하면, 매스미디어나 인터넷상에서 공격받는 상황이 방치되고 있다. 전후 일본국민 사이에 일반적으로 침략이라는 것에 대해서는 이해하고 있더라도, 그 내용에 대해서는 충분히 인식되어 오지 못했기 때문이다.[61] 더욱이 일본군 위안부 문제에 있어서 국가권력의 관여를 부정하는 일본인 정치가의 발언은 매스미디어나 SNS 등을 통해 한국에서의 대일여론을 악화시키고, 그러한 엄한 대일여론에 일본의 대한 여론이 다시 민감하게 반응하여, 양국의 관계 악화가 증폭되는 역학이 작용하게 되었다. 이러한 현재의 상황을 종합적으로 생각한다면, 일본군 위안부 문제 '해결'의 전망이 밝다고는 말할 수 없을 것이다.

또한 일본에 의한 한반도 식민지 지배가 한국인 위안부를 낳았다는 것은 다시 말할 필요도 없을 것이다. 따라서 식민지 문제라는 시점은 위안부 제도의 배경에 있던 일본에 의한 구조적 권력의 존재에 대해 언급하는 것을 가능하게 한다.[62] 즉 일본군 위안부 문제의 본질은 식민지 지배나 전쟁과의 관계에 있다는 말이다. 식민지 지배나 전쟁을 생략하고 일본군 위안부를 이야기할 수는 없다. 이 말은 그것이 자연적으로 국가권력과 연결되어 있다는 것을 의미한다. 다만, 일본군 위안부 문제에 관한 정치적 언설을 검토함으로써 1990년대 이후 아직까지도 일본군 위안부 문제가 '해결'되지 못하고 있는 것은 식민지 지배나 전쟁을 야기한 '과거'의 정치권력만이 아니라, '현재'의 국가권력에도 문제가 있기 때문이라는 것을 조금은 명백히 할 수 있었다고 생각한다. 전전戰前에는 국가권력의 무력에 의한 폭력이 문제였다면, 현재에는 정치적 지도자의 언설에 의한 '폭력'이 문제라는 것이다.

최근 일본군 위안부 문제나 강제징용 배상 판결을 둘러싼 양국 정부 및 정치지도자 간의 언설을 들으면 상대국에 대한 이해나 존중을 거의 고려하고 있지 않다는 느낌을 받는다. 양국 정치지도자에 의해 행해지는 상대국이나 국민을 자극하는 가벼운 언설은 외교적 결례만이 아니라 상호이해와 존중을 통한 신뢰 구축에도 장애가 된다. 정치지도자의 언설을 검토할 필요는 거기에도 있다. 한일 관계나 일본군 위안부 문제의 '해결'을 위해서도 현재의 국가권력에 의해 행해지는 정치적 언설에 관한 보다 정치精緻한 검토가 필요하다고 생각한다.

주석

* 이 글은 이상훈 「일본군 위안부 문제에 관한 정치적 언설의 영향」, 『일본연구』 82, 한국외대 일본연구소, 2019를 수정·보완한 것임.

1 신기영, 「글로벌 시각에서 본 일본군 '위안부' 문제-한일 관계의 양자적 틀을 넘어서」, 『일본비평』 15, 서울대 일본연구소, 2016.

2 손열, 「위안부 합의의 국제정치」, 『국제정치논총』 58-2, 한국국제정치학회, 2018, 155쪽..

3 '65년체제'란 한일기본조약이 체결되고 나서 변경되지 않고 유지되고 있는 양국 관계를 규정하는 법적·제도적 틀을 의미한다. 즉 하나는 미국을 정점으로 하는 수직적 계열화에 기초한 한미일 유사삼각동맹을 통해 러시아·중국·북한을 봉쇄·포위하는 체제이고, 다른 하나는 이 체제를 유지하고 그 안정성을 높이기 위해 역사 문제의 분출 등을 억압하며, 영토 문제를 봉합하는 체제를 말한다. 이원덕, 「한일 관계 '65년체제'의 기본적 성격 및 문제점」, 『국제지역연구』 9-4, 서울대 국제대학원 국제학연구소, 2000; 권혁태, 「역사와 안보는 분리 가능한가」, 『창작과 비평』 42-1, 2014 참조

4 『法律時報』, 1965.9.

5 「しんぶん赤旗」, 2013.8.7.

6 박근혜 정권이 추진한 '위안부합의'의 구체적 과정에 대해서는, 손열, 앞의 글, 145~177쪽 참조.

7 신기영, 「'ME TOO運動'과 日本軍慰安婦問題」, 한국외대 일본연구소 국제학술심포지엄 발표논문집, 2018.12, 33쪽.

8 박홍영, 「日本軍従軍慰安婦に関する日本国会会議録(1990~2016)の検討」, 『일본연구』 70, 한국외대 일본연구소, 2016, 49~50쪽.

9 木下直子, 『「慰安婦」問題の言説空間』, 勉誠出版, 2017, I~ii쪽.

10 2001년 1월 6일 중앙성청재편에 의해 厚生省(厚生省)과 통합하여 후생노동성(厚生労働省) 발족.

11 『朝日新聞』, 2014.8.6.

12 参議院予算委員会議事録, 1990.6.6.

13 熊谷奈緒子, 『慰安婦問題』, 筑摩書房, 2014, 14쪽.

14 植村隆, 「歴史修正主義と闘うジャーナリストの報告─朝日バッシングの背後にあるもの」, テッサ・モリス-スズキ他『「慰安婦」問題の境界を越えて』, 寿郎社, 2017, 81~82쪽.

15 山田朗, 『日本の戦争-歴史認識と戦争責任』, 新日本出版社, 2017, 184쪽.

16 参議院本会議議事録, 1993.9.24.

17 参議院予算委員会議議事録, 1994.6.17.

18 衆議院本会議議事録, 1994.7.18.

19 参議院本会議議事録, 1994.7.22.

20 木村幹, 『日韓歴史認識問題とは何か─歴史教科書・「慰安婦」・ポピュリズム』, ミネルヴァ書房, 2014, 211쪽.

21 参議院予算委員会議議事録, 1996.5.9.

22 衆議院本会議議事録, 1998.8.10.

23 大沼保昭・江川紹子, 『「歴史認識」とは何か』, 中央公論新社, 2015, iii쪽.

24 参議院本会議議事録, 2000.9.27.

25 参議院本会議議事録, 2001.10.3.

26 日本の前途と歴史教育を考える若手議員の会 編, 『歴史教科書への疑問－若手国会議員による歴史教科書問題の総括』, 展転社, 1997, 313쪽.

27 熊谷奈緒子, 앞의 책, 139쪽.

28 参議院予算委員会議事録, 2007.3.5. 다만, 참의원에서 '강제성'에 관한 발언을 한 1개월 후인 2007년 4월 27일, 아베 총리는 캠프 데이빗에서 열린 부시 대통령과의 공동기자회견에서 "위안부 문제에 대해 어제, 의회에서도 이야기했다. 자신은 고초를 겪은 위안부분들에게 인간으로서 또 총리로서 마음에서 동정함과 동시에 그러한 극히 힘든 상황에 놓여졌던 것에 대해 죄송하다는 마음이 크다. 20세기는 인권 침해가 많았던 세기였으며, 21세기가 인권 침해 없는 멋있는 세기가 될 수 있도록 일본으로서도 공헌하고 싶다는 생각을 하고 있다고 말했다. 또 이러한 이야기를 오늘 부시 대통령에게도 말했다"고 국내에서의 언설과는 다른 발언을 했다(http://warp.ndl.go.jp/info:ndljp/pid/11236451/www.kantei.go.jp/jp/abespeech/2007/04/27press.html). 이러한 언설은 위안부 문제라는 것은 어느 나라에나 있는 문제이며, 일본만이 비판받을 이유는 없다는 것을 주장하는 것이라고 생각한다. 아베 총리는 2015년 4월 28일 오바마대통령과의 미일정상회담 후의 회견에서도 유사한 언설은 하고 있다. "위안부 문제에 대해서는 인신매매에 희생되어 필설(筆舌)로는 다할 수 없는 고난을 당한 분들을 생각하면 대단히 마음이 아프다. 이 점은 역대 총리와 다르지 않다. 고노담화는 계승할 것이고, 수정할 생각은 없다. 20세기에는 한 번 전쟁이 일어나면, 여성의 명예와 존엄이 크게 상처를 받는 역사가 있었다. 21세기야말로 여성에 대한 인권 침해 없는 세기로 하지 않으면 안 된다." 『日本経済新聞』, 2015.4.29.

29 『朝日新聞』, 2007.8.1.

30 趙世暎, 『日韓外交史－対立と協力の50年』, 平凡社, 2015, 111쪽.

31 「慰安婦問題解決運動関連年表」, 中野敏男ほか 編, 『「慰安婦」問題と未来への責任』, 大月書店, 2017, 8쪽.

32 衆議院予算委員会, 2014.10.3.

33 衆議院地方創成に関する特別委員会, 2014.10.31.

34 衆議院予算委員会, 2018.2.13.

35 『産経新聞』, 2015.12.28.

36 『朝日新聞』, 2016.1.15.

37 『毎日新聞』, 2016.1.19.

38 衆議院予算委員会議事録, 2016.10.3.

39 中野敏男, 「日本軍『慰安婦』問題でなお問われていること」, 中野敏男ほか 編, 앞의 책, 3쪽.

40 이원덕, 「한일 관계 '65년체제'의 기본성격 및 문제점－북일 수교에의 함의」, 『국제지역연구』 9-4, 서울대 국제대학원 국제학연구소, 2000, 39~59쪽 참조.

41 송주명, 「탈냉전기 일본의 동아시아 정책과 한반도 정책」, 『일본연구논총』 14, 현대일본학회, 2001 참조.

42 패전 50년을 맞이한 1995년을 전후로 하여, 1994년에 나가노 시게토(永野茂門)법무대신, 사쿠라이 신(櫻井新) 환경청 장관, 하시모토 류타로(橋本竜太郎) 통산대신, 1995년에는 시마무라 요시노부(島村宣伸) 문부대신, 와타나베 미치오(渡辺美智雄) 외무대신, 에토 다카미(江藤隆美) 총무청장관의 망언이 잇달았다.

43 木宮正史・李元徳, 『日韓関係史 1965~2015 Ⅰ 政治』, 東京大学出版会, 2015, 3쪽 참조.

44 永井和, 「破綻しつつも, なお生き延びる『日本軍無実論』」, 中野敏男ほか 編, 앞의 책, 113쪽.

45 물론 말할 필요도 없이, 무라야마 내각은 자민당과 신당 사키가케와의 연립정권이다.

46 국회의원은 회기 중, 정부에 대해 문서로 국정 전반에 대해 질문할 수 있는 제도가 있으며, 이 문서를 '질문주의서'라고 한다. 정부는 '질문주의서'에 대해 문서로 대답할 의무가 있으며, 이 회답을 '답변서'라 부른다.

47 「沖縄タイムス」, 2014.6.21.

48 『産経新聞』, 2014.5.25.

49 1992년 1월 29일, 참의원 본회의에서 당시 미야자와 기이치 총리는 일본 국회에서는 처음으로 일본군 위안부에 대한 사죄발언을 했다. "소위 말하는 종군위안부 문제는 관계자가 체험한 고통을 생각하면 가슴이 막힐 것 같은 느낌이 듭니다. 방위청에서 발견된 자료 혹은 관계자의 증언 등을 보면, 이 사람들의 모집 혹은 위안소 경영 등에 대해 구일본군이 어떠한 형태로든 관여하고 있었다는 것은 부정할 수 없다고 생각합니다. 지난번 한국방문 때에 제가 말씀드린 것입니다만, 종군위안부로서 필설(筆舌)로는 다할 수 없는 온갖 고초를 다 겪으신 분들에게 충심으로 사죄와 반성의 마음을 다시 한번 표하고자 합니다."

50 趙世暎, 앞의 책, 131~132쪽.

51 熊谷奈緒子, 앞의 책, 138쪽.

52 テッサ・モーリス-スズキ, 「安倍政権と『慰安婦』問題ー『想い出させない』, 力に抗して」, 中野敏男ほか 編, 앞의 책, 195쪽.

53 中曾根康弘, 「二十三歳で三千人の総指揮官」, 松浦敬紀 編, 『終わりなき海軍ー若い世代に伝えたい残したい』, 文化放送開発センター出版部, 1978, 72쪽.

54 テッサ・モリス-スズキ 「アジア太平洋戦争における日本軍と連合国軍の『慰安婦』」, テッサ・モリス-スズキ他 『『慰安婦』問題の境界を越えて』, 寿郎社, 2017, 13~14쪽.

55 林博史, 『日本軍『慰安婦』問題の核心』, 花伝社, 2015, 84~85쪽.

56 熊谷奈緒子, 앞의 책, 153쪽.

57 吉見義明『従軍慰安婦』, 岩波書店, 1995, 3~4쪽. 또 요시미(吉見)는 자신이 방위청방위연구소도서관에서 일본군이 군위안소 설치를 지시한 공문서를 발견할 수 있었던 것은 인멸(湮滅)을 피할 수 있었기 때문이라고 한다. 왜 인멸되어야 할 자료가 남아 있었는가 하면, 패전 직전 공습을 피하기 위해 지하창고에 피난시켜 두었기 때문에, 연합국 군대가 도착할 때까지 시간적으로 소각할 수 없었던 자료들이 연합군 군대에 접수되어 미국에 넘어갔고, 후에 반환되어 방위청방위연구소도서관에 보관되어 있었기 때문이라고 한다. 위의 책, 5쪽.

58 山田朗, 앞의 책, 184~185쪽.

59 林博史, 앞의 책, 99쪽.

60 『朝日新聞』, 2019.1.29.

61 林博史, 앞의 책, 98쪽.

62 위의 책, 98쪽.

참고문헌

권혁태, 「역사와 안보는 분리 가능한가」, 『창작과 비평』 42-1, 2014.

박홍영, 「日本軍従軍慰安婦に関する日本国会会議録(1990~2016)の検討」, 『일본연구』 70, 한국외대 일본연구소, 2016.

손열, 「위안부 합의의 국제정치」, 『국제정치논총』 58-2, 한국국제정치학회, 2018.

송주명, 「탈냉전기 일본의 동아시아 정책과 한반도 정책」, 『일본연구논총』 14, 현대일본학회, 2001.

신기영, 「글로벌 시각에서 본 일본군 '위안부' 문제－한일 관계의 양자적 틀을 넘어서」, 『일본비평』 15, 서울대 일본연구소, 2016.

신기영, 「'ME TOO運動'과 日本軍慰安婦問題」, 한국외대 일본연구소 국제학술심포지엄 발표논문집, 2018.12

이원덕, 「한일 관계 '65년체제'의 기본성격 및 문제점－북일 수교에의 함의」, 『국제지역연구』 9-4, 서울대 국제대학원 국제학연구소, 2000.

大沼保昭・江川紹子, 『「歴史認識」とは何か』, 中央公論新社, 2015.

木下直子, 『「慰安婦」問題の言説空間』, 勉誠出版, 2017.

木宮正史・李元徳, 『日韓関係史 1965~2015 I政治』, 東京大学出版会, 2015.

木村幹, 『日韓歴史認識問題とは何か－歴史教科書・「慰安婦」・ポピュリズム－』, ミネルヴァ書房, 2014.

熊谷奈緒子, 『慰安婦問題』, 筑摩書房, 2014.

趙世暎, 『日韓外交史－対立と協力の50年』, 平凡社, 2015.

テッサ・モリス-スズキ他, 『「慰安婦」問題の境界を越えて』, 寿郎社, 2017.

中曾根康弘, 「二十三歳で三千人の総指揮官」, 松浦敬紀 編著 『終わりなき海軍－若い世代に伝えたい残したい』, 文化放送開発センター出版部, 1978.

中野敏男 ほか 編, 『「慰安婦」問題と未来への責任』, 大月書店, 2017.

日本の前途と歴史教育を考える若手議員の会 編, 『歴史教科書への疑問－若手国会議員による歴史教科書問題の総括』, 展転社, 1997.

林博史, 『日本軍「慰安婦」問題の核心』, 花伝社, 2015.

山田朗, 『日本の戦争－歴史認識と戦争責任』, 新日本出版社, 2017.

吉見義明, 『従軍慰安婦』, 岩波書店, 1995.

『Newsweek日本版』, 2018.11.30.

『法律時報』 65年9月号

『朝日新聞』, 2007.8.1.

『朝日新聞』, 2014.8.6.

『朝日新聞』, 2016.1.15.

『朝日新聞』, 2018.11.22.

『朝日新聞』, 2019.1.29.

『沖縄タイムス』, 2014.6.21.

『産経新聞』, 2014.5.25.

『産経新聞』, 2015.12.28.

『しんぶん赤旗』, 2013.8.7.

『日本経済新聞』, 2015.4.29.

『毎日新聞』, 2016.1.19.

제6장
일본의 위안부 문제에 대한 중국 정부의 입장과 연구 동향

이철원

1. 문제의 시작

아시아태평양전쟁 시기 중국 대륙과 한반도는 제국 일본이 군국주의
의 원칙에 따라 침략과 증식의 대상 지역이었다. 그리고 동시에 인적,
물적 수탈의 희생 지역이기도 했다. 전쟁에 동원되었던 인적 자원 가운
데 구체적인 사실로서 공적 기록·기억으로 남아 있는 것이 바로 이 글
에서 다루고자 하는 위안부 제도이다. 이 제도는 인권을 무시하고 유린
하였을 뿐 아니라 인간의 기본 윤리마저 방기放棄했던 야만스러운 세력
들이 자기만족을 위해 저지른 악행이었다. 필자는 일본의 역사·문화
적 토양, 그리고 일본인의 성에 대해 논할 만큼의 충분한 지식을 갖고
있지 않기 때문에 이에 대한 심도 있는 논의를 전개할 능력이 없다. 따
라서 이 글에서는 역사적 사실에 대한 객관적 자료에 입각하여 아직 해
결되지 않는 문제를 제기하고 이에 대한 해결의 가능성을 제시하고자

한다. 거기에 더해 1949년에 건국된 중화인민공화국(이하 중국)과 그 사회 구성원들이 지닌 위안부에 대한 인식을 한국인의 관점이 아닌 중국의 관점에서 접근해 보고자 한다.

오늘날 중국인들에게 근대라는 시기는 매우 민감할 수밖에 없는 역사의 시간이자 굴욕의 시대이기도 하다. 보통 1840년 아편전쟁서부터 시작한다는 중국근대사에 대해서 자국의 역사 시간을 다양한 시각과 인식의 척도로 구분한다. 특히 근대사에서의 4대선색四大線索(태평천국太平天國, 의화단義和團, 신해혁명辛亥革命, 오사운동五四運動) 등 자신들의 의지로 외세에 저항하거나 내부적 혁명 역량의 발산 계기가 근대사의 동력이었음을 강조하기도 한다. 또한 3대 선색(양무운동洋務運動, 무술유신戊戌維新, 청말신정淸末新政)과 같이 현재의 계급적 관점에서 자본가 계급의 개혁 노력에 대한 역사적 평가를 달리하는 모습을 보이기도 한다. 이는 근대사에 대한 자신들의 열패감과 어려웠던 시기에 대한 반성이자 이를 극복하기 위해 철저한 내적 반성에 기반을 둔 자기비판이기도 하다.

이러한 역사적 배경을 지닌 시기에 발생한 위안부 문제에 대해서 중국의 시각과 인식의 척도에는 중국 정부의 공식 입장이나 사회적 연구의 방향성에 있어서 그 어떤 일관성을 보여주고 있다. 여기에서는 위안부에 대한 중국의 역사적 인식의 근원이 되는 이론적 배경과 더불어 중국 정부의 공식 입장인 외교부 대변인의 발언을 원문 그대로 분석해 보고자 한다. 또한 이를 바탕으로 중국사회에서 진행되고 있는 이 문제에 대한 접근방식과 연구 내용을 부분적으로 분석하고자 한다. 이런 과정을 통해 중국의 위안부 문제에 대한 기본 인식의 흐름과 반응을 이해할 수 있으리라 생각한다.

2. 위안부 제도의 근원에 대한 중국의 인식

중국에서의 위안부 제도의 발단과 확장

중국은 일본의 위안부 제도의 역사적 근원을 1872년 10월 2일 메이지 정부가 공포한 '해방예기창기령解放艺妓娼妓令'에 의한 여성에 대한 인신매매의 금지와 이를 해결하기 위한 공창 제도의 구축에 있다고 보고 있다.[1] 1894년 청일전쟁과 1905년 러일전쟁을 치르면서 일본 군대의 풍기문란의 시정, 성병의 만연을 억제한다는 주된 목적으로 도입된 공창 제도가 위안부 제도로 이어졌다. 여기서 말하는 일본 군대를 대상으로 하는 풍기문란의 시정, 성병 만연 억지 시책은 말하자면 장병의 성욕 관리를 목적으로 한 것으로, 이를 병력 통제행위라 정의한다.

일본이 근대에 벌였던 다수의 대외침략전쟁은 그 규모와 성격이 각각 다르기에 전장에서의 병력 통제[2]에 따라 변화한다. 그 가운데서도 특히 구분되는 전환점이 있다. 그 서막은 바로 일본의 시베리아 출병이다. 일본군의 병력 통제 양상은 시베리아 출병 이전과 이후로 크게 구분할 수 있다. 시베리아 출병 이전의 전쟁(청일전쟁, 의화단사건, 러일전쟁)은 대개 2년 이내에 종결되어 군대의 주둔 기간이 길지 않았다. 그래서 병력 통제의 문제도 심각하지 않았다. 그러나 일본의 남부 시베리아 출병을 계기로 상황이 크게 변화한다. 1918년 8월부터 1925년 5월에 철군할 때까지의 7년 동안 7만 3천 명의 군인이 남부 시베리아에 주둔을 하였다. 그 때문에 통제, 특히 병사들의 성적 욕구의 해결에는 상당한 어려움이 있었다고 여겨진다. 이를 위해 군부대 주변의 유곽 지대와 위안부의 절대수요가 기록적으로 확대되었다고 보고 있다. 여기에다 1931년

11월 일본 해군의 상해 점령 후에는 군대와 음식점, 기루妓樓의 확산이 진행되면서 다양한 형태의 일본 군인을 위한 다양한 형태의 시설들이 정착하였던 것이다. 당시 상해에 설립되어 운영되었던 대표적인 음식점과 기루로서는 대일사룡大一沙龙, 소송정小松亭, 영락관永乐館, 삼호관三好館가 4대 명소로서 성업을 하면서 이 시기부터 공식적으로 '위안부慰安婦' 제도가 동아시아 지역에 본격적으로 확대되었다고 파악하고 있다. 이후 중국은 일본의 침략 대상에서 점령지가 되었다. 이에 따라 일본군을 위한 위안부 시설은 더욱 확산되게 되었으며 1932년에는 1·28사변을 계기로 상해에서도 확대일로를 걷게 되었다.[3] 같은 해 4월 제1차 위안부가 상해에 도착하였고 일본 해군도 위안부를 모집하였는데 이는 일본 육군보다 빠른 시기였으며 1934년 단계에 이미 20여 곳의 위안소를 운영하고 있었다고 보고하고 있다.[4] 이후 이와 유사한 위안소가 중국 동북지방에도 같은 방식으로 전개되었으며 1937년 7월 7일의 중일전면전쟁(7·7사변) 발발과 일본의 남경점령(같은 해 12월 13일)으로 이런 추세는 더욱 확대되어 갔다고 분석하고 있다. 이는 일본 정부와 군부의 영향력이 더욱 커진 아시아태평양전쟁 기간 동안 아시아 지역으로 확대되어 갔다. 특히 1945년까지 중국대륙에 설치된 위안소의 수는 대략 400개 소 이상은 있었으리라고 파악하고 있다.[5] 위안부가 존재하던 장소의 확장은 중국의 근대사에서 발생한 다양한 굴욕적인 사건과 연동하는 형태로 이루어졌다는 점이 주목된다. 특히 일본 군국주의 확장의 주요 대상이 중국이었다는 점에서 더욱 의미를 지니는데 이는 양무운동과 메이지유신의 시작이 거의 비슷한 시기였음을 생각해 볼 때 매우 치욕적인 결과였다.[6]

문제의 확산과 원인에 대한 인식

일본 군대가 각지에 동원되고 배치됨에 따라 그 주둔지 주변에 유곽 지대가 만들어지는 것은 어떤 의미에서는 인간이기보다 동물적 반응의 결과라고 할 수 있다. 당시 일본 군대의 구조와 성격상 이들 장병에게 제대로 된 오락과 휴식이 제공되었으리라고는 보기 어렵다. 따라서 공창 제도와 일본 군대 제도는 본래 밀접 불가분성을 갖고 있었다고 할 수 있다. 다시 말해 일본 군국주의의 제도적 표현으로서의 일본 군대가 점령지와 식민지로 동원되면서 이 두 제도는 자연스럽게 결합하게 되었다고 봐도 무방할 것이다. 대규모 전쟁에 동원된 젊은 장병들에게 발생할 가능성이 높은 성병을 사전에 방지한다는 목적하에 설립된 공창 제도는 군대와 매우 강하게 결부될 수밖에 없었고 그것이 위안부 제도 형성의 배경이었다고 지적할 수 있다. 위안부 제도의 설립과 확대는 군국주의 국가 일본이 능동적이고도 적극적으로 도입한 정책의 결과였다. 그것을 가능케 했던 방식이 일본 국내의 공창 제도였던 것이다.

이에 대한 중국인들의 인식도 "공창 제도는 국가가 주도한 제약 없는 성폭력이었고 위안부 제도의 역사적 배경일 뿐 아니라 그 자생적 토양에서 탄생한 본질적 연속성을 지닌 제도"라는 시각을 옹호한다. 더욱이 일본이 국가 정책적으로 설립한 공창 제도에 내재되어 있는 강제성, 집단적 성병 관리 모델이 일본 군대의 통제방식 및 운용방식과 매우 일치하는 특징이 있었다고 보고 있다. "일본의 공창 제도는 병력 통제와 성병 관리라는 기축을 통하여 매춘을 국가가 경영·관리했다는 점에서 근대국가 건설 특히 강력한 군대 건설의 이익과 서로 결합하여 탄생한 제도였다"고 지적한다. 따라서 이 시기 공창 제도는 국가동원체제의 완

성이자 일본의 근대국가 형성에서 군국주의 정책의 대표적 모델이었다고 보는 분석은 의미가 있다.[7]

이는 매춘사업을 경제적 수단으로 보는 관점에서 발전하여 국가가 전면적 관리 대상으로 제정함으로써 국가 독점의 상품으로 여성을 관리함과 동시에 강제 검사의 특권까지 지닌 것으로 이후 일본이 병영국가로 진행되는 기반이 되었다고 본다. 더욱이 인간의 생리적 본능은 통제 불가능하다는 전제의 정책이었다는 점에서 병영을 관리함에 있어 군부 고위층은 위안부 제도가 불가결하다고 인식할 수밖에 없었다고 분석한다.[8]

여기에다 원래 경제적 감각이 뛰어난 민족적 특징을 바탕으로 하는 당시 일본인들의 자본주의 정신과 지방정부도 이를 적극 수용하려고 노력하였다는 점 또한 주목할 만하다. 물론 일부 지방에서는 이를 반대하는 청원이 제기된 경우도 있었으나 일본근대 공창 제도가 설립되고 확장되었다는 의미는 가부장적 봉건 제도의 잔재라고 파악할 수도 있다. 일본의 군대는 천황을 중심으로 정신적 일체화를 강조하는 특수 집단이었으며 이는 근대의 합리주의적 사고로는 도저히 이해가 불가능하다 점에 특징이 있다. 천황을 정점으로 하는 절대복종의 군대식 사고확장이 병영에 격리된 사병과 유곽에 감금된 창기 사이에 하층 계급이라는 계급적 유사성과 자유를 박탈당했다고 하는 공통점이 있었다고 하는 분석도 흥미롭다.[9]

3. 중국의 공식 입장 표명과 전환의 계기

중국의 위안부 문제에 대한 외교적 결정과 대응

위안부 문제에 대한 중국 정부와 중국 사회의 공식적 대응은 외교적 문제라는 점에 있어서 오랫동안 이슈가 되지 않았다. 그 이유는 1949년에 건국된 중화인민공화국은 사회주의체제의 강화와 내부적 단결을 도모하는 차원에서 이 문제가 국가적 내지는 사회적 관심의 대상이 되지 못했기 때문이다. 1945년 일본 군국주의의 패망 과정에서 전승국의 입장이었던 중화민국의 장개석蔣介石 정부의 미온적 태도에도 문제가 없었던 것은 아니지만 이후 내전을 통해 대륙을 장악한 공산당 정권도 이 문제에 대한 정치·사회적 관심이 부족했던 것도 사실이다. 게다가 1972년 일본과 국교정상화 이전까지 중국은 국제적으로 고립된 외교노선과 이데올로기적 한계를 극복하지 못하고 있었다. 여기에 문화대혁명 기간 동안 내부적으로 많은 문제를 노출하면서 위안부라는 전쟁 희생자들이 도리어 박해받거나 멸시의 대상이 되는 장면도 노정하였다. 그러나 이런 과정 속에서 중국이 일본과 공식적 외교 관계를 설립한 것도 문화대혁명 기간이었다는 점은 특기할 만하다. 1972년 중화인민공화국이 타이완을 대신하여 UN의 안보리 상임이사국이 되면서부터 중국은 외교적 고립에서 벗어나기 위해 일본과 접촉을 하게 된다. 이후 1972년 9월 29일 북경에서 국무원총리이던 주은래周恩來, 외교부장 희붕비姬鵬飛와 일본 수상 다나카田中角榮, 외무대신 오히라大平正芳 간의 중일연합성명中日聯合聲明[10]에 조인하면서 중일 간에 공식적 외교 관계가 설립되었다. 전체 9개 조항으로 이루어진 이 공동성명안의 제5조에는 "중화인민공화국정부 일본의 양국 국민의 우호 관계를 위하여 일본에 대하여 전쟁배상을 요구하지 않을 것임을 선언한다"고 명시하였다.[11] 그리고 이 조항은 중국 정부가 공식적으로 외교적 채널이나 정부 차원에서 전쟁 피해에 대한 배상을 포기함을 선언한 중요한 증거가 되었다. 중국 정부 스스로 일본 정부에 대해서 공식적으로 위안부 문제에 대한 어떤 요구도 배제함을 선언한 것이다. 이로 인하여 중국은 매우 오랫동안 이 문제를 거론조차 하지 않았다. 이후 중국공산당의 지도부 내부에서도 이 문제에 대한 다양한 시각이 존재하였으나 중국의 외교적 관습과 자신들이 중시하는 증거와 선언 그리고 문건에 입각한 외교정책이라는 원칙을 어길 수는 없었다.[12] 그러나 이후 중국의 경제 성장과 국력 신장을 배경으로 이전의 외교정책의 원칙으로부터 벗어나려는 움직임이 보이는데 그것은 일본과의 정부 차원에서의 외교적 발언이 아닌 개인 차원의 의사 피력으로 나타나게 된다. 예를 들면 1992년 주일중국대사 양신이楊振亞는 "위안부는 당시 일본 군국주의자들이 아시아에서 범한 범죄행위 가운데 하나로 중국의 부녀자 가운데에도 피해자가 있다는 보도를 접했다. 우리는 명확한 진상조사가 진행되기를 바라며 이 문제에 대해 주시할 것이다"라고 이 문제에 대한 개인적 의견을 제기하였다.

같은 해 3월 23일 중화인민공화국 외교부장 전기침錢其琛은 중국의 민간인 피해자에 대한 배상 문제를 최초로 제기하였다. 그는 "위안부 문제는 일본의 중국침략전쟁이 조성한 복잡한 문제로 일본은 이에 상응하는 적절한 처리를 해야 한다"고 주장하였다. 같은 해 4월 1일 중공중앙주석 강택민江澤民도 당시 일본 방문 전날 조어대釣魚臺에서 일본 기자의 배상 문제에 대한 질문에 대해 다음과 같이 대답했다. "국가적 차원에서 전쟁

배상 문제에 대한 포기는 확실하다. 그러나 민간의 손해배상 요구는 제한이 없다. 그 전쟁이 남긴 문제에 대해서는 반드시 실사구시實事求是 원칙에 입각하여 엄숙하게 협상을 통하여 처리해야 한다"고 입장을 표명하면서 국가적 차원이 아닌 민간 차원의 배상에 대한 처리방법이라는 이중적 잣대를 제시하였다. 이후 7월 4일 중국외교부는 일본주재 중국대사관의 조사 결과에 따른 중국외교부의 입장을 발표하였는데, 이 문제에 대해서 중국은 일본이 "한국과 중국을 동등하게 대우하기를 바란다"는 입장을 표명하였다.[13] 이것은 47년간 침묵하던 중국의 위안부 문제에 대한 공식적 입장이 전달되었다는 것에 큰 의미가 있다.

이후 중국 정부와 중국학계의 일본군 위안부에 대한 공식적이며 사전적 인식은 다음과 같이 정의한다.

위안부 문제는 제2차 세계대전 시기 일본 정부와 군부가 아시아에 대한 침략전쟁을 자행하는 과정에서 사병과 장교로 구성된 무장군인 집단들의 생리적 문제를 해결하기 위해 조치하고 실시한 성 노예 제도이다. 특히 한국과 중국의 역사학자들은 이 제도가 기만과 강박을 통하여 추진된 정책이며 위안부의 대부분은 중국, 한반도, 타이완, 오키나와 출신이었으며 이들은 위안부이고, 일본 본토 출신은 정신대라고 불렸다. 1996년 UN에서 이 문제가 제기되면서 일본의 이런 과거의 정책은 성 노예 제도이었음을 확인하였다.[14]

여기에다 중국 정부의 공식 대변인 기관이자 미디어 관리 기관인 국무원 신문판공실國務院新聞辦公室이 위안부에 대한 기록과 자신들의 입장을 대변한 프로그램을 제작하여 2015년 8월 13일 TV프로그램을 방송하였는데 바로 〈중국中國 '위안부慰安婦' 현상보고現狀調査報告〉이다.[15] 이 내용은 현재 중국 정부와 사회 각 단체의 위안부 문제에 대한 입장을 포괄적으로 담고 있다. 전쟁 이후 제기된 희생자들의 증언을 중심으로 이 제도는 일본이라는 국가가 주도한 성폭력이며 그 역사적 배경과 태생적 토양에서 이미 연속성이 있음을 인정할 수 있음을 주장했다.[16]

중국 외교부 대변인의 발언을 통한 위안부 문제의 중국의 입장 변화

2013년 5월 14일 한국에서는 일본군 위안부 문제가 커다란 사회 문제가 되고 일본 정부에 대한 분노가 점점 들끓고 있는 상황 속에서 이 문제에 대해 소극적인 자세를 보이고 있던 중국도 분노의 표적이 될 가능성이 있었다. 당연히 이와 같은 중국의 움직임에 대해서 그 공식적인 견해를 요구하였고 중국의 외교부 대변인 홍뢰洪磊는 이 문제에 대해서 답변을 요구받았다. 이는 하루 전인 5월 13일 일본 유신회維新會 대표이던 하시모토 도루橋下徹가 "위안부 제도는 당시 군기를 유지하기 위한 필수적인 조치로 일본 정부와 군부가 이를 추진했던 어떤 증거도 없다"라는 발언에 대한 기자회견에서의 공식 질문이기도 했다.[17] 그 이듬해 실제로 홍뢰 대변인은 2014년 1월 17일 기자회견에서 "위안부 강제 연행은 일본 군국주의가 제2차 대전기간 저지른 엄중한 범죄행위이다. 한국을 포함한 아시아의 피해국과 함께 역사를 올바르게 인식하고 깊이 반성하도록 일본 측에 촉구한다"[18]고 하였다. 이후 2014년 10월 22일 일본의 관방장관이던 스가 요시히데菅義偉가 '고노담화河野談話'에서의 위안부 문제를 부인하자 외교부 대변인 화춘영華春瑩은 "위안부는 일본 군국주의가 제2차 대전기간 아시아 국가의 국민에게 범한 엄중한 반인도주의적 범죄행위로 부인할 수 없는 확실한 증거가 있다. 중국은 일본의 관련 언론에 이를 엄중히 경고하며 이를 부인하려는 행위는 역사적 범죄와 사실을 부인함으로 간주하여 반대한다. 일본의 이런 역사적 사실을 왜곡하는 추세는 인류의 지탄 대상이다. 우리는 일본 측이 정확하고 심각한 침략 역사에 대한 틀림없는 수정과 심각한 반성을 촉구한다"고 하였다.[19]

여기에다 2015년 12월 한일 외교장관이 도쿄에서 위안부 문제에 대한 상호합의를 이룬 결과에 대한 질문에 대한 당시 외교부 대변인 육강陸慷은 중국 정부의 공식 입장을 다음과 같이 발표하였다. 즉 "중국 정부는 관련 보도를 주시하고 있으며 위안부 문제는 일본이 제2차 대전 기간 아시아 국가들의 박해국민에게 가한 엄중한 반인도적 범죄행위라는 것이 중국 측의 일관된 입장이다. 일본이 침략역사를 반성하고 책임지는 태도로 관련 문제를 처리해야 한다"[20]고 하였다. 또한 2017년 4월 20일 외교부 대변인 육강은 일본 국립공문서관리소에서 발견된 위안부 문제 자료에 대해 일본 고위관료가 이 사실을 부인한 것에 대한 질문을 받았을 때 다음과 같이 대응하였다.

중국은 이 보도에 대해 주시하고 있으며 위안부는 일본 군국주의가 제2차 대전기간 범한 엄중한 범죄행위로 철저한 증거가 산과 같고 가볍게 처리할 수 없는 문제이다. 일본 정부는 여전히 이 문제에 대해 부인하는 실수를 범하고 있지만 이는 일본의 역사 문제에 대한 잘못을 지속적으로 되풀이하고 있다고 본다.[21]

이후 2018년 11월 21일 외교부 대변인 경쌍耿爽은 "한국 정부가 이전

정부에서 설립한 한일위안부 문제협의회의 설립기금을 해산한다는 결정이 있었다. 이로 인해 국제 관계와 한일 관계의 악화가 예상될 것이라는 전망에 대한 중국의 입장은 무엇인가?"라는 질문에 대해 다음과 같이 발언하였다. "중국은 위안부 문제에 대해 일관적이고 명확한 입장이다. 일본이 아시아 인접 국가와 국제사회와의 관계에서 책임 있는 태도로 관련 문제를 처리해야 하며, 일본과 한국은 동북아에서 중요한 국가로 양측의 우호 관계가 유지되기를 희망한다"[22]고 하면서 중간자적 입장을 표명하였다. 이런 태도는 결국 양국 간의 문제는 서로 알아서 처리하라는 외교적 수사이며 이는 중국의 일관된 원칙이기도 하다.

4. 사회단체 및 학계의 위안부 문제에 대한 연구와 입장

중국의 경우 사회단체가 형식상으로는 존재하지만 대부분이 관변단체이거나 중국공산당의 지원을 받는 어용단체이기에 중국 정부의 공식 입장을 벗어나는 주장을 하기 어렵다. 따라서 그들의 논리나 주장은 정부의 공식 입장을 반복하거나 같은 입장을 지지하고 있어서 사회단체의 의견을 파악하는 것은 그다지 의미가 없다. 그럼에도 불구하고 중국 학계에서는 어느 정도 이 문제에 대한 연구가 지속되고 있다. 대표적으로 상해사범대학의 소지량苏智良 교수가 많은 연구 업적을 축적하였으며 그 결과 동 대학에 기념관을 설립하고 한국과 일본과의 교류를 활발히 추진하고 있다.[23] 그러나 그를 비롯한 대부분의 학자들이나 사회단체의 위안부 문제에 대한 접근이나 연구 방향의 관심은 주로 1차 사료 발굴과 중국을 비롯한 한국과 일본, 그리고 타이완의 연구자들과의 교류로 편향된 점에서 한계가 있다. 즉 이들의 연구는 위안부 제도로 인해 파생된 결과에만 중점을 두고 있다는 것이다. 따라서 연구 내용도 위안부에 대한 1차 사료와 현존하는 희생자들의 구술과 현상을 파악하는 점에 중점을 두고 있다. 따라서 위안부의 발생에 대한 역사 자료에 근거하여 위안부 제도의 실시 원인, 일본 정부의 책임과 국제법의 배상 문제를 다룬 내용은 한정적이다. 시기적 제한과 내용의 단편화를 초래한 결과 위안부 제도의 죄악의 본질을 전면적으로 분석하지 못한다.[24]

앞에서도 지적한 바와 같이 중국 역사학계의 근대사 연구는 시기적으로 자신들이 정해 놓은 역사발전단계론(과학적 역사발전단계=맑시즘)에 입각한 전제를 중시하며 진행되어 왔다. 특히 근대사 연구 가운데 위안부 문제와 같이 심각한 의미를 지닌 문제는 더욱 그러하다. 최근 이러한 흐름에 편승하여 소장학자들의 위안부 문제에 대한 접근이 이루어지고 있는데 화동이공대학華東理工大學의 주억천朱憶天이 그 대표 주자라 할 수 있다. 그는 위안부 문제를 1870년대부터 1920년대 조직된 '남양조南洋姐'라는 성매매단에서 시작되었다고 주장한다. 이러한 경험을 통하여 일본은 여성을 제국주의의 확장 과정에서 경제적 상품이자 일본 자본의 원시적 축적 상품으로 간주하며 대략 10만여 명의 일본 여성이 이에 종사하고 있었다고 한다. 그리고 이러한 제도적 축적을 통하여 동아시아 여성 위안부의 시스템과 제도가 형성될 수 있었다고 본다.[25] 그는 위안부 제도의 형성 과정과 일본의 근대국가 설립 과정에서 사회 관리의 모델 확립 그리고 공창 제도의 식민지 이식, 일본 군대와 공창 제도의 연계 및 관계에 대한 연구가 진행되어야 한다고 주장한다.[26]

5. 중국의 공식입장에 대한 전망

일본군 위안부 제도는 일본군국주의 주도의 전쟁범죄로써 민족 차별, 여성인권이 무시된 사실 그 자체가 본질이다. 이 제도의 형성은 하루아침에 이루어진 것이 아니며 다양한 역사적 요소, 정치·문화적 요인이 발효된 산물이자 사상적 근원에서 보면 오랜 시간 변화되고 발전한 과정을 거친 결과물이다. 일본근대 공창 제도의 확립은 국가가 성^性에 대한 독점적 특권을 가짐으로써 관리의 편리함과 경제적 효율성을 확보하였다. 이를 바탕으로 군 병력의 통제 문제와 성병 관리라는 국가 매춘체계의 기초하에 형성된 조작적 모델이다. 대규모 전쟁 수행 과정에서 형성된 다양한 물적 자원의 전시 동원 체제하에서 정치·경제적 정보와 권력의 우월성을 확보한 국가권력과 군사 권력이 만들어낸 잔혹한 전쟁수단이었다. 이는 한마디로 성 노예 제도로 일본 군국주의의 잔혹성이 그대로 표현된 결과라고 할 수 있다. 당시 일본이 도발했던 대외전쟁의 과정에서 일본 군대의 병력 통제가 문제시되면서 군부는 이 문제에 더욱 깊게 관여하였다. 이후 민간 주도에서 관민연합 내지 군부 주도의 변화 과정을 거쳐 일본의 전시위안부 제도가 확립되면서 상당한 관리 경험과 운영방식의 모델이 축적되었다고 보아야 한다.

중국에서도 위안부 문제에 대한 사회적 관심과 이에 대한 다양한 문화적 산물들(영화, 소설, 연극 등)이 생산되고 있으며 현재도 진행 중에 있지만 우리와는 조금 다른 모습을 보인다. 그 이유에 대해서는 다양한 해석이 가능하다. 우선 중국의 대일외교의 시작에서부터 스텝이 꼬였다는 점이다.

애초 1972년 중일교섭에서부터 타이완과의 관계 설정에 발목이 잡혀 일본의 동의를 얻기 위한 공동성명 5조의 전후배상에 대한 양보가 중국의 외교적 지평에 발목을 잡았다는 지적이 설득력을 지닌다. 또 하나는 일본이라는 강대국과의 외교에서 정면충돌의 이슈를 회피한다는 도광양회韜光養晦적 외교정책의 선택이라는 점이다. 마지막으로 이 문제의 최대 피해 당사자인 중국을 대신해서 같은 피해자이면서도 오히려 자신들보다 더 적극적으로 일본에 대한 전쟁배상을 요구하는 한국 정부의 외교적 수순을 방관하면서 자신들의 실리를 모색하려는 전통적 중국인의 심리가 반영된 결과라는 지적도 의미가 있다. 이 모든 것이 어느 하나 무시할 수 없는 결론이라고 할지라도 중국 정부의 위안부 문제에 대한 태도와 인식의 전환은 너무 안일하지만 일관된 냉정함을 보여주고 있다는 것은 우리가 주목해야 할 점이다.

문제는 중국의 공식입장이 어떤 방향으로 진행되는가는 중요한 결론이 아니며 그들의 선택도 다양하지 않다. 그 보다 더욱 주목하고 관심을 가져야 할 부분은 역사적 죄악의 피해자들에게 남겨준 시간이 너무 짧다는 점이다. 그래서 이 문제는 앞으로도 정직하고 진실되게 다루어져야 하고 이를 악용한 무리들에게 반드시 적절한 교훈과 처벌이 필요하다는 점일 것이다.

주석

1 1872년 10월 2일 "문명개화(文明開化)"를 표방하며 메이지 정부가 공포한 "해방예기창기령 (解放艺妓娼妓令)"이 여성 인신매매 금지하면서 이에 상응하는 조치로 "대좌부취체규칙(貸 座敷取締規則)"과 "창기취체규칙(娼妓取締規則)"을 제정하면서 강제 건강검진, 영업허가 증, 납세 제도의 완비를 통한 일본의 근대 공창 제도의 구축에서부터 시작되었다고 본다. (https://baike.baidu.com/item/34867?fr=aladdin)

2 군대에서의 장병들의 성욕관리를 병력 통제행위라고 정의함. 이후 통제행위로 일치함

3 당시 중국 침략의 일본군이 상해에 도착하면서 일본상해파견군 참모부장 岡村寧次와 고급참 모 岡部直三郎이 사령관 배천의칙의 비준을 받아 일본육군이 상해에 설치한 위안소가 시초이 며 나가사키에 위안부를 모집하는 장소가 있었다. 稲葉正夫 編, 『岡村寧次大將資料』 上, 原書 房, 1970, 302쪽; 岡部直三郎, 『岡部直三郎大將日記』, 芙蓉書房, 1982, 23쪽; 朱憶天, 「日本慰 安妇制度源流考」, 『史林』, 上海社會科學院歷史研究所出版社, 2015, 1期에서 재인용.

4 王承礼 外編, 『苦難與鬪爭十四年』 下, 中國大百科全書出版社, 1995, 339쪽.

5 华北 지방(현재의 河北省, 河南省, 山東省) 100所, 华中(현재의 湖南省, 湖北省, 江西省) 140 所, 华南(현재의 廣東省, 廣西省, 貴州省) 40所, 南方 100所, 南海 10所, 库页岛 10所 등 모두 400여 곳이 넘었다는 추산이다. 이는 매우 피상적인 숫자로 공식적이지 않은 숫자는 더 늘어나는 것은 당연하다. (https://baike.baidu.com/item/34867?fr=aladdin)

6 1888년 일본 육군의 병력이 6개 사단에서 시작되었으며 중국 역사에서 전재미문의 경험인 淸日戰爭에서의 패전은 역사적으로 매우 심각한 결과이었다. 일본 육군은 이후 12개 사단으로 증가하였으며 1905년 러일전쟁의 승리 이후에는 18개 사단으로 팽창하면서 자연스럽게 병력의 증가는 더 많은 위안부의 필요성이 제기되었음을 지적한다. 苏智良, 「侵沪日军的'慰安 所'」, 『抗日战争研究』, 中國社會科學院出版社, 1996, 4期, 53~64쪽.

7 메이지 정부가 제정한 '창기매독정기검사규칙'은 이를 더욱 확실히 증명한다. 그 구체적 내용으로는 ① 창기는 건강안전보호허가증을 발급받아 검진을 받고 휴대해야 하며 ② 이 허가증이 없으면 종사할 수 없으며 ③ 손님이 원하면 제시해야 하고 ④ 규정된 검사 일에 반드시 검사받아야 하며 3일 이내 재검사 등과 같은 내용이다. 이런 방법은 당시 서양의 제국주의 국가의 창기 등록 제도를 모방하여 메이지 메이지 정부의 '脫亞入歐'의 성과라고 자랑한 내용이 있다는 점에서 매우 의미가 있다. 朱憶天, 「日本慰安妇制度源流考」, 『史林』, 上海社會科學院歷史研究所出版社, 2015, 1期, 145~167쪽.

8 1905년 관방배경의 민간단체인 '日本花宴藝方會'가 성립되었으며 1910년 행정집행법과 창기연체규칙은 사창의 창기를 관리대상으로 편입시키는 조치였다. 이후 1927년 일본 상원을 통과하여 ① 주무장관이 명령으로 시정부 및 공공단체에 성병진료소를 설치하였고 ② 국고에 서 20~50%의 지원하여 운영하였으며 ③ 각지에 적당한 진료서를 공·사립으로 설치할 수 있도록 하였으며 ④ 성병을 법적으로 구분하였고 ⑤ 일부러 전파하는 자는 법으로 처벌할 수 있다고 규정하였다. 经盛鴻·管尔东 「侵华日军南京慰安所调查与研究」, 『南京社会科学』, 南京社會科學院出版社, 2004, 12期, 33~39쪽.

9 일정한 장소에 강제로 소속되어 있던 창기는 외출의 자유가 금지되었고 강제적이고 정기적인 성병 검사를 유곽 지대 설치된 전문성병 병원에서 받게 하면서 철저하게 외부와 격리된 공창 제도가 마치 군대의 사병과 동일한 방식으로 관리되었다는 점이다. 이는 저렴한 자본과

관리비용을 통한 유곽모델이 마치 일본군대의 사병관리와 매우 태생적으로 매우 유사한 특징을 지닌다는 분석이다. 江浩, 『中国慰安妇』, 青海人民出版社, 1998, 19쪽.

10 1972년 北京에서 조인된 양국의 국교 정상화에 관한 연합성명의 내용으로 "중일 양국은 같은 옷을 입을 정도로 가까운 국가로 오랜 우호의 전통을 지닌 역사가 있다. 양국 국민은 지금까지 진행된 정상적이지 않은 상태와 전쟁 상태를 종식시키길 바라며 중국과 일본의 국교정상화가 바로 양국국민의 바람을 실현하는 것으로 양국 관계 역사의 새로운 한 장을 여는 것으로 여긴다. 일본은 과거 전쟁기간 동안 중국 인민에게 가한 중대한 손실에 대한 책임을 통감하며 심각한 반성을 표시한다. 일본 측은 이에 대해 중화인민공화국 정부가 제시한 국교 회복 3원칙의 입장을 이해하며 이를 통해 일중 정상화의 실현을 위해 노력한다. 중국 측은 이를 환영하며 비록 중일 양국 간의 사회제도가 다르더라도 반드시 평화우호관계의 건립을 위해 노력한다. 양국의 국교정상화는 양국의 지속적인 우호관계의 발전이며 양국의 국민들 이익에도 부합되고 또한 아시아지역의 정세완화와 세계평화유지에도 공헌한다(中日两国是一衣带水的邻邦, 有着悠久的传统友好的历史. 两国人民切望结束迄今存在于两国间的不正常状态. 战争状态的结束, 中日邦交的正常化, 两国人民这种愿望的实现, 将揭开两国关系史上新的一页. 日本方面痛感日本国过去由于战争给中国人民造成的重大损害的责任, 表示深刻的反省. 日本方面重申站在充分理解中华人民共和国政府提出的"复交三原则"的立场上, 谋求实现日中邦交正常化这一见解. 中国方面对此表示欢迎. 中日两国尽管社会制度不同, 应该而且可以建立和平友好关系. 两国邦交正常化, 发展两国的睦邻友好关系, 是符合两国人民利益的, 也是对缓和亚洲紧张局势和维护世界和平的贡献)"의 본문과 8개조항의 세부이행규칙 그리고 양국 정상의 서명으로 구성되어 있다.
(https://baike.baidu.com/item_[1]_103941)

11 ⑤ 중화인민공화국은 선언한다 : 중일양국인민의 우호를 위하여 일본국에 대한 전쟁배상의 요구를 포기한다. (五)中华人民共和国政府宣布一为了中日两国人民的友好, 放弃对日本国的战争赔偿要求)(https://baike.baidu.com/item/%E4%B8%AD%E6%97%A5%E8%81%94%E5%90%88%E5%A3%B0%E6%98%8E#ref)

12 중국은 1984년 鄧小平의 영국 방문에서 1897년 맺은 북경조약(北京條約)의 원문과 원칙을 들이밀며 당시 대처 수상에게 홍콩 반환을 이끌어내는 외교정책의 원칙을 수행한 경험이 있으며 이에 따른 조약 내용을 원문대로 수행하는 정책을 기본으로 하고 있다.

13 蘇智良, 『日軍'慰安婦'硏究』, 團結出版社, 1998, 218~220쪽에서 재인용.

14 "指第二次世界大战时日本政府及其军队为顺利实施和完成侵略亚洲的战争而推行的一种军队性奴隶制度, 中韩历史学者认为主要是通过诱骗和强迫, 大部分慰安妇来自中国·朝鲜半岛·日本本土·日据台湾, 也有许多琉球·东南亚等地的女性, 其中在日本本土召集的慰安妇又被称为女子挺身队." 1996年联合国曾就日军慰安妇问题出台报告, 将慰安妇制度认定为性奴隶制度.
(https://baike.baidu.com/item/%E6%85%B0%E5%AE%89%E5%A6%87/34867)

15 중화인민공화국 국무원신문판공실은 중국의 신문, 방송, 미디어를 총괄하는 중국 정부의 공식대변기관이다. 이들이 제작한 프로그램은 바로 중국 정부의 공식적 입장이며 이 내용은 정부 사이트에도 등록되어 있다. 中華人民共和國國務院新聞辦公室 制作, 『中国 "慰安妇"现状调查报告』 简介.
(http://www.scio.gov.cn /ztk/dtzt/2015/Document/3.htm)

16 宋连玉, 『公娼制度から「慰安妇」制度への歷史的展开』, 1999, 39쪽; "공창제도는 국가가 주도한 제제되지 않은 성폭력이었다. 위안부제도의 역사적 배경뿐 아니라 그 탄생의 자생적 토양이

본질이며 연속성을 지닌 일본 국가가 주도한 제도이었다(公娼制度这一国家主导的无约束的性暴力, 不仅仅是慰安妇制度的历史背景, 更是其滋生的土壤, 可以说在本质上是一种连续性的制度)." 朱忆天, 앞의 글에서 재인용.

17 『時事通信社』, 2013.5.15.

18 『人民網』, 2014.1.17.

19 "(기자 기페연(暨佩娟) 일본 내각 관방장관 菅義偉가 일전에 발표한 "고노담화(河野談話)"를 부정했다는 언론 보도에 대한 질문에 대하여 중국외교부 대변인 華春瑩은 22일 답변을 통하여 지적하였다. "'위안부'는 강력한 증거'를 지닌 일본군국주의가 제2차 세계대전 기간에 아시아의 피해국가 인민들에게 범한 엄중한 반 인도주의적 범죄 행위로 증거가 산과 같이 많기에 부인할 수 없다. 화춘영은 "우리는 일본 측의 관련 언론에 예의 주시하며 이런 역사적 범죄행위와 사실을 부인하는 어떤 기도와 노력에도 반대하려는 의지를 보일 것이고 일본의 이런 역사적 사실을 부인하려는 시도에 대하여 놀라움을 금치 못하며 '우리는 일본 측에게 침략의 역사에 대한 엄숙하고 심각한 반성을 촉구하며 이를 수용하기를 바란다." 고 대답하였다(记者暨佩娟)针对日本内阁官房长官菅义伟日前发表否认"河野谈话"的言论, 外交部发言人华春莹22日指出, 强征"慰安妇"是日本军国主义在二战期间对亚洲等受害国人民犯下的严重反人道罪行, 铁证如山, 不容否认. 华春莹表示, 我们对日方有关言论表示严重关切. 任何企图否认这一历史罪行和事实的做法只能适得其反, 使人们对日方企图为历史翻案的动向更加警惕. "我们严肃敦促日方不折不扣地信守正视和深刻反省侵略历史的有关表态和承诺)." 『人民日報』, 2015.10.22.

20 "일본과 한국은 위안부 문제에 대하여 공동 인식을 하였고 일본수상 아베가 사죄의 표시를 하였다. 중국 측은 향후 일본과의 위안부 문제에 대하여 이런 최종적 해결의 협상의지가 있는가? 답변 : 위안부는 일본군국주의가 발동한 침략전쟁에 의해 야기된 중국과 아시아 피해국가 국민들에게 가져온 심각한 재난으로 중국은 일관되게 일본 측의 침략역사에 대한 정확한 인식을 촉구하며 역사적 교훈을 통하여 아시아 인접국가와 국제사회에 대한 실천을 바란다(问 : 日本・韩国就"慰安妇"问题达成共识, 日本首相安倍晋三向受害者表示道歉. 中方今后是否将就"慰安妇"问题与日方磋商并推动这一问题最终解决? 答 : 日本军国主义发动的侵略战争给中国和亚洲其他受害国人民带来了深重的灾难. 我们一贯要求日方正确认识和对待那段侵略历史, 汲取历史教训, 以实际行动取信于亚洲邻国和国际社会)." (https://www.fmprc.gov.cn/web/fyrbt_673021/jzhsl_.shtml)

21 问 : 据报道, 今年2月, 日本国立公文书馆向日内阁官房新提交19件"慰安妇"问题相关档案复印件, 其中明确纪录了二战期间日军强征"慰安妇"的事实. 但日内阁官房高官对此予以否认, 称"从整体来看, 并未发现直接显示日军强征慰安妇行为的纪录." 请问中方对此有何评论? 答 : 中方注意到有关报道. 强征"慰安妇"是日本军国主义在二战期间犯下的严重反人道罪行, 铁证如山, 不容抵赖. 日本政府到今天仍然在这个问题上矢口否认, 视而不见, 这只能再次暴露出日方在历史问题上的错误态度. (https://www.fmprc.gov.cn/web/fyrbt_673021/jzhsl_673025/t1455174.shtml)

22 问 : 韩国政府今天宣布解散根据 '韩日慰安妇问题协议' 设立的相关基金会. 外界认为这将导致日韩关系再度紧张. 中方对此有何评论? 答 : 中方在"慰安妇"问题上的立场是一贯和明确的. 希望日方正视亚洲邻国和国际社会的关切, 以负责任的态度妥善处理有关问题. 日本和韩国都是东北亚地区重要国家, 我们希望双方保持友好关系. (https://www.fmprc.gov.cn/web/fyrbt_673021/jzhsl_.shtml)

23 그의 대표적 연구업적은 다음과 같다. ①『慰安妇研究』(上海书店出版, 1999), ②『侵华日军
'慰安妇'问题研究』(第一作者, 中共党史出版社, 2011), ③『二战时期的日军'慰安妇'制
度』(主編, 学林出版社, 2000), ④『上海日军慰安所实录』(第一作者, 上海三联书店, 2005, 韩
国东北亚财团韩文版, 2007), ⑤『日军性奴隶－中国'慰安妇'真相』(人民出版社, 2000), ⑥
『日本对海南的侵略及其暴行』(第一作者, 上海辞书出版社, 2005), ⑦『日本侵华战争遗留问
题和赔偿问题』(第一主编, 商务印书馆, 2005), ⑧『追索－朝鲜'慰安妇'朴永心与她的姐妹
们』(第二作者, 廣東东人民出版社, 2005).

24 대표적인 것이 步平, 「慰安婦問題與日本的戰爭責任認識」(『抗日戰爭研究』, 2000, 2期)와
蘇智良『慰安婦研究』(上海書店出版社, 1999), 卞修跃「慰安婦問題與日本戰爭責任」(『抗日
戰爭研究』, 1997. 2期), 陳麗菲「日軍慰安婦制度批判」(中華書局, 2006), 朱德蘭, 『臺灣慰安
婦』(社會科學文獻出版社, 2012) 등이 있다.

25 그는 서양 제국주의는 식민지건설의 단계에서 먼저 교회를 설립하고 이후 학교, 병원을 건설하
여 기독교의 교리에 입각한 세력확장에 충실하는 모습을 보인 반면 일본은 제일 먼저 기방과
요리집을 건설하였고 일본 내지의 공창 제도를 모방한 제도를 먼저 도입하는 특징을 보였다고
한다. 대표적으로 1905년 6월 러일전쟁 말미 關東州民政署를 大連에 설립하고 제2호 칙령으
로부터 시작하여 일본내지의 공창관리 제도를 그대로 도입하는 사례를 보여주었다고 지적한
다. 이후 만주를 점령하고 관리하는 과정에서도 이를 그대로 적용하였고 조선반도의 침략에도
적용되었음을 지적한다. 朱憶天, 「日本慰安妇制度源流考」, 『史林』(上海社會科學院歷史研
究所出版社, 2015, 1期)

26 그러나 이런 주장에는 일본의 공창 제도가 군대로 전이되었으며 군대 통제 문제를 해결하기
위해 마련된 조치이었다는 주장의 근거로 제시되는 한계가 존재한다. 여기에는 군대의 강제성
이 보통의 모집으로 둔갑하는 논리의 전개가 이루어지며 일본근대의 성적 윤리 감각과 여성의
인권 인식이 현대와 다른 시기에 현재적 가치관으로 역사적 판단이 된다는 한계가 있다.
또한 위안부 제도가 단지 공창 제도의 전쟁 지역으로 이전된 것일 뿐 일본군대조직의 강제성은
없기에 일본 정부의 법적 측면의 책임이 없다는 논리로 진행되는 근거가 된다. 이처럼 일본의
역사, 전통문화의 특수성이라는 옹호를 받으면 이 제도에 면죄부를 주는 인식이 일본 우파들의
괴변이 될 수 있다는 한계가 분명히 존재한다.

참고문헌

江浩,『中国慰安妇』, 青海人民出版社, 1988.

姜浩峰,「上海166处日军慰安所寻踪」,『新民周刊』27, 2015.

遣军,『日本侵华史研究』3, 2013.

经盛鸿·管尔东,「侵华日军南京慰安所调查与研究」,『南京社会科学』12, 2004.

吉见义明·齐方,「南京事件前后日军慰安所的开设与运作-南京·上海·扬州的日军慰安所与上海派步平
　　　慰安妇问题与日本的战争责任认识」,『抗日战争研究』2, 2000.

符和积,「侵琼日军慰安妇实录」,『抗日战争研究』2, 2000.

苏智良,「"慰安妇"就是日本政府推行的军队性奴隶」,『社会科学战线』8, 2014.

_____,「关于日军慰安妇制度的几点辨析」,『抗日战争研究』3, 1997.

_____,「日军在湖北实施"慰安妇"制度的考察」,『华中师范大学学报(人文社会科学版)』3, 2015.

_____,「侵沪日军的"慰安所"」,『抗日战争研究』5, 1996.

_____,『慰安妇研究』, 上海书店出版社, 1999.

苏智良·姚霏·陈丽菲,『日军上海慰安所实录』, 上海三联书店, 2007.

王亚琴,「日本政府、军队与"慰安妇"制度的推行」,『上海师范大学學報』3, 2001.

王延华,「关于日军的"慰安妇制度"」,『齐齐哈尔大学学报(哲学社会科学版)』5, 1995.

章伯锋·庄建平主编,『血证－侵华日军暴行纪实日志』, 成都出版社, 1995.

田苏苏,「日军慰安妇政策在华北地区的实施」,『抗日战争研究』5, 2005.

朱忆天,「日本慰安妇制度源流考」,『史林』, 2015.

华强,「二战时期日军'慰安'制度的国际化倾向」,『抗日战争研究』2, 2006.

_____,「日军"慰安"制度在滇西」,『文史天地』8, 2013.

제7장
일본 식민지하의 타이완 위안부
그 배경으로서의 일본의 공창 제도 및 성(性) 수요를 중심으로

양멍저

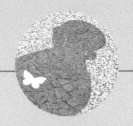

1. 네 개의 논점

이 글에서는 타이완에서 종군위안부 문제를 거론할 때 피해갈 수 없는 일본의 공창 제도와 근대 일본의 성 수요 문제를 논하고자 한다. 여기에서의 문제 설정은 다음의 네 가지로 집약시킬 수 있다.

첫째, 타이완에서 종군위안부 문제가 발생하는 역사적 기점이 어디에 있는지를 일본근대사를 포함하여 개관하는 것. 여기에서는 식민지하 타이완의 실태와 타이완 점령 이후 일본에서 타이완으로 유입된 창기 등의 실태를 추적한다.

둘째, 식민지하 타이완에서 특히 일본군 장병을 대상으로 하는 성 수요가 급증하는 가운데 발생한 성병이환性病罹患에 대한 대책으로 타이완 총독부가 적극적으로 타이완 공창 제도를 보급시킨 점. 여기에서는 일본군 장병을 위해 철저한 성 관리가 추진되었음을 밝히고자 한다.

셋째, 그러한 성 관리 정책 이 성 수요를 따라잡지 못하고 타이완 부녀자 폭행·강간 등 성범죄가 많이 발생하자 이를 방지하기 위한 일환으로 공창 제도를 도입하였음에도 불구하고 이른바 창기를 포함하여 위안부가 출현하게 된 점, 나아가 그것으로도 성 수요를 충족시키는 것이 불가능하자 일본의 군 당국이 민간 업체를 통해 이른바 종군위안부 모집을 실시했었다는 것을 자료를 통해 제시하고자 한다.

넷째, 현재까지도 타이완 정부의 태만, 타이완사회의 무관심 등으로 인해 타이완에서는 여전히 위안부 문제가 국제 인권 문제로서 보편적 과제로 받아들여지고 있지 않은 현실을 소개해 가고자 한다.

본론에 들어가기 전, 지면 관계상 많이 소개할 수 없지만 이 글에서 참고한 자료 및 논문 등을 몇 가지 소개하고자 한다.

타이완 종군위안부 문제를 논하는 데 있어 빠트릴 수 없는 자료집으로 주더란朱德蘭이 편집한 『타이완 위안부 관계 자료집台湾慰安婦関係資料集』(不二出版, 2001)이 있다. 이 자료집은 『타이완 총독부 문서台湾総督府文書』와 『타이완 탁식주식회사문서台湾拓殖株式会社文書』에 실린 타이완 창기·위안부 관련 자료를 중심으로 『타이완연감台湾年鑑』이나 『타이완 총독부 통계서台湾総督府統計書』 등의 통계자료 또한 풍부하게 기재하고 있다. 또한 종군위안부 연구의 제1인자 요시미요시아키吉見義明와 재단법인 '아시아 여성 기금(여성을 위한 아시아 평화 국민기금)'에 의해 정리·조사된 외무성·방위성에 소장되어 있는 타이완 위안부 관련 자료를 일부 인용한다. 이 자료는 타이완의 종군위안부 문제를 논할 때 필독 자료의 하나이다.

또한 주더란은 이 자료를 이용하여 『타이완 총독부와 위안부台湾総督府

と慰安婦』(明石書店, 2005)를 발표하였는데 제7장에서 '타이완 위안부의 흉터'라는 제목으로 타이완 위안부의 실상을 파헤치고 있다. 또한 그는 타이완인 종군위안부에 관해서 처음 공개되는 자료를 포함한 「타이완 위안부 당안台湾慰安婦档案」을 『주간타이완통신週刊台湾通信』(제8826호, 1999.7.15)에 발표하여 타이완인 종군위안부가 다수 존재 하고 있음을 밝혔다 . 그것은 타이완 국내뿐만 아니라 일본의 연구자에게도 주목을 받았다.

일본의 연구자 중에서 이 글과 관련이 있는 테마의 연구자로는 오사카大阪 산업대학의 후지나가 다케시藤永壮를 들 수 있다. 후지나가는 2005년 6월 18일에 개최된 '교토京都대학 대학원 문학연구과 21세기 COE 프로그램' 제16회 연구회에서 「제국 일본과 식민지 공창 제도－타이완의 사례를 중심으로」를 통해 타이완에 공창 제도가 도입된 것은 일본의 타이완 식민지가 시작된 이후였음을 밝혔다. 즉 공창 제도 설립의 배경에 일본군 장병의 타이완 여성과의 접촉에서 성범죄가 다발하게 되었고, 그 대책의 일환으로 타이완 각지의 군의관이 공창 제도의 설치를 타이완 총독부에 요구했다고 지적하고 있다. 여기에서는 유곽과 창기에 대한 단속 등이 강화되어 가는 과정을 상세히 논하고 있다. 그 보고 내용이 같은 프로그램의 뉴스 「제국 체제의 정치·문화적 비교 고찰 연구」(제11호, 2005.9.20)에 수록되어 있다.

또한 장샤오민張曉旻의 「식민지 타이완의 강제 성병 검진 치료제 확립 과정」(『日本台湾学会報』 12, 2010.5)이 있다. 여기에서는 식민지 타이완의 성매매 관리 체제에 불가결한 성병 검진 치료의 실태를 통해 1906년의 공창 제도의 확립에서 1920년대 초반의 매매춘 관리 체제 재편 과정을 풍부한 자료를 기반으로 상세히 논하고 있다. 이 글 또한 장샤오민의 논문을 일부 참고했지만 개설적인 성격상 전체를 문제 삼고 있지는 않다. 또한 장샤오민에게는 이 외에도 「식민지 타이완의 공창 제도 도입의 배경」(神戸大学 大学院 国際文化学研究科 日本学コ-ス『日本文化論年報』제13호, 2010) 등 우수한 논문이 있다.

마지막으로 최근 주목받고 있는 저작에 요시미 요시아키의 『매춘하는 제국－일본군 '위안부' 문제의 기저買春する帝国－日本軍「慰安婦」問題の基底』(岩波書店, 2019)가 있다. 이 책은 근대 일본의 공창제가 제국의 형성과 발전 과정에서 최종적으로 일본군 '위안부'를 낳게 된 배경에 대해서 정확하게 논하고 있으며, 그 내용은 이 글에서 논하고자 하는 내용과 기본적으로 일치한다. 또한 하야카와 노리요早川紀代의 『전쟁・폭력과 여성 3－식민지와 전쟁 책임戦争・暴力と女性3－植民地と戦争責任』(吉川弘文館, 2005)도 주목할 만하다. 그리고 구라하시 마사나오倉橋正直의 『종군위안부 문제와 공창 제도－종군위안부 문제 재론従軍慰安婦問題と公娼制度－従軍慰安婦問題再論』(共栄書房, 2010)이 있다. 이 책은 종군위안부를 '성 노예형'과 '매춘부형' 두 종류로 구분하여 서술하고 있어 관심을 끌었다.

이외에 아시아 여성 기금의 제창자의 한 사람으로서 종군위안부 문제를 인권의 관점에서 문제 제기를 한 오누마 야스아키大沼保昭의 화제작인 『'위안부' 문제란 무엇인가－미디어 NGO・정부의 공과'慰安婦'問題とは何か－メディア・NGO・政府の功罪』(中央公論社・新書, 2007)가 있다. 종군위안부 문제를 해결하고 어떻게 역사 화해로 나아갈 것인가를 생각하는 데 있어서 중요한 필독서이다.

2. 군사 국가 일본의 대두

메이지 근대국가의 성립 과정과 아시아 차별주의

본론에 들어가기 전에 종군위안부 문제를 낳은 근대 일본의, 말하자면 성 수요의 배경에 있는 일본근대사에 대해서 언급하고자 한다. 한국에서의 출판도 염두에 두면서 다소 교과서적인 서술이기는 하나 일본의 독자들에게 잘 알려진 사실일지도 모르겠지만 타이완을 포함한 아시아 각국의 독자들이 모두 공유하고 있는 지식은 아니라고 생각하기 때문이다.

근대 일본의 기점은 도쿠가와德川 봉건 체제의 타파와 서구를 모델로 한 근대화의 시작인 메이지明治유신에서 찾을 수 있다. 일본은 급속한 근대화를 도모함으로써 청나라와 조선과 같이 봉건 제도를 고집하면서 근대화에 적극적이지 않았던 국가들과 달리, 구미 여러 열강에 의한 식민지화를 피할 수 있었다. 그러나 그런 반면에 일본은 서양에 대한 열등의식에서 벗어나기 위해 그 반작용으로서 중국(청나라)과 조선 등 아시아 여러 나라에 대해 철저한 우월의식을 가짐으로써, 말하자면 정신의 균형을 유지하게 된다.

이에 메이지유신에 대해서는 주로 일본 국내에서 긍정적인 평가가 생겨났고, 또 여러 아시아 국가에게는 메이지유신을 근대화의 선행 사례로 평가하는 견해도 있었다. 그런 반면 메이지유신을 다른 아시아 국가에 대한 편견과 차별 의식을 낳은 기점이라고 보는 비판적인 평가도 있다. 사실 메이지 일본은 메이지유신이라는 이름의 정변(쿠데타)에 의해 성립되었다는 이유로 2세기 반 이어진 봉건제 시대에 축적된 엄격한 차별주의가 그대로 메이지 국가에 반입되었다. 그런 사정도 있고 해서 국가 체질로서 폭력과 배제의 논리를 다분히 내재하고 있었다. 즉 협력과 공동의 논리보다 선별과 배제의 논리가 관철된 사실상의 군사 국가로서 성립했다고 할 수 있다.

그것을 증명하기 위해 자주 인용되는 언설에 일본근대화의 공로자라 불리는 후쿠자와 유키치福澤諭吉의 주장이 있다. 일부에서는 사업가였던 다카하시 요시오高橋義雄의 집필이라고 보는 견해도 있지만 대부분은 후쿠자와가 썼다고 여겨지는『탈아론脱亜論』이 1885년 3월 16일 자로 신문『시사신보時事新報』(제917호) 지상에 무서명의 사설로 게재되었다

거기에서는 "일본의 국토는 아시아 동쪽 끝에 위치하고 있지만 국민의 정신은 이미 아시아 누습陋習를 벗어나 있으며 서양문명을 향해있다. 불행하게도 근린에는 중국과 조선이라는 두 나라가 있다. 중국, 조선에 대해서는 이웃이라는 이유로 특별한 관계를 갖지 말고 서구제국과 같은 교제를 하고, 나쁜 이웃과 친하게 지내면 악명에서 벗어나지 못해 우리는 아시아 동방의 나쁜 이웃을 거절해야 한다"(『福澤諭吉全集』10, 岩波書店, 1970)고 했다. 즉 "중국과 조선이란 두 나라는 '나쁜 이웃'이기 때문에 교류하면 일본도 "악명에서 벗어나지 못하는" 상태에 놓이기 때문에 이 두 나라와는 교류하지 않는 것이 중요하다고 한 것이다. 여기에는 아시아 나라들에 대한 차별의식이 노골적으로 나타나 있고, 그것이 메이지 시대 이후의 일본의 아시아에 대한 인식에 결정적인 영향을 미치게 되었다.

또한 후쿠자와가 에도 막부 말기부터 메이지기에 걸쳐 집필한『서양사정西洋事情』이나『문명론의 개략文明論の概略』등의 바닥에 흐르는 아시

아에 대한 차별주의와 아시아를 향한 침략 지향은 그 후의 아시아 여러 나라의 주권 침해에 박차를 가하게 된다. 메이지 일본은 그 후 타이완 출병이나 청일 · 러일전쟁을 수행하면서 식민지 확보에 광분하고, 타이완을 비롯한 많은 나라에 위해를 반복하게 되었다. 특히 부녀자의 인권 침해는 심대했다. 그러므로 후쿠자와의 여러 언설은 결과적으로 인권 침해를 초래한 주장이라 파악하는 것도 결코 과언이 아닐 것이다.

메이지 일본은 도쿠가와 봉건제를 벗어나 판적봉환과 폐번치현을 단행하여 강력한 중앙집권제를 펴는 국가로의 전망을 이루어 가지만 그 과정에서 계속해서 '일시동인一視同仁'이라는 용어를 사용하여 아시아 민중과 대등 한 관계성을 강조했다. 하지만 현실은 일관되게 일본 민족 우월의 자세를 유지했다. 거기에는 다른 민족에 대한 철저한 멸시와 배외주의가 있었다. 그런 의미에서 메이지유신을 기점으로 하는 일본의 근대화란 아시아 여러 국민에게 기만과 모순으로 가득 찬 내용을 가진 것으로 받아들여졌다. 역사적 사실로서 메이지 일본이 저지른 일련의 침략전쟁과 식민지 지배는 아시아 민중에게 계속해서 견디기 힘든 고통을 주었다.

제국 일본의 팽창과 군국주의의 대두

메이지 일본은 근대화 과정에서 실로 다양한 정책을 차례차례 실행에 옮겨 가는데 그중에서도 1872년 8월 2일의 '학제學制'(태정관 포고 제214호)의 발포에 따라 의무교육 제도를 도입하고 식자율의 향상을 꾀함과 동시에 일본인의 의식의 획일화를 도모했다. 또한 이듬해 1873년 1월 10일에 '징병령'이 시행되었다.

'학제'와 '징병령'의 동시 시행에는 식자 능력이 담보된 병사를 대량으로 확보하여 일본 제국의 기둥이 되는 병력을 교육 현장에서부터 양성해 나가겠다는 의도가 있었다. 다시 말해, 교육 및 군사를 일체로 자리매김한 것이다. 교육과 군사의 접합 사례로 건물과 막사가 동일한 형상으로 지어지고 교복과 군복을 같은 질과 모양으로 만든 것에서 알 수 있듯이 교육과 군사가 하나로 취급되었던 것이다.

물론 그렇다고 해서 일본사회가 군사 일색으로만 물든 것은 아니다. 메이지 시대에는 '자유민권운동'이 활발해져 그 결과로서 의회가 열렸고, 다이쇼大正 시대에는 일본형 민주주의로서의 '민본주의民本主義'가 커다란 정치사조가 되었다. 그러나 1920년대 후반기부터 이에 반발하는 세력이 대두하여 1931년 만주사변을 경계로 일본의 정당 정치도 위기에 처하게 된다. 그리고 민주주의가 뒤로 밀리고 군국주의가 발호하게 된다. 그리고 1941년 12월 8일부터 시작되는 대 영미英美전쟁에서부터 1945년 8월 15일의 패전에 이르기까지 일본은 군국주의 시대를 보내게 된다. 그동안 일본은 근대화의 과정에서 태어난 파시즘과 군국주의 사상을 기저로 삼으면서 제국 일본으로서의 팽창주의와 침략주의에 분주하였다. 종군위안부도 이런 역사 과정에서 태어났다. 따라서 종군위안부 문제의 근저에 제국 일본의 군국주의와 침략주의가 있었음은 두 말할 필요도 없을 것이다.

조선의 경우와 마찬가지로 타이완의 종군위안부 문제를 생각하는 데 있어서 일본의 전쟁과 식민지지배의 사실을 언급하지 않을 수 없다. 메이지 일본의 성립 이후 일본은 1895년에 타이완 · 평후澎湖 제도를 효시로 해서 1905년에 남사할린, 1910년에 조선 등을 차례로 식민지화해 나간다.

이것을 근대 일본의 전쟁사의 관점에서 소급하여 정리하면 1874년 타이완 출병을 효시로 일본은 1945년의 패배에 이르기까지 무릇 77년에 걸친 침략전쟁을 반복했다고 해도 좋다. 일본군은 청일·러일전쟁, 심지어는 제1차 세계대전에서는 중국의 산둥山東 지방을 전장으로 해서 독일군에 승리하고, 중국 동북부를 침공한 이래 만주사변을 계기로 중국 동북 지역 일대를 군사 점령해 나갔다. 이들 전쟁을 통해 엄청난 일본인이 군인으로 전쟁터로 끌려나갔고, 또한 식민지지배를 계속하기 위해 치안요원으로서 외지 근무를 강요당했다. 거기에서는 계속해서 피식민자들로부터 거센 반발을 받았고, 일본군 장병의 사상에 따른 소모, 정신적 불안 등으로 막대한 손실을 내게 되었다. 이러한 상태는 타이완 출병부터 일본 패전까지 계속되었다.

식민지지배와 침략전쟁을 직접 수행한 일본군 장병은 천황의 군대이기 때문에 스스로를 황군으로 규정하고 자존감을 높임으로써 식민지와 전장에서의 고통을 필사적으로 회피하였다.

3. 타이완의 식민지화 과정과 성 수요의 증대

청일전쟁 전후 타이완의 위치와 일본군의 소행

이 글과는 조금 벗어나는 이야기인지는 모르겠으나 일본의 식민지 획득 전후의 일본과 타이완의 관계를 중국(청나라)과 타이완의 관점에서 소묘해 보자.

1894년 조선에서 일어난 동학혁명을 계기로 청일 양국은 한반도에서 패권 쟁탈을 위한 전쟁 상태에 들어갔다. 당시 청나라의 전력은 일본과 비교해 압도적으로 우위에 있었다. 그러나 청나라의 내정은 극한 혼란 속에 있었다. 청나라는 외교와 군사의 불일치가 눈에 띄고, 외교를 담당하는 통리아문과 군무를 담당하는 군기처가 분리된 상태로 있었다. 이 불일치가 겨우 통일된 것은 청일전쟁 개시 후인 1894년 9월 29일이었다. 외교와 군사를 통일하는 부서가 설치된 것이다.

이에 따라 외교와 군사의 통일이 시도되기는 했지만 군사 관계에도 육군과 해군 사이에 통일적인 전쟁지도가 불가능한 상태로 있었다. 특히 청나라의 실력자였던 리훙장李鴻章은 실질적인 사병私兵을 동원할 권한을 갖는 북양통상대신北洋通商大臣으로서의 입장에서 북양 함대와 북양 육군을 지휘하에 두고 있었다. 그런 한편으로 개전 후에는 정예 부대로 알려져 있었던 동삼성東三省의 동군錬軍이 투입되어 지휘 계통은 둘로 분리된 상태였다. 이 분리 상태를 해소하기 위해 1894년 12월 20일 흠차대신欽差大臣 리우쿤이劉坤一에게 산하이구안山海關 동쪽의 전 병권이 주어지면서 마침내 청나라 군대의 통일이 실현되는 형국이었다. 그러한 전쟁지도 체제의 문제도 있어 일본 육해군에 비해 압도적인 전력을 유지하고 있었으면서 결국은 패배를 맛보게 된 것이다.

또 하나 청나라의 패배 원인은 '양무운동' 과정에서 실패하고 정부 내의 보수파 관료들의 오직汚職과 부패가 만연하여 그 결과로서 민심을 잃은 것을 들 수 있다. 독일에서 띵우언定遠과 천우언鎭遠 등 거대 전함을 조달하고 거포도 보유하는 등 군의 현대화를 도모하고 있었지만, 통일되지 못한 전쟁지도의 결과도 더해져 지니고 있는 전력을 유효하게 발휘하지 못했던 것도 패배의 이유로 지적할 수 있다. 반면 일본은 청나라에 승리함으로써 타이완과 펑후 제도를 할양받고 처음으로 식민지 보유국이 되어간다.

그러나 1895년 타이완·펑후 제도 할양 이후 타이완에서는 격렬한 반식민지 전쟁이 일어나 일본군은 청일전쟁 이후에도 계속해서 타이완의 치안을 위해 군사력의 행사를 할 수밖에 없었다. 일본의 역사 학계에서는 이를 '타이완독립전쟁'이라 부른다. 그리고 문제는 이 전쟁을 계기로 일본군 장병의 타이완 주민, 특히 부녀자에 대한 폭행·강간 등의 사건이 다발했다는 것이다. 고향에서 멀리 떨어진 곳으로 동원되어 가혹한 전투를 강요당한 일본군 장병들의 굴절된 감정도 한몫하면서 피정복자인 타이완인에 대한 우월 의식이 증폭되어 그러한 행위로 몰아갔다고 생각된다.

일본군은 타이완을 점령한 후에도 가혹한 탄압을 반복해 무력에 의해 타이완 주민을 위협·억압해 갔다. 그 내용은 화교이용론의 제창자로 유명하고 타이완 관계의 다수의 저작을 출판한 이데 기와타井出季和太의 『남진 타이완사 고찰南進台湾史考玆』(誠実書閣, 1943)에 구체적으로 서술되어 있으며 특히 '초창기의 화류계' 항에 자세히 설명되어 있다. 이하의 인용은 1895년 타이완 난티엔쭈쥐南天書局에서 나온 복각판이다.

일본 제국은 타이완을 점령한 후 군정에서 민정으로 전환했다. 1896년 당시 일본인 여성은 타이완으로 건너오는 것이 금지되어 있었지만, 법령 위반을 회피하기 위해 남장하고 타이베이 근교의 담수천淡水河에서 은밀히 뒤로 상륙하여 타이베이성으로 들어가려고 했고 때로는 문제화되는 경우도 있었다고 한다. 또한 1896년 설날에 항일 게릴라에 의한 일본인 총격 사건으로 일본인 교사 여섯 명이 살해된 쯔산이안芝山

嚴 사건이 발생했다. 그 희생자를 애도하는 위령제 참석을 목적으로 타이완에 온 이토 히로부미伊藤博文와 사이고 다테미치西鄕從道를 접대하기 위해 예기藝妓들이 특별히 타이베이의 탄수이淡水 회관에 모여 밤새 술판이 계속되었다고 한다. 이러한 접대 사례가 이후 관례화되어 갔다. 거기에서는 "관官은 음식을 하늘로 삼고 군은 색色을 근본으로 삼는다"는 것이 일반적이었다고 한다. 이렇게 여성에 의한 위안이 관례화되어 갔다는 것이다.

또한 당시 불온한 공기가 충만해 있던 타이완에서는 "어떤 장군은 전장에서 전사해 마지막으로 관은 고향으로 돌아간다"는 유언비어가 유행을 하는 살벌한 일상이었다고 한다. 그것은 12세기 한시의 "오늘 아침에 술이 있으면 오늘 아침은 취하고 내일 걱정은 내일 걱정하자"(『月林師觀語録』)처럼 타이완에서는 생명이 표박 종이처럼 부서지기 쉬운 것이라는 생명의 위기가 당연시되는 시대와 환경이었다고 한다. 그것은 언제 돌아갈지 모르지만 이향에서 전사하면 흙으로 돌아간다는 뜻이다. 타이완에 주둔한 군대를 이끈 황족 기타시라카와노미야 요시히사北白川能久가 전사할 위기에 몰렸던 것도 이런 타이완 주둔 일본군 장병이 품었던 전장 심리였을지도 모른다. 내일을 모르는 생명의 위험성이 과도할 정도로 위안을 요구한 배경에 있었으리라 상상할 수 있다.

한편, 일본군은 타이완 식민지지배를 포함해서 이후 러일전쟁 등 일련의 전쟁에서 중국, 타이완, 조선의 독립운동과 저항운동에 대한 탄압을 계속해 간다. 이러한 일련의 전투 속에서 일본군은 무수한 잔학행위를 반복했다. 특히 전쟁터 주민인 부녀자에 대한 폭행·학살·강간 등의 행위를 반복했다. 왜 이리 일본군이 잔학하기 짝이 없었는가 하면

힘겨운 전투 속에서 불만의 배출구로서 가장 취약한 입장에 있던 부녀자에 대한 강간과 폭행을 일삼았을 것이다.

동시에 러일 전쟁 승리 후 일본에서는 민족 우월주의와 일본국가 지상주의가 만연하기 시작했다. 청일·러일전쟁에서의 승리 속에서 확실히 일본은 러일전쟁 이후 급속하게 국가주의와 일본 우월주의가 국민 사이에 침투해 갔다. 그것은 동시에 아시아 민중에 대한 차별주의와 배타주의가 퍼져가는 것을 의미하기도 했다. 아시아 민중에 대한 이해와 공감을 잃어가는 가운데 일본은 침략전쟁을 반복하는 가운데 심각한 아시아 민중에 대한 비인간적 행위를 더욱 확대시켜 나갔던 것이다.

타이완 식민지지배와 늘어가는 성 수요

일본의 타이완 식민지통치가 아주 가혹했던 원인은 그만큼 식민지지배에 대한 반발이 강했기 때문이다. 그 때문에 식민지지배에 대한 저항이 계속되었고 그만큼 타이완인의 피해도 극심했다. 일본은 타이완 통치를 위해 대량의 보안군과 경찰을 보냈다. 타이완으로 보내진 정규 군대 이외에도 단기간의 훈련으로 경찰관이 된 소행 모를 일본인도 많아, 그들의 타이완인에 대한 일상적으로 만연된 폭력이 두드러졌다. 또한 일본군의 타이완 원주민 정책理藩政策에 대응하여 타이완으로 온 이후 산취山區 원주민부락으로 투입된 일본인에 의한 원주민의 대량살상사건이 끊이지 않고, 또한 노약한 원주민 부녀를 강간해 원주민에게 항일, 원수仇日의 감정을 증폭시켰다.

그 결과 중 하나가 1930년 10월 27일에 일어난 우스霧社 사건이었다. 이 사건은 타이쫑조우臺中州 넝까오진能高郡 우스(현재의 난토우시엔南投縣 인

아이샹(三愛郷)에서 벌어진 일본 통치시대 후기 중에서 최대 규모의 항일봉기사건이었다. 세데쿠족에 대한 가혹한 일본통치, 오랜 폭정, 부녀 폭행·강간 등에 대한 불만으로 인해 두목인 모나·루다오는 부락을 이끌어 결기하여 수많은 일본인을 살해하고 일본 국내외에 충격을 주었다. 그 때문인지 일본 정부는 무력을 사용한 타이완 통치를 철저히 하고 타이완의 반항군을 제압했다. 한편 일본 정부는 일본군 병사가 자포자기에 이르지 않고, 과도한 여성에 대한 폭력을 억제할 목적으로 1896년 6월 타이베이현을 시작으로 평후다오澎湖島를 포함한 타이완 각지에 공창 제도의 도입을 도모했다. 거기에서는 유곽과 창기에 대한 단속 규칙, 매춘이나 음식점·게이샤 등의 단속 규칙이 잇따라 제정되었다.

그 배경에는 1895년의 타이완 통치 개시 이후 군정 통치하에서 일반 내지인의 타이완으로의 진출을 제한하고 있었지만 1896년 4월의 민정 이후를 전후해서 일본군 장병에 의한 성폭력 사건이 빈발하고 동시에 성병의 확산에 대해 제동을 걸지 못한 점도 작용했다. 민정 이행 후에는 일반인의 타이완 진출이 허용되어 대량의 일본인이 타이완에 거주하는 과정에서 창기와 게이샤 등 매매춘의 대상 여성이 대량으로 늘어난 것도 하나의 이유이다. 일본인의 타이완 유입이 급증하자 장병을 중심으로 한 성 수요가 급속히 높아졌던 것이다. 그런 것들을 통제하기 위해서라도 공창 제도의 도입은 불가피해졌다.

동시에 보다 심각한 사태로 매매춘 관리체제 확립을 서둘렀던 배경으로서는 성병에 의한 일본군 병사의 손모損耗를 방지하기 위함이기도 했다. 그래서 강제 성병 검진 치료 제도의 정비를 도모해 나간다. 그것은 성병 대책뿐만 아니라 패스트나 말라리아 등 급성 전염병에 의한 인적 손해 방지 정책의 일환이었다.

이 가운데 1896년 6월 8일, 타이베이현령臺北縣令 갑1호로 제정된 '유곽 및 창기 단속규칙'에 대해 소묘해 둔다. 그 이유는 당시 타이완에서 강제 성병 검진치료의 대상자로 여겨졌던 것은 매춘 행위가 법적으로 인정되었던 창기, 법적으로 인정되지 않았던 밀매음자密賣淫者, 법적으로는 인정되어 못했지만 대체적으로 묵인되고 있던 예기작부藝妓酌婦였는데, 이 중 일본군 장병이 성 수요의 대상자로 가장 많이 이용한 것이 창기였기 때문이다.

'유곽 수준 창기 단속규칙'은 일본군 장병과 관리를 비롯해 재타이완 일본인 남성을 위한 규칙으로 각 지방 관청에 도입되어 갔고, 1906년 2월에 민정장관으로부터 각 지방 관청에 '유곽의 창기 단속규칙 표준'으로 통달되었다. 창기에 대한 강제 성병 검진치료를 정한 법령은 다음 타이베이 현령 제2호로 '창기 신체검사 규칙', 타이베이 현령 제3호로 '창기 치료소 규칙' 등이 잇따라 제정되었다. 얼마나 타이완 총독부가 일본군 장병의 성병에 신경을 쓰고 있었는지를 알 수 있는데, 그만큼 타이완의 성 수요가 왕성했음을 입증하고 있다.

육군 군의학회을 출판원으로 하는 『군의학회잡지軍醫學會雜誌』는 청일전쟁이 발발한 1894년에 간행이 개시되어 1909년까지 발행된 중요한 자료이다. 이후 이 잡지는 『군의단잡지軍醫團雜誌』로 명칭을 변경한다. 군사 기밀에 상당하는 사항이 게재되었기 때문에 비밀 유지를 위해 발행이 중단되었을 것이라 생각된다. 이 잡지에 의하면 1896년의 조사결과로는 타이완 수비군 장병 약 16만 명 중 성매매에 의해 성병에 걸린 사람이 492명에 달했다. 성병 환자가 많이 존재했던 것은 일본군 당국에 심각한 위기감을 안겨줬다.

　일본군 장병의 이환罹患의 실체에 대해서는 매매춘에 대한 반대운동을 하고, 폐창운동의 선구적 역할을 담당하고 있던 꾸오칭후이廓清會의 기관지 『꾸오칭廓清』(제17권 8호, 제29권 6호, 不二出版, 1995년 복각판)에 자세히 기록되어 있다. 이 문서는 요시미 가네코吉見周子의 『매춘의 사회사売春の社会史』(雄山閣出版, 1948)에도 수록되어 있다. 이하 이 책에 수록된 자료에서 몇 군데를 인용한다.

　화류병花柳病이나 매독 등 성병 환자를 조사한 결과, 일본은 전국 각지에 환자가 존재했다. 이환률罹患率만 보면 1926년에 1.5%였던 히로시마広島는 1938년에도 거의 비슷한 비율이었고 명 수는 232명에서 245명으로 약간 증가했다. 두 해 모두 후쿠오카福岡의 이환률은 1.6%대였으며, 명 수는 317명에서 350명으로 증가했다. 다이쇼 시대의 이환율 약 3.2%로 높은 비율을 기록했던 나가사키長崎에서는 쇼와昭和기에는 1.3%까지 발병률이 감소했다. 한편으로 식민지 조선에서는 다이쇼기의 2.2%(32명)가 쇼와기에 0.9%(36명)로 이환율이 감소하고 있다. 타이완에서도 다이쇼기에 2.1%(22명)가 쇼와기에는 1.7%(41명)로 이환률은 소폭 감소 상태였다. 아마도 일본군 당국이 성병 대책을 강구했기 때문일 것이다. 타이완, 특히 규슈·시코쿠 지방, 그중에서도 히로시마 지역에서 이환률이 높았다.

　1926년에 피검사 인원 총수 527,787명 중에 그 어떤 성병에 걸린 자가 7,008명(이환율 1.3%), 1938년에는 피검사자 599,327명 중에 6,631명(이환율 1.1%)의 발병자가 기록되어 있다. 피검사 대상자가 많기 때문에 발병률은 낮은 숫자밖에 나오지 않았다. 그것보다 성병 이환자의 절대수가 매우 크다는 것을 알 수 있을 것이다. 그 점에 대해서 일본군 당국은 일관되게 대책을 내놓을 필요에 직면해 있다고 할 수 있다. 다음으로 그 대응책의 일단을 타이완의 사례로 소개하고 싶다.

일본군의 성병대책

1898년에 타이완 공창 제도 규칙이 제정된 전후에 타이베이시台北市 완후아취万華区의 멍야롱산쓰艋舺龍山寺 서쪽에 '유곽'이 설치되었다. 이외에도 지룽의 티엔랴오깡田寮港과 위티엔띵玉田町 얼팅무二丁目, 신주新竹의 난먼와이南門外, 타이중台中의 창빤띵常盤町과 추인띵初音町, 창후이彰化의 시먼西門, 지아이嘉義의 시먼와이西門外, 타이난台南의 난시띵南勢町과 신띵新町 이팅무一丁目, 마꿍馬公의 청내이城內, 후아리엔깡花蓮港의 푸주福住 등 타이완 각지에 유곽 지정지가 만들어졌다. 이러한 장소에 일본으로부터도 창기가 대량으로 유입되면서 고액의 수입을 얻게 되었다.

참고로 필자의 고향인 이란시엔宜蘭県 라똥쩐羅東鎮의 예전 집 옆에는 '라똥羅東회관'이라는 건물이 있었다. 이것은 일본인이 경영하는 고급 창관娼館으로 타이완인은 받질 않았다. 부근에는 류큐관琉球館, 조선관朝鮮館 등의 창기 및 타이완의 사창가가 있었는데 그곳은 하류계층을 대상으로 하는 오락시설이었다.[1]

그런데 일본 제국 통치하의 타이완 부녀자의 많은 수가 성 수요를 충족시키기 위한 존재로서 가혹한 환경을 강요당했다. 그 역사는 일본의 타이완 점령과 동시에 시작되었지만, 타이완 위안부의 문제는 현재까지 선행 연구의 축적은 일부 존재하지만 일반적으로 그다지 관심의 대상이 되지 못했었다고 할 수 있다.

한국에서는 1992년 김학순 할머니가 종군위안부임을 밝힌 이후 국내뿐만 아니라 타이완과 일본에서도 상당한 관심 대상이 되었고, 증언 작성, 자료 발굴 등을 바탕으로 과감하게 연구가 진행되어 왔다. 그리고 위안부 동상이 서울의 일본 대사관 앞을 비롯해 미국 등을 포함해서 해외에서도 건립되기에 이르렀다. 한국에서 '위안부 동상'이 설치된 것을 계기로 타이완에서도 종군위안부 문제가 일반 대중의 관심을 끌게 되었다. 한국정신대 문제대책협의회가 매주 수요일 서울 일본 대사관 앞에서 항의 활동을 하고 일본 정부에 사죄와 위안부 문제의 해결을 요구하고 있는 것은 당연히 타이완에서도 자세히 보도되어 왔다.

타이완의 종군위안부 문제, 예를 들어 타이완사연구소臺灣史研究所 부연구원이며 국립 정치대학·국립 중앙대학 역사연구소 교수인 주더란이 집필한 『타이완 총독부와 위안부台湾総督府と慰安婦』(明石書店, 2005)가 일본 통치시대의 타이완에서의 화류 산업을 상세하게 추적하여 그 제3장 '도항 정책과 타이완다오臺灣島 내외의 위안소 제2절 일본 군인과 위안소'에서 종군위안부의 실태를 자세히 논하고 있다.

주더란의 연구 성과를 바탕으로 타이완에서 위안부 문제가 특히 주목을 받은 것은 2018년 8월 14일 타이난시臺南市에 종군위안부 동상이 건립되었을 때이다. 게다가 최근 뉴스로 보도된 것은 2019년 8월 14일에는 타이베이 시내에서 여성 단체 회원 약 100명이 '일본타이완 교류회관' 앞에서 종군위안부 문제를 둘러싼 일본 정부의 대응을 비판하는 집회를 개최한 것이었다. 그곳에서는 '피해자에 대한 사죄와 배상'을 요구하는 문서를 읽어내려갔다.

타이완에서의 종군위안부 문제에 대한 관심은 확실히 깊어지고 있지만, 이러한 운동의 첫 계기를 만든 것은 '타이베이시 부녀 구원 사회복지 기금회台北市婦女救援社会福利事業基金会'(이하 타이완 부원회台湾婦援会)였다. 타이완 부원회는 2006년 8월 9일 다음과 같은 성명서를 발표한다. 조금 길기는 하지만 타이완의 종군위안부 문제의 핵심을 찌르고 있음에 이 모임의 공식 사이트에서 인용해 보기로 한다.

1. 타이완에서 유일하게 남아 있는 위안소 터를 보호하고, 그곳에 제2차 세계대전 기간 동안 대일본 제국 군대에 의해 피해를 입은 여성들을 위한 기념 공원을 설립한다. 이 유일한 위안소 터는 타이완 동부 후아리엔(花蓮)의 산악 지대에 있습니다. 종전 이전에 일본 군인은 거기에서 많은 젊은 원주민 여성을 강간하고 성폭행을 가했습니다. 그런 현장을 아무도 모르게 역사의 어둠 속에 묻어버리는 것은 도저히 생각할 수 없는 일입니다. 이 현장의 보호의 주요 목적은 1945년 이전에 젊은 여성들을 덮친 불행한 사건에 대해 아이들과 세상을 향해 교육하는 것입니다.

2. 타이완에서의 여성에 대한 범죄에 맞선 운동의 역사를 남긴다. 타이완의 '위안부' 여성, 많은 인권운동가, 그리고 수많은 여성 단체는 16년이라는 세월을 통해 일본 정부에 대해 정의에 대한 보상을 요구했습니다. 그 이야기는 성 노예가 된 여성들에 한정되는 것이 아니라 이 운동 자체가 타이완 여성사의 일환을 이루고 있습니다. 그 모두를 보존하고 역사에 새길만 합니다.

3. 타이완에서의 '위안부' 제도와 일본군에 의한 잔학행위의 피해자에 관한 기념관을 설립한다. 이 기념관이 여성들에게 일어난, 그리고 타이완의

역사를 젊은 세대에게 전달하기 위한 수단이 될 수 있기를 바랍니다.

4. 젊은 사람들 사이에서 더 많은 유지(有志)를 모아 이미 타계하신 피해 여성과 지금 살아있는 '위안부' 여성에 대한 보상을 일본 정부에 요구해 나가겠습니다.

2006년 8월 9일 타이베이시 부녀 구원 사회복지 기금회

이 평이한 문장으로 구성된 성명은 아마도 타이완 종군위안부 문제를 논의하는 데 꽤 공유되고 있는 관점이 망라되어 있다고 생각한다. 왜냐하면 종군위안부 문제가 무엇보다 인권 문제로 자리매김되고 있고 그 인권을 침해한 책임에 대해서 제국 일본을 계승하고 있는 현재의 일본이 보상해야 함을 명확히 하고 있가 때문이다.

물론 타이완에서 종군위안부 문제에 관여하고 있는 연구자와 시민운동 단체도 적지는 않지만, 기본적으로는 타이완 부원회 활동으로 어느 정도 집약된다고 할 수 있다.

타이완의 역사 부정주의자들

타이완사회에서 종군위안부 문제에 대한 굴절된 감정도 현존한다. 위안부들에 대한 구제 조치 또한 실로 느릿느릿 이루어지고 있다. 예를 들어 1988년부터 2000년까지 타이완 총통(대통령)이었던 리덩후이李登輝의 자세를 여기에서 조금 소개해 둔다. 이등휘의 움직임은 저항과 피해를 정면으로 마주하려 하지 않는 타이완 정부와 공무원의 자세를 보

여주고 있다고 생각되기 때문이다.

이등휘는 타이완 식민지시대에 '이와사토 마사오岩里政男'라는 일본 이름을 쓰며 교토대학에서 유학을 했다. 식민지 타이완에서의 유학이었기 때문에 에 '내지 유학'이라고도 할 수 있다. 일본 패전을 계기로 타이완에 돌아와서도 유창한 일본어를 구사하며 전후에도 친일적 자세를 일관되게 유지했다. 총통직에서 물러난 후에도 기회 있을 때마다 방일을 반복했던 그야말로 친일파이다. 이등휘로 대표되는 타이완의 정치인과 관료의 지위에 있는 친일파는 이후에도 일본의 타이완 식민지지배에 대해 긍정적인 발언이나 감정을 토로하는 경우도 적지 않아 일본과의 국교 단절 이후에도 일본 정부의 식민지지배 책임을 묻는 소리를 한 적은 거의 없었다.

이등휘를 필두로 한 친일파의 대부분이 식민지 통치하의 타이완인이 경험한 피해 구제에 대한 움직임도 없었고 또한 배상을 청구하지도 않고, 심지어 일본의 지인과 우파 학자와 호응하는 자세를 보인 사례조차 있었다. 예를 들어, 이시하라 신타로石原慎太郎, 시바 료타로司馬遼太郎, 고바야시 요시노리小林よしのり 등 일본의 식민지지배에 긍정적인 지론을 전개하는 일본의 유명 인사의 타이완 방문을 환영하고 그 기회에 일본 제국 통치의 정당성과 합법성을 미화했을 뿐만 아니라 군국주의의 산물인 무사도 정신을 강조하기도 했다. 그러한 행동은 타이완인의 대일 자세에 적지 않은 영향을 주는 결과가 되었다.

또한 타이완인과 외성인外省人의 역사관의 괴리도 문제였다. 즉 직접 식민지지배의 피해를 경험한 타이완인과 전후에 중국 대륙에서 들어온 중국인과는 역사 체험상 큰 온도 차가 있었던 것이다. 그 온도 차가 타이완 종군위안부에 대한 자세에서 차이로 이어지고 동시에 구제 조치에 대한 움직임을 둔하게 만들어 가는 원인이기도 했다.

타이완 정부와 이등휘로 상징되는 자세에 대해서 비판의 논조를 펼치는 타이완 중앙연구원 교수 주덕란은 그의 저작『타이완 위안부台湾慰安婦』(明石書店, 2005)에 다음과 같은 내용을 담고 있다. 즉 1999년 '타이완 부원회'는 타이베이청핀台北誠品 서점에서 다큐멘터리 영화〈할머니의 비밀－타이완 위안부 고사故事〉를 최초로 상영한 것은 타이완 위안부운동의 획기적인 사건으로 자리매김되었다. 뿐만 아니라 "타이완 정부의 일본 정부의 위안부 처리에 대한 태도는 외교 사령辭令의 형식적인 견책에 불과해 일본을 비난하는 국제사회 진영에 가담하지 못하고 있다"라고 지적했다.

실제로 일본 우익 정치 단체는 일본에 아첨하는 리덩후이를 높이 평가하고 일본의 인기 만화가 고바야시 요시노리는 타이완에 와 리덩후이를 방문한 뒤 일본에서『타이완론台湾論』(小学館, 2008)을 출판했다. 그 안에서 가장 논란을 부른 것은 일제하에서의 타이완 위안부는 자신의 희망에 의한 것으로, 일본에 의해 강제된 것은 아니라고 발언으로 타이완사회가 떠들썩했다. 이 고바야시의 발언을 긍정적으로 받아들인 타이완인 사업가도 또한 많았다. 예를 들어 리덩후이의 친구이자 반도체 설계회사인 웨이취엔디엔즈꼬우펀요우시엔꽁스偉詮電子股分有限公司 회장 차이혼찬蔡焜燦, 치메이실업奇美実業, Chimei Corporation 창업자인 쉬원롱許文龍은 고바야시의 발언을 전후로 하여 성명을 내고 타이완 위안부는 분명 자신이 희망한 자로서 강요된 것은 아니라는 것, 게다가 당시의 일본군은 창기를 효과적으로 관리하여 성병을 예방하는 데 노력했었다는 것, 그리고 위안부는 안정된 수입을 얻었다는 등의 지적을 했다.

타이완 위안부 여성은 이런 타이완 내외의 발언을 통해 지금까지도 반복해서 인권 침해를 당하고 있다. 리덩후이. 차이훈찬, 쉬원롱 등은 말하자면 일본 제국 통치하의 '유아遺兒'라고 할 수 있다. 그 발언은 대부분의 타이완인들이 도저히 용서할 수 없는 것이었다. 이러한 타이완인 부녀자를 필두로 한 피해에 대해 실태에 큰 분노를 느끼는 많은 타이완인들을 무시한 채 타이완 정부의 일본 정부에 대한 사죄와 배상 요구는 거의 이루어지지 않았다. 이러한 타이완 정부의 자세가 피해자들에게 다시금 고통을 안겨주었다.

4. 타이완 종군위안부의 현황과 과제

전후까지 이어지는 타이완 종군위안부의 고통

위안부 문제는 해마다 국제인권 문제의 일환으로 국제사회에서 공유해야 할 문제로 인지되기 시작하고 있다. 그러나 당사국인 일본 정부의 태도는 피해자에 대한 구제 조치로 아시아 여성기금의 설립 등의 시도를 하긴 했지만 불충분하다는 비난에서 벗어날 수가 없다.

필자는 지금까지 이미 다섯 차례에 걸쳐 북한을 방문했고, 2018년 5월에는 조선사회과학원 역사연구소에 정식으로 초빙되어 타이완 첫 방문학자로 공동연구를 실시했다. 초빙되었을 때 평양의 항일 기념관을 참관하고 거기에 대량의 원문 사료가 보관되어 있는 것을 알고 충격을 받았다. 조선 인민과 관료는 "하루라도 역사의 교훈을 잊지 않는다. 한시도 국치를 잊지 않는다"는 강한 신념을 보유하고 있다는 깊은 인상을 받았다. 종군위안부 문제에 대해 논의를 했을 때 북한 학자들은 위안부를 '성노性奴'라고 불렀다. 이것은 우리가 종군위안부를 '성노예'라든가 '성적 노예sex slave, sex slavery'라고 부르는 것과 완전히 동일하다.

동일한 호칭으로 파악하고 있다는 점에서도 향후 북한과의 연구 교류도 구체적으로 진행해야 할 것이라 통감했다. 북한에 현재 얼마나 종군위안부 할머니가 생존해 계시는지는 밝혀지지 않았다. 한국의 원폭 피해자의 실제 수가 판명되고 현재 합천에 원폭 자료관이 건설되어 원폭 피해자의 구제가 본격화되고 있는 것처럼 성 피해자의 구제도 시급하다.

그러한 사례가 있는데도 그런 한편으로 타이완 국내에서의 종군위안부 연구는 분명히 한국과 일본에 비해 뒤처져 있다는 느낌은 부정할 수 없다. 그보다는 오히려 구제에 대한 실마리를 찾는 긍정적인 태도가 연구자와 일반 대중 사이에서 시작되고 있는 반면에 타이완 정부 내에는 이를 정면으로 부정하는 언동도 여전히 존재한다. 이미 일부에서는 뛰어난 연구가 나오기 시작하고 있지만, 대체로 타이완 인문사회과학계에서는 일본의 식민지통치 지배와 타이완 위안부 문제에 대한 관심도는 여전히 높지 않다. 그뿐만 아니라, 타이완 위안부 문제에 대해서 "강제였다는 증거는 있는가?"라는 부당한 발언도 입법부 주변에서 나오고 있어 종군위안부에게 더욱 상처를 주는 상황이 벌어지기도 했다.

한편, 미래를 짊어질 타이완 청년 학생들 사이에서도 종군위안부 문제에 대한 관심은 상대적으로 낮다. 예를 들어, 2014년 3월 17일 타이완 입법원에서 타이완과 중국 간의 서비스 분야의 시장 개방을 목표로 하는 '서비스 무역 협정'의 비준을 향한 움직임에 항의하며 격앙한 학생들이 일시 입법원을 점거하는 운동이 일어났다. 이것은 해바라기太陽

花운동의 일환으로 일련의 정부 방침에 대한 불만과 반발이 작용한 것이었다. 그러나 이 청년 학생들의 해바라기운동에서 종군위안부 문제를 비롯해 일본의 타이완 식민지 지배에 대한 부당성을 호소하는 역사 문제에 대한 관심은 일체 보이지 않았다.

해바라기운동은 톈안먼天安門 사건의 재현과도 같은 '준혁명운동'이라 스스로 규정하고는 있지만 그 실태는 '중국 복무 경제 문제에 반대'로 일관한 것이었다. 이 해바라기운동의 배후에는 민진당의 지원이 있었음은 의심의 여지가 없다. 청년 학생들이 현재의 경제 문제나 양안 문제에는 관심을 보여주었지만, 유감스럽게도 종군위안부 문제 등 역사 문제에 관심이 없었다는 점에서는 이전의 리덩후이가 이끈 국민당과 큰 차이가 없다.

타이완에서의 종군위안부 문제 구제 운동

해바라기운동 이후 마잉주馬英九 총통이 이끈 국민당은 정권을 잃고 해바라기운동을 지지하던 차이잉원蔡英文이 2016년 5월 중화민국 총통에 취임했다. 타이완 최초의 여성리더로서 종군위안부 문제에 적극적으로 관여하여 구제방법을 모색하리라 기대되었지만 취임 이래 종군위안부 문제에 관심을 보이지 않고 마치 타이완에는 종군위안부 문제가 존재하지 않는 것 같은 자세로 일관했다. 취임 전 차이잉원 총통은 이 문제에 국민당과는 반대로 적극적인 자세를 보였었고 민진당 주석으로 있던 동안에 몇 번씩이나 타이완 위안부 단체를 방문하여 타이완 위안부와의 면담 기회를 가졌음에도 불구하고 말이다. 그 후는 민진당보다도 야당이 된 국민당 쪽이 종군위안부 문제에 관심을 가지게 된 것은 어처구니없는 일이다. 실제로 2018년 8월 14일 타이난시에 타이완에서 최초로 건립된 종군위안부상 제막식에는 마잉주 전 총통이 출석했다.

식을 주최한 것은 같은 해 4월 국민당 타이난지부의 셰룽제謝龍介 주임위원의 협력으로 창설된 위안부 인권 평등 촉진협회였고, 마잉주 전 총통이 식을 전담하였다. 현재 타이완에는 58명의 종군위안부가 확인되었는데 이 중 두 명만이 생존해 있다. 이번 종군위안부상의 건립을 둘러싸고 집권 여당인 민진당과 야당인 국민당은 서로 다른 견해를 표명했다. 종군위안부 문제에 리덩후이 총통시대와 달리 위안부상 건립에서 나타났듯이 적극적으로 움직이기 시작한 국민당에 대해 특히 민진당 타이난 지부는 '국민당에 의한 위안부 정치 이용'이라는 견해를 표명했다. 또 일본의 타이완 창구기관인 '일본 타이완 교류협회'는 제막식이 거행된 다음 날인 15일 국민당 타이난시 지부 관계자 등의 위안부상 건립은 일본 정부의 입장이나 지금까지의 대처와는 모순된 것으로 '대단히 유감'이라는 성명을 발표했다.

'일본 타이완 교류협회'가 말한 지금까지의 대처란 일찍이 일본 정부 주도로 창설된 아시아 여성기금에서 타이완 위안부 13명에게 '상금'으로서 1인당 200만 엔, 의료·복지 지원사업비로서 1인당 300만 엔을 합친 500만 엔을 지급함과 동시에 일본 수상의 사죄 편지를 위안부에게 보낸 것을 의미한다.

큰 권력을 쥐고 있는 민진당의 타이완 위안부 문제 해결에 대한 대책은 미흡하다고 말하지 않을 수 없다. 집권 후는 모든 것이 표에 대한 고려로 모아져 거꾸로 일본에 아부하는 모양새를 보이고 있다. 조상을 배신하고 일본에 아첨하는 자세는 마치 '일본이 조국'이라는 착각을 하고 있는 듯이 보인다. 이런 사태에서는 타이완 위안부 문제 해결의 실마리를 찾기가 쉽지 않다. 그 의미에서 현재는 희망을 가질 수 없다. 왜냐하면 민진당이 타이완 위안부를 위해 정의를 주장하는 것은 도저히 상상할 수 없기 때문이다.

그러한 정부의 자세와 달리 타이완 위안부 문제에 대해 과거에서 현재까지 모든 민간단체가 일본에 대한 교섭, 항의를 표명하고 있다. 필자도 차이잉원 총통의 임기 만료 전에 일본 제국에 핍박당한 타이완 위안부를 위해 권익을 쟁취하고 생존해 있는 두 명의 위안부에 대한 구제를 총통부에 요청한다. 동시에 국제기자회견을 열어 타이완 위안부의 정의를 되찾을 기회를 갖고 싶다. 그렇게 함으로써 일본의 성폭력을 견책謹責하고 세계 각국을 향해 타이완 위안부 문제가 미해결인 채로 남아 있음을 호소하고 싶다.

일본의 역사 부정주의자의 동향과 반론

이러한 가운데 종군위안부를 폄훼하는 사건이 일어나고 있다. 주식회사 엑스-브레인즈X-brains 대표 이사이자 '위안부의 진실' 국민운동의 후지이 미쓰히코藤井実彦 간사가 2018년 9월 6일, 타이난시에 있는 위안부상에 발차기를 한 것이 발각된 것이다. 이에 중국 국민당 의원과 시민들이 타이베이시에 있는 일본 타이완 교류협회日臺交流協會 앞에서 후지이에 대한 항의 활동을 벌였다. 후지이의 행동은 타이난시에 종군위안부 동상이 건립된 것에 대한 불만의 표명이었다. 이러한 일본 우익의 행동에 대해 차이잉원蔡英文 총통과 민진당 정부 관료의 일본에 대한 태도는 미온적이다. 일본인의 타이완에서의 난폭한 행동을 용서하고 타이완인의 존엄성을 무시하는 행위에 대해 타이완 정부는 그 어떤 엄중한 성명도 제출하지 않은 것이다. 한편 일본 내각관방 장관 스가 요시히데菅義偉는 "타이완에 설치된 위안부 동상에 대해 매우 유감"이라며 건립을 비판하는 성명을 발표했다.

한국 대응의 차이를 보면, 미국의 트럼프 대통령이 한국을 방문했을 때 한국 문재인 대통령은 위안부와 트럼프 대통령과의 면담을 실현시켰고 그 대응 방식이 국제사회의 호감을 얻었다. 일본인은 체면을 잃게 된 셈이다. 이와 반대로 타이완 집권당의 차이잉원 총통은 트럼프 대통령이 보여준 것과 같은 감정을 표명하지도 않고 단지 일본에 대한 자극을 회피하는 것을 우선시했다. 타이완 정부는 역사의 교훈을 마주하면서 깊이 반성하고 있지 않다고 받아들여져도 어쩔 수 없다. 그러한 정권의 위안부 문제에 대한 태도는 매우 문제가 많아 깊은 실망과 분노를 사고 있다 해도 좋을 것이다. 이러한 사건의 배경에 있는 것은 무엇보다도 일본인 속에 있는 왜곡된 역사 파악과 역사 인식에 있을 것이다. 새삼 전후 일본이 전쟁에 대해 책임을 지는 방식에 중요한 문제점이 남아 있는 것으로 보인다.

즉 아시아 태평양 전쟁에서의 패배가 확실시되자 일본군과 일본 정부는 철저하게 공문서 폐기에 동분서주했다. 역사의 상자를 열고 거기에서 교훈을 꺼내야 할 자료의 대부분이 상실되었다. 거기에는 당연 종군위안부 문제와 관계된 문서도 포함되어 있었을 것이다. 그러나 그 후 일본 연구자를 중심으로 관련 자료의 발굴, 정리 작업이 열심히 진행된 결과 이 글에서 소개한 바와 같은 자료가 출판 또는 복각되었으며 그 결과 많은 증언도 있고 하여 이 문제의 연구와 조사는 지금 비약적으로 이루어지고 있다. 그 반동으로 침략전쟁이나 종군위안부의 존재 자체를 부정하려는 역사 부정주의자 무리가 현재도 일정한 세를 형성하고 있다.

이 글에서도 일부 소개한 것처럼 구 일본군의 성폭력과 제국 일본의 비인권적인 행동이 밝혀졌다. 이러한 성과에 의해 종군위안부의 실태와 그러한 비인권적인 행동을 낳은 역사의 배경이 제시되고는 있지만 일본 정부의 전면적인 사죄와 보상에 대한 행동은 여전히 극히 일부에 머무르고 있다. 오히려 필자는 여전히 일본 정부가 전쟁 전의 일본 제국 식민지통치, 위안부 사료의 공개에 소극적이라고 느끼고 있다. 일본 정부뿐만이 아니다. 패전 후 일본은 과거의 역사, 침략전쟁에 대해서 말하려 하지 않고 침묵을 지키고 있다. 일본 학계의 대부분도 보수적인 멘털리티를 유지하고 있어 그 때문에 진상 규명에 소극적이기조차 하다.

그러한 가운데 과거 일본의 국회의원들이 이 문제에 진지하게 임했던 실적은 기억해 두어야 한다. 예를 들어 1992년에 변호사이자 중의원 이토 히데코伊東秀子 의원은 '남방 파견 항자航者에 관한 건'(亜密受 第2259호, 1942.3.12)를 발견해 공표했다. 그것은 타이완군 사령관으로부터 육군대신陸軍大臣 앞으로 타전된 전보문이다. 거기에는 "일본 육군 기밀문서陸密 제63호에 관해 '보르네오'행 **위안토인**慰安土人 50명 가능한 한 파견 각 방면 총군으로부터 요구를 받다"(강조는 인용자)라는 문구가 있다. 문중의 '위안토인'이란 당시의 차별 용어로 종군위안부를 가리킨다. 도항 허가자는 타이베이와 지룽基隆의 수배업자이다. 1942년 3월에 '전시해운관리령'이 교부되어 종군위안부의 이동은 군이 인솔·관리한 것이다. 종군위안부의 실태를 명확히 보여줌과 동시에 일본 정부의 진지한 대처를 요청했다.

또한 2012년 8월 16일에는 한일문화연구소의 김문길 소장 (부산외대 명

예 교수)가 국방성 전사부戰史部 도서관에서 타이완군 참모장이 부관 앞으로
타전한 '타이완으로부터의 전보臺電 935호'(1942.6.13)를 발견해 공표했다.

거기에는 "올해 삼월 타이완으로부터의 전보 제602호 신청 일본육군아
시아기밀문서陸亜密 제188호 인가에 의해 '보르네오'에 파견된 **특종 위안부**
50명에 관한 현지 도착 후의 실황 인원이 부족해 가업稼業을 할 수 없는
일 등이 생겨 20명을 더 증가할 필요 있음"(강조는 필자)이라고 기록되어 있다.
여기에서도 종군위안부를 '특수 위안부'라는 용어로 차별화하고 있다.

이 두 자료는 종군위안부가 일본군의 명령하에 민간의 수배업자를 이
용해 군이 종군위안부를 모집·연행했던 실태를 명확히 보여주고 있다.

이렇게 일본군 병력이 투입된 곳에 강제로 종군 당한 수많은 위안부
가 존재했던 것은 이미 부정하기 어려운 역사의 사실이 되었고, 또한
이의 직접 책임자로서 일본군의 책임은 중대하다.

5. 반성과 연대

글을 마치면서 일본이 종군위안부를 포함한 공창제도를 정착시켜 나
가는 계기를 마련한, 일본 근대화의 선구자로 여겨지는 후쿠자와 유키
치의 담론을 인용하고 싶다.

후쿠자와는 『시사신보』(1896.1.8)에 「인민의 이주와 창부의 이주」라는
제목의 논설을 발표했다. 당초 이것이 후쿠자와 본인이 집필한 것인가
하는 의심은 남아 있지만, 이 논설의 책임이 후쿠자와 본인에게 있음은
말할 것도 없다. 후쿠자와는 다음과 같이 말하고 있다.

세상 보통 논자는 매춘 부인이 해외로 돈을 벌러 나가는 것을 보고 몹시 불만스럽게 생각한다. 이런 종류의 추태는 나라의 체면을 더럽히는 것이고 반드시 금지해야 한다고 열심히 논하고들 있다. 부인들이 돈을 벌러 나가는 것은 사실이지만 이 때문에 나라의 체면을 더럽힌다는 주장은 전혀 이해할 수 없다. 창부업(娼婦業)은 원래 청결한 것은 아니다. 그렇다고 해서 천업(賤業)이라 주장하며 일반적으로 천히 여길 일도 아니지만, 모두가 이를 천히 여기는 것은 인류 도덕의 시선으로 이를 보기 때문에 그러한 것이다. 인간 사회에 창부가 없어서는 안 되는 것은 위생상 술, 담배의 유해함을 주장하면서 이것을 없애지 못하는 것과 같은 것으로 경세(經世)의 눈으로 보면 오히려 그 필요성을 인정하지 않을 수 없다.

요컨대 창부로 외지에 돈벌이를 하러 나가는 것은 문제가 아니고 국가의 체면을 더럽히는 것도 아니다. 어떤 의미에서 술이나 담배처럼 위생적인 문제는 있지만, 인간 사회에 불가결한 존재라 단언한다. 아마도 일본과 일본인이 갖고 있는 창부와 창기, 혹은 성 수요 등에 대한 기본 관념이 이 후쿠자와의 논설에 집약되어 있는 것은 아닐까.

말하자면 일본 특유의 성문화가 존재하고 있었고 그 연장선상에서 위안부의 부족을 보전하기 위해 앞에서 소개한 '위안토인'이나 '특수 위안부'라는 차별적 용어를 사용하면서 종군위안부를 타이완을 비롯해 일본의 식민지와 전장에서 강제 모집하여 성적 봉사를 강요해 나갔다고 말할 수 있다. 그런 의미에서 타이완 종군위안부를 포함하여 종군위안부 문제의 근원에는 일본 고유의 성문화와 후쿠자와의 언설에 나타난 참기 어려운 여성차별 의식이 각인되어 있었음을 알 수 있다. 그러한 일본의 특성이 일본의 끊임없는 침략전쟁과 식민지지배 속에서 증폭되어 간 것이다.

　이러한 종군위안부 문제의 근원적인 과제에 현재의 일본은 어디까지 정면으로 마주하려 하는가? 분명 2015년 12월, 당시 한국 외교부 윤병세 장관과 일본 외무상 기시다 후미오岸田文雄는 회담 후 위안부 문제에 대한 공통 인식에 도달했다고 발표했다. 기시다 외상은 기자 회견에서 "책임을 통감한다"고 했고, 또 아베 신조 일본 총리도 '사죄'와 '반성'을 입에 담았다. 그러나 이것은 정치적인 '가짜 사죄'로 마음으로부터의 사죄라고는 도저히 받아들일 수 없는 것이었다. 특히 일본 정부는 타이완은 한국과 달리 종군위안부 문제는 사실상 존재하지 않는다고 말하는 것 같은 대응 방식을 유지하고 있다. 그것은 종군위안부 문제에 국한된 것이 아니지만 역사를 부정하는 태도이다.

　우리 타이완에서도 한국이 위안부 문제에 대처하는 방식을 배우면서 이 문제를 더 진지하게 파악해 갈 필요를 통감하고 있다. 최근의 구체적 방법으로 우리는 식민지 타이완 시대의 '신치지에新起街'라 불리던 현재의 신치띵新起町에 위치하는, 예기藝妓가 타이완으로 들어와 처음 창업했던 지역인 타이베이시 시먼띵西門町 홍로우紅樓 앞 광장에 위안부 동상을 설치하고 이 인류의 역사적 비극을 기리는 운동에 임하고 있다. 현재의 집권 정당인 민진당은 종래의 이 문제에 대한 노력이 불충분했음을 인정하고 타이완 정부의 책임이란 면에서 종군위안부의 인권을 되찾는 구제 조치에 나서야 한다. 동시에 일본 정부에 대해서 정면으로 사과를 요구해야 할 것이다. 이렇게 함으로써 역사에 새로운 페이지를 추가하고 인류의 평화를 실현하기 위한 운동에 동참해야 할 것이다.

주석

1   이상의 내용에 대한 자세한 내용은 三文字昌也, 「台湾における遊郭立地の研究 1895~ 1945－植民地都市計画論の見地から」『東京大学修士論文梗概集』, 2017을 참조

참고문헌

中村三郎,『日本売春社会史』, 青蛙房, 1959.

森克己,『人身売買－海外出稼ぎ女』, 至文堂, 1959.

井上清,『天皇の戦争責任』, 現代評論社, 1975.

喜安幸夫,『台灣統治秘史－霧社事件に至る抗日の全貌』, 原書房, 1981.

吉見周子,『売娼の社会史』(増補版), 雄山閣, 1992.

井出季和太,『南進台灣史考』, 南天書局, 1995.

Vern Bullough, Bonnie Bullough, 香川檀・岩倉桂子・家本清美譯,『売春の社会史'下・下－古代オリエン
    トから現代まで』, 筑摩書房・ちくま学芸文庫, 1996.

纐纈厚,『侵略戦争－歴史事実と歴史認識』, 筑摩書房・新書, 1999.

李鐘賢,『日本の戦争犯罪－過去と現正』, 朝鮮平壤外國文出版社, 1999.

婦女救援基會,『台灣慰安婦報告』, 台灣商務印書館, 1999.

金富子・宋連玉・西野留美子・林博史,『「慰安婦」－戦時性暴力の実態』, 綠風出版, 2000.

台灣婦女會,『聽看想』, 台北市台灣婦女會, 2001.

小林善紀,『台灣論』, 前衛出版社, 2001.

大塚桂,『明治国家の基本構造』, 法律文化社, 2002.

台北市婦女救援基會,『鐵盒裡的青春－台籍慰安婦的故事』, 天下文化書坊, 2005.

賴采兒・吳慧玲・游茹棻・Zheng-mei Ma,『沈默的傷痕－日軍慰安婦歷史影像書』, 商周出版, 2005.

高柳美知子・岩本正光,『戦争と性－韓国で「慰安婦」と向きあう』, かもがわ出版, 2007.

朱德蘭,『台灣慰安婦』, 五南圖書出版, 2009.

倉橋正直,『從軍慰安婦と公娼制－從軍慰安婦問題再論』, 共栄書店, 2010.

楊孟哲,『大侵略時代－日帝太陽旗下脫亞之役1894～1945』, 五南圖書出版, 2016.

麻田雅文,『シベリア出兵－近代日本の忘れられた七年戦争』, 中央公論社・文庫, 2016.

朴裕河,『帝國的慰安婦』, 玉山出版, 2017(日本語版,『帝国の慰安婦－植民地支配と記憶の闘い』, 朝日新聞
    出版, 2014).

제8장
동남아시아로 확대된 일본군 성 노예제
인도네시아와 동티모르를 중심으로

마쓰노 아키히사

1. 군 성 노예제

일본이 군 위안소를 최초로 설치한 곳은 1930년대 초 중국 상해였다. 1932년 1월, 일본은 자신들의 모략으로 제1차 상해사변을 일으켜 본래 주둔하고 있었던 일본 해군육전대海軍陸戰隊에 많은 육해군 병사를 파견했다. 이 때 먼저 해군이, 다음으로는 육군이 군 위안소를 상해에 설치했다. 1937년에 중일전쟁이 촉발하자 위안소도 급증했다. 그리고 "전선前線에서는 중국인 위안부를 징용하는 경우도 많았다."[1] 이러한 군 위안소에는 일본인 이외에 조선인과 타이완인 위안부도 있었다.[2]

그리고 일본은 1941년 12월 8일, 영국, 미국, 네덜란드에 선전포고를 하고 태평양전쟁을 촉발시켰다. 필리핀, 말레이, 버마, 네덜란드령 인도, 포르투갈령 티모르를 점령하고 뉴기니섬 동부 등 남서 태평양 지역에서 연합군과 전투했으며 결국 오스트레일리아까지 공격을 퍼부었다. 당시 남방이라 불렸던 동남아시아, 오세아니아에서의 작전을 총괄한 것은 프랑스령 인도차이나인 사이공에 설치된 남방군 총사령부였다. 이러한 일본군의 남방 전개와 함께 군 위안소도 동남아시아로 확대되었다.

일본은 남방 침략을 시작하기 전부터 각지에 군 위안소 설치를 이미 검토하고 있었다. 요시미[3]의 논고에 의하면 개전開戰 직전에 네덜란드령 동인도를 시찰한 어떤 군의관이 꺼낸 제언(1941.7.26)은 "일본 군인에 의한 강간 사건이나 성병이 만연해지는 것을 방지하기 위해", "촌장에게 분담하여", "엄중히 성병을 검사하여 군 위안소를 만든다"는 것이다.[4] 실제로 남방에 진출한 일본군에게 위안소 개설은 높은 우선 순위priority의 정책이었다. 예를 들어 일본군이 보르네오섬에 상륙한 1942년 1월부터 두 달 후인 3월에 군은 위안부를 타이완에서 보르네오로 이송하는 허가를 내렸으며 그 후 실행되었다.[5] 또한 연합국 군 총사령부 번역·통역과가 정리한 조사보고서 제120호는 "어떤 포로의 말에 의하면, 상당수의 병사가 주둔하고 있던 지역에는 이곳저곳에 위안소가 설치되었다고 한다", "일본군 당국이 곧바로 위안소를 설치한 것은 분명하지만, 그럼에도 불구하고 수요가 공급을 큰 폭으로 웃돌고 있는 것 같다"라고 적고 있다.[6]

이 글에서는 필자가 조사한 인도네시아와 동티모르의 일본군 점령하의 성 노예제의 실태에 대해 현재까지 밝혀진 사실의 개요를 살펴보고자 한다. 이와 같은 문제를 군 성 노예제라고 표현하기로 한다. 이것은 군이 병사의 성적 욕구를 만족시키는 것을 목표로 여성의 자유를 박탈하고 예속시켜 항상적으로 그녀들에게 성행위를 강요하는 것을 가리킨다. 소위 '위안소'라는 시설은 그 일부에 지나지 않는다. 실제로는 더욱 다양한 형태가 있으며 군의 관여도 전면적 · 직접적인 것에서 부분적 · 간접적인 것까지 폭이 넓다. 중요한 것은 군이 정책적으로 병사들의 성적 욕구 충족을 관리하는 제도에 책임이 있는지이며, 그러한 의미에서 군 성 노예제라는 표현이 적합하다고 할 수 있다.

2. 인도네시아의 군 성 노예제

일본이 네덜란드령 동인도(현재의 인도네시아)를 침공한 것은 1942년이다. 1월 1일에 보르네오 동부의 타라칸Tarakan에 상륙하여 2월 10일까지 네덜란드령 보르네오를 거의 제압했다. 2월 14일에는 수마트라섬의 팔렘방Palembang을 공격하고 3월 1일에는 자바Java 상륙 작전을 결행한다. 3월 8일에 결국 네덜란드는 무조건 항복했다. 일본군은 바로 군정軍政을 시작했고, 육군은 자바와 수마트라를, 해군은 그 외의 지역을 관할했다. 자바는 제16군, 수마트라는 제25군이 군정을 펼쳤다. 해군 지역에서는 군정이 아닌 '민정民政'이라는 호칭이 사용되었다.

일본이 인도네시아에서 언제 군 성 노예제를 개시했는지를 알려주는 자료는 현재 확인된 바 없지만, 늦어도 1942년 5월에는 조선인 위안부가 동부 자바의 수라바야Surabaya의 병참 숙박소에 들어가 있었다. 그것은 야전 고사포野戰高射砲 제45대대 제1중대의 「진중일지陣中日誌」 5월 13일에 "현재 병참 숙박소에서 휴양 중인 조선 위안부를 무단으로 데리고 나가는 자가 있다며 주의가 내려졌다"라고 적혀 있는 것으로 미루어 알 수 있다.[7] 또한 아시아여성기금의 웹사이트 '디지털 기념관 위안부 문제와 아시아어

성기금'에 의하면, 1942년 8월에 바타비아Batavia(자카르타의 옛 명칭 – 역주)에 제6위안소가 설치되었으며, 점령 개시로부터 반년 만에 수도인 바타비아에 6개의 위안소를 설치했음을 알 수 있다.[8] 게다가 다른 자료인 「종련봉갑終連奉甲 1588호」(종전연락중앙사무국 총무부 연락과, 1947.1.9)에 의하면 중부 자바의 스마랑 위안소 경영자 두 명이 3월에 "해남도海南島로부터 자바를 향해 항해했다", 그리고 "동년 8월부터 스마랑에서 위안소를 경영했다는 것이 기록되어 있다."[9] 이 세 개의 자료에서 일본군은 3월 군정 개시로부터 거의 공백 없이 군 위안소 설치 준비를 개시했다는 것을 알 수 있다.

군은 군 위안소 개설·운영에 어떠한 관여를 했을까. 그것을 알 수 있는 군 측의 자료는 현시점에서 발견된 바 없다. 자바 제16군에서도 수마트라 제25군에서도 "위안소 설치나 관리에 관한 규칙이 문장으로 발표되지 않은 것 같다."[10] 해군 관할 지역에 대해서는 '남부 셀레베스Celebes 매음売淫 시설(위안소) 조서(이하, 조서)'와 이것을 바탕으로 작성된 '매음 시설에 관한 조사 보고(이하, 보고)' 두 문서가 있다. 이것들은 스란Sulawesi(당시는 셀레베스)의 남부에 있었던 위안소에 대한 것이다. '조서'는 1946년 5월 30일, 난인蘭印군 군법회의 검찰관이 남부 셀레베스 전 지역의 위안소 시설 및 그 책임자를 조사하도록 명령한 것에 대한 회답의 일부로 해군 민정부 제2복원반장이 제2군 고급부관을 상대로 작성한 것이다. 이 두 문서는 인도네시아의 '종군위안부 관련 자료'로써 "가장 소상하며 구체적으로 기술되어 있으며 그 때문에 인도네시아 국내에서 가장 큰 반향을 일으켰다."[11]

일본 점령시대의 네덜란드령 동인도에는 당연히 많은 네덜란드 여성이 있었고 그녀들도 군 성 노예제(당시는 강제매춘이라 했다)의 피해자였기 때문에 네덜란드에서는 전후 이를 전쟁 범죄에 해당된다고 판단하여 보고서가 작성되었다. 보고서 작성자는 바트 벤 폴헤스트Bart van Poelgeest로 1993년에 외무대신 및 복지·보건·문화대신으로부터 조사를 위탁받아 1994년 1월 24일에 네덜란드 의회 하원의장에게 송부되었다.[12] 보고서는 안타깝게도 주석이 없어 참조한 문서가 기록되어 있지 않다는 문제가 있지만, 현지의 일본군 위안소의 일반적인 기술이 있어 참고가 된다.[13]

벤 폴헤스트 보고서에 의하면 육군이 관할한 자바에서 위안소는 허가제license制였다. 정기적인 검진과 지불, 여성이 자주적으로 일하고 있다는 서명을 한 진술서 등을 조건으로 허가증이 발행되었다.[14] 한편 해군이 관할한 보르네오에서는 "섬 안의 일본 기업 연합에 위안소 설치와 감독을 지시하고 나중에 해군이 직접 관리했다."[15] 그리고 특경대特警隊(해군 군경찰, 육군의 헌병대에 해당함)가 "매춘부를 모으는 책임을 지고 있었다."[16]

위 보고서는 제16군이 관할하고 있었던 자바섬에서 1943년 후반에 위안소 제도를 둘러싼 정책 변경이 있었다고 분석하고 있다. 그때까지는 허가제로 민간 업자를 관리한다는 방식으로 이루어졌지만, 1943년 중반 이후 "육군과 군 정부는 일본인과 조선인 업자의 협력 아래 위안소 설립을 직접 자신들의 관리하에 두기로 결정했다",[17] 그리고 "위안소에서 일하는 여성을 모으기 위해서 육군이나 헌병대가 직접 실질적인 권력을 행사하는 사례가 눈에 띄게 많아"졌다.[18] 정책 변경의 이유에 대해서 보고서는 "아마도 성병의 증가 때문으로 민간 매춘 숙소에서는 이 문제가 해결되지 않았기 때문일 것이다"라고 추측하고 있다.[19]

1943년 중반의 정책 변경은 수마트라나 해군이 관할하던 보르네오에서도 일어났다. 예를 들면 수마트라의 파당에서는 "1943년 후반부터 1944년 초반에 걸쳐 일본군은 수차례에 걸쳐 억류소의 지도관들에게 술집에서 일하는 여급女給을 내놓으라고 설득했지만, 강력한 저항이 있어서 이루어지지 않았다."[20] 또한 보르네오에서는 "1943년 9월 초, 일본군은 현지 여성과 일본군의 접촉을 금지함과 동시에 위안소를 각지에 설치했다."[21] 예를 들어, 서 보르네오의 폰티아낙Pontianak에서는 현지 일본 기업 연합이 위안소를 설치했지만 "나중에 군 정부가 위안소 관리를 자진해서 인수했다."[22]

벤 폴헤스트 보고서는 바타비아Batavia, 반둥Bandung, 칼리자티Kalijati, 페칼롱간Pekalongan, 마겔랑Magelang, 세마랑Semarang, 본도오소Bondowoso (이상 자바), 팔렘방Palembang, 파당Padang (이상 수마트라)와 같은 도시 외에 보루네오섬, 말루쿠 제도, 순다 열도, 뉴기니아섬에 위안소가 있었다고 기술하고 있다. 또 티모르섬이나 플로레스섬에 위안부가 보내졌다는 정보를 소개하고 있다.[23]

야마모토山本·호튼ホートン(1999)은 네덜란드 공문서 조사에서 발리Bali, 할마헤라Halmahera, 암본Ambon, 모아Moa에도 위안소가 있었다고 밝혔다. 특히 할마헤라에서는 일곱 채의 위안소가 있었다는 것이 네덜란드어 자료에 나와 있으며 와실레Wasile의 포에리Foeli라는 곳의 위안소에는 조선인이 5명, 카오에Kaoe의 위안소에는 중국인 4명이 있었다고 한다.[24]

벤 폴헤스트 보고서는 각지의 위안소에 몇 가지 유형이 있었다고 기술하고 있으며, 크게는 장교용 위안소와 일반 병사용 위안소로 구분하고 있다. 장교용 위안소에서는 종종 유럽인(주로 네덜란드인 억류자나 유라시안이라고 불린 인도와 유럽의 혼혈 여성)이 일하고 있었다. 위 보고서는 "일본군의 위안소에서 일하던 유럽인 여성의 수를 200명에서 300명으로 추정하고 있으며, 그중 적어도 65명은 매춘을 강요당했다는 점은 확실하다."[25][26]

군이 위안소 설치에 대해 어느 정도 관여했는지는 위안부 문제의 논점 중 하나이다. 위에서 기술했듯이 벤 폴헤스트 보고서는 1943년 중반의 정책 변경까지는 본래 현지에 존재했던 민간 매춘 숙소를 이용하거나 호텔 등을 일본인 전용 위안소로 하였고, 장교들은 자택의 가정부로 여성을 끌어들였다.[27]

또한 자바에서는 억류소에 들어간 네덜란드인 여성들을 위안부로 삼았다는 몇 개의 사례가 있다. 그중 두 건에 대해서는 전후 네덜란드 군임시군법회의(BC급 재판)에서 유죄 판결이 내려졌다. 가지무라梶村·무라오카村岡·가야스糟谷(2009)가 그 재판 자료를 번역했다. 가장 유명한 것은 '스마랑Semarang 사건'이라 불리는 것으로 이 글에서는 요시미吉見가 정리한 것을 바탕으로 개요를 제시한다.[28]

스마랑 주둔지 사령관이었던 남방군 간부 후보생대의 대장은 1944년 스마랑 주 장관으로부터 위안소의 설치를 요청받아 "나중에 문제가 일어나지 않도록 지원한 부인에게 자필을 받아두는 게 좋다", "자유 의지로 온 자만을 고용하자" 등의 이야기를 들은 뒤 설치를 실행했다. 그러나 간부 후보생대는 이 충고를 무시하고 강제적으로 억류소의 젊은 여성들 약 35명을 모아 스마랑의 위안소 4곳으로 보냈다. 그러나 일본에서 억류소를 감사하기 위해 온 육군성 담당자에게 억류소의 네덜란드인이 직소直訴했기 때문에 4곳의 위안소는 2개월 만에 폐쇄되었다. 그리고 전후 재판에서 13명이 판결을 받았는데, 설치를 담당한 육군 소령과 스마랑 클럽을 운영한 군속(업자) 2명이 사형을 선고받았다.

연합국의 여성을 '위안부'로 삼으려고 한 사건은 이 외에도 있다. 일본군에 붙잡혀 팔렘방에 수용된 오스트레일리아인 간호사가 전후 증언한 것 중에 일본군이 여성들을 '클럽'에 가도록 집요하게 명령하였고,

"요청에 응하지 않으면 굶어죽는다" 등의 협박을 했다고 한다.[29]

　해군이 관할했던 스란에 대해서는 앞서 언급한 '조서' 및 '보고'에서 전체상은 아니지만 어느 정도의 상황을 파악할 수 있다.[30] '조서'는 남부 세레베스에서 해군의 민정부가 허가한 시설이 23곳 있으며 그곳에 여성이 223명 있었다고 기술하고 있다. '보고'는 '조서'에는 없는 7곳, 58명을 추가하고 있기 때문에 합계 30곳 282명에 이르게 된다. 그러나 이만큼의 위안부 수 가운데 중국인은 한 명밖에 없다. 과연 이 중국인이 중국에서 끌려온 여성인지 본래 네덜란드령 동인도에 있었던 여성인지 확실하지 않다. 조선인 여성에 대한 기술도 전혀 없다. 가장 커다란 위안소였던 마카사르 시의 3곳의 위안소에는 90명의 여성이 있었지만, 그녀들이 몇 명인지는 명확하지 않다.[31]

　'보고'는 여성들이 처해진 상황에 대해서 "매음부売淫婦는 본인이 희망하면 영업한다", "군 사령부가 설비한 양호한 숙사에 이주하고 소정 시간만 접객하고 그 외의 행동은 자유롭게 한다", "매주 이틀은 쉰다", "양식은 영업자가 교부하며 의류, 일용품, 화장품 등은 군 사령부가 무상으로 교부한다", "종전 후, 피복류, 물품 및 금전을 주어 해산하게 한다", "수입의 50%는 매음부의 소득으로 한다" 등 상당히 좋은 대우인 것처럼 적혀 있다.[32] 육군 중사가 책임자이고 경비대가 직접 경영했던 파레파레Parepare의 위안소에는 "수입의 90%는 매음부의 소득"이라고 적혀 있다.[33]

　'보고'에 의하면 남부 세레베스의 많은 위안소는 군이 감시하고 민간업자에게 운영시키는 방식을 취했다. 그러나 그중에는 군이 직접 운영한 위안소도 있었다. 앞서 언급했듯이 파레파레의 경비대가 경영한 것 외에 켄다리Kendari에 있었던 3곳의 위안소 중 2곳은 해군소위가, 1곳은 파견대장이 "희망자를 모집하여 경영했다."[34]

이상의 문서 자료에서 알 수 있는 인도네시아 군 위안소의 상황은 군이 허가제를 취한 경우부터 업자에게 위탁한 경우, 혹은 부대가 직접 운영한 경우까지 군이 관여한 수준은 상당히 차이가 있었다. 군이 직접 경영하지 않았다고 해도 그 배경에는 군의 권력이 있었고 그로써 경영이 성립되어 있었다. 그것은 전후 네덜란드군 임시 군법회의에서 강제 매춘죄로 10년의 금고형에 처한 일본인 남성이 오너였던 사쿠라 클럽이라는 위안소이다. 그 남성은 본래 아케보노 클럽이라는 레스토랑을 소유하고 있었는데 1943년 6월 바다비아 시장의 명으로 사쿠라 클럽을 개업했다. 벤 폴헤스트 보고에 의하면 종전 후에 사쿠라 클럽에 있었던 9명의 여성이 "위안소에 일하러 온 것은 자발적인 것이었으나 일정 기간 일한 뒤 그만두고 싶다는 의사를 표시했더니 이번에는 자신의 의사와는 반대로 그곳에서 못나가게 했다"라고 증언했다.[35] 두 명은 일하는 것을 거부했기 때문에 헌병대에 붙잡혔지만, 한 명은 형무소에 유치되었다.[36] 즉 위안부의 모집이나 위안소의 경영은 민간 업자가 했지만, 여성들은 일단 들어가면 군에 의해 강제적으로 붙잡혀 있게 된 것이다.

인도네시아 사회의 '위안부' 문제

인도네시아에서 '주군 이안후jugun-ianfu'라는 단어가 사용된 것은 1990년대로, 인도네시아의 유력 주간지인 템포TEMPO가 1992년에 두 번에 걸쳐 특집호를 만든 이후부터라 생각된다. '종군jugun'이라는 표현은 반드시 필요한 것은 아니지만, 인도네시아의 매스컴에서는 그렇게 정착되었다. 단, 인도네시아어 위키피디아에서는 '이안후ianfu'라는 표제어로 되어 있으며(해석 원문에는 주군 이안후라고 되어 있다) 그것 또한 사용되게 되었다. 어느 것이든 일본어를 그대로 옮긴 것이고 이전에는 '와타니 푼히불wanita penghibur' 즉 '위안을 행하는 여성'이라는 인도네시아 말로 번역한 표현이 자주 사용되었다. 이 경우 '푼히불(위안을 행하다)'이라는 것은 반드시 성적인 의미에 한정되지 않고, '즐겁게 하다, 위안을 주다' 정도의 의미이다. 따라서 '와타니 푼히불'이라는 말을 듣고, '그게 뭐야?'라고 묻고 싶은 사람도 있었을 것이다. 그 때문에 요즘은 위안부를 '부닥 섹스budak seks' 즉 '성 노예'라고 표현하는 매스컴이 많다. '성 노예제perbudakan seks'라는 표현도 자주 사용된다.

물론 일본군 성 노예제의 피해자들의 호칭이 확립되어 있지 않다고 해서 그녀들의 존재를 인식하고 있지 않았다는 것은 아니다. 문제시되지 않아 피해자들도 목소리를 높일 수 없었기 때문에 언어화되지 않았을 뿐이다. 이 점을 조사한 구라사와 아이코倉沢愛子 씨에 의하면, 일본군 점령시대에 많은 여성이 "일본의 성적 희생이 된 것은 인도네시아 사회에서 주지의 사실"이며, 1959년의 어떤 신문의 투고란에 "성전聖戰을 돕기 위한 매춘부로 끌려온 소녀들"이라 언급하고 "진정한 배상을 받을 권리가 있는 것은 일본 병사들의 횡포의 희생자가 된 사람들이다"라고 기술하고 있다.[37]

인도네시아에서는 '노예'라는 표현이 국제적인 성 노예제sexual slavery라는 용어가 확산되기 전에 이미 사용되고 있었다. 1981년에 발표된 티티 사이드Titie Said의 소설 『파티마Fatima』를 1983년에 슈만자야Sjumandjaja 감독이 영화화한 것의 제목이 〈욕망의 노예Budak Nafsu〉였다.

위안부가 된 여성들의 비극은 문학, 영화, 텔레비전에서 몇 번이고 다뤄졌다. 1982년에는 판딜 크라나Pandir Kelana의 『카달와티-5개의 이름을 가진 여성Kadarwati-wanita dengan lima nama』이라는 소설이 발표되었고, 이듬해 소판 소피안Sophan Sophiaan 감독에 의해 〈카달와티Kadarwati〉라는 타이틀로 영화화되었다. 그리고 1994년에는 인기 여배우 예니 라흐만Yenny Rachman이 일본군에게 점유된 여성을 연기한 〈증언Kesaksian〉이라는 텔레비전 드라마(5회 연속)가 방송됐다. 2015년에는 E. 로카자트 아스라E. Rokajat Asura의 『주군 이안후-나를 미야코라고 부르지 마세요Jugun ianfu-jangan panggil aku Miyako』라는 소설이 출판되었다.

인도네시아에서 가장 유명한 작가라고 하면 프람디아 아난타 토르Pramoedya Ananta Toer를 떠올리는 사람이 많을 것이다. 그의 작품 『군에 잡혀간 소녀Perawan Remaja dalam Cengkeraman Militer』는 2001년에 인도네시아에서 발표되어 2004년에 일본어판 『일본군에게 버려진 소녀들-인도네시아의 '위안부' 비화』(야마다 미치다카山田道隆 역)가 출판되었다. 이 작품의 원고는 그가 브루Buru섬에 1969년부터 1979년까지 10년간 정치수로 유배된 기간에 완성한 것으로 기사 형태를 띠고 있지만 논픽션이라고도 말할 수 있다.[38] 브루섬에 위안부로 끌려와 고향에 돌아가지 못한 자바인 여성에 대한 귀중한 기록이다. 나중에 다큐멘터리 작가 안디 위디알타Ady Widyarta가 위안부 문제를 독자적으로 조사한 에카 힌드라Eka Hindra와 함께 제작한 다큐멘터리 〈마타오리-'위안부'의 이야기Mataoli - Kisah para 'Ianfu'〉(2009)는 브루섬에 남겨진 위안부였던 여성들을 취재하여 기록한 것이다.

'위안부'가 된 인도네시아 여성들

앞서 언급했듯이 인도네시아에서는 위안부 문제가 전후 보상 문제로 1990년대에 표면화되기 전부터 '위안부'의 존재는 알려져 있었고, 일반적으로는 비극이며 불운한 일이라고 간주되었다. '위안부'가 자신의 존재를 알리게 된 것은 1993년 4월에 일본 변호사 팀이 조사를 위해 인도네시아를 방문한 일이 계기가 된다. 이 때 변호사 팀이 방문한 족자카르타Jokjakarta의 법률부조협회LBH에는 너무 많은 사람이 찾아왔기 때문에 족자카르타 법률부조협회에서는 1993년 8월 말로 일단 등록을 마감했는데 "이 시점에서의 등록자 수는 317명(족자카르타 특별 주 84명, 중 자바 주 99명, 동 자바 주 16명 외)이었다."[39] 그 후 일본에서 전후 보상포럼운동이 시작되고 이에 참가했던 인도네시아 전 병보연락중앙협의회兵補連絡中央協議會가 전국적으로 등록 작업을 전개하자 19,573명이 등록했다.[40] 일본에서는 가와다 후미코川田文子의 『인도네시아의 '위안부'』(明石書店, 1997)가 출판되어 초기의 귀중한 증언이 기록되었다.

인도네시아에서 가장 먼저 증언을 공개한 사람은 투미나Tuminah 씨이다.[41] 그녀는 일본군이 침공했을 때 이미 성 노동자였고 19세 때 중 자바 주 소로Solo에서의 일본군의 '밤의 여자'들의 차출로 모인 사람 중 한 명이었다. 이미 성 노동자였다고 해도 1년 가까이 외출하지 못했고, 매일 밤 여러 명의 병사를 상대해야만 하고 시키는 대로 하지 않으면 매도당하고 단검으로 협박당하기도 했다고 한다. 게다가 돈을 받지 못했기 때문에 그녀에게 의지하며 살아가던 가족은 곤궁에 처하게 되었다. 명백한 성 노예제의 피해자이다.

마루디엠Mardiyem 씨는 1993년 변호사 팀의 인도네시아 방문 당시, 족

자카르타 법률부조협회에 등록한 피해자 중 한 명으로 그녀의 증언은 그 후 다큐멘터리가 되고(海南友子, 〈마루디엠 그녀의 인생에 일어난 일Mardiyem 彼女の 人生に起きたこと〉, 2001), 책으로 간행되었다.(エカ・ヒンドラ&木村公一, 『모모에, 그들은 우리를 그렇게 불렀다モモエ一彼らは私をそう呼んだ』, 2007)[42] 마루디엠 씨는 1929년 족자카르타에서 태어나 1942년 13세경, 3년에 걸쳐 보르네오의 위안소에 들어가 있었다.[43] 그녀는 친구로부터 보르네오 반잘마싱의 시장이 연극을 할 소녀를 모집하고 있다는 이야기를 듣고 응모하여 보르네오에 도착해보니 위안소였다. '모모에'라는 이름이 주어졌으며 하루에 10명에서 15명의 병사를 상대해야 했다. 14세에 임신하여 마취약도 쓰지 않은 채 중절수술을 받았다. 꺼내어진 5개월의 남자아이는 아직 살아 있었다. 그 때의 죄의식이 그 후로도 그녀를 고통스럽게 했다. 마루디엠 씨와 매우 유사한 사례가 있다. 학교에 다니게 해주겠다는 감언이설로 보르네오에 간 스할티Suharti 씨는 동 자바 출신으로 1944년 15세의 나이에 보르네오의 바릭파판Balikpapan에 있는 위안소에 들어가게 되었다.[44] '미키'라는 이름이 주어졌으며 첫 일주일은 석유회사의 일본인 사장에게 매일 강간당했으며 그 후 많은 병사와 군속을 상대하게 되었다. 그 후 스할티 씨는 반잘마싱의 위안소에 들어가 마루디엠 씨를 만나게 됐다.

연극을 할 소녀를 모집하고 있다고 하거나 학교에 보내주겠다고 하는 '사기'로 여성을 모집한 방법이 아니라 직접 연행된 경우도 적지 않았다. 서 자바 주 반둥에서 태어난 스하나Suhanah 씨의 경우 1943년 16살 때 집 앞에서 놀고 있었는데 일본군이 지프로 와서 도망가려고 하는 그녀의 머리카락을 잡아 연행되었다.[45] 그녀가 들어간 위안소는 집에서 걸어서 30분 정도 거리에 있는 네덜란드 군 장교의 주택이었다.

마루디엠 씨나 스할티 씨처럼 자바섬의 여성은 소위 외도(자바섬 이외의 섬들)에 끌려간 사람도 적지 않다. 그중에는 포르투갈령 동티모르(현재의 동 동티모르)까지 끌려간 사람도 있다.[46]

한편 자바 이외의 섬에서는 부대가 현지에서 군 위안소를 설치하여 현지의 소녀들을 '위안부'로 삼았다. 그중 조사가 진행 중인 곳은 남 스란 주이다. 남 스란 주에서는 앞서 기술한 인도네시아 전 병보연락중앙협의회의 스란 지부가 2005년에 독자적으로 조사하여 1,696명의 증언을 수집했다. 그것은 합계 4,600쪽을 넘는 4권의 자료『추도 인도네시아·남 스란 주 제2차 세계대전의 잔혹 행위 피해 여성(전 종군위안부)』[47]에 담겨 있다. 또한 우리들 일본의 연구자 여러 명이 남 스란 주를 방문하여 피해자의 이야기를 듣고 있다.[48] 이에 따르면 일본군이 집에 찾아오거나 집 근처나 노상에서 붙잡혀 납치와 다름없이 잡혀갔다고 증언하는 사람이 적지 않다. 농촌으로 가면 갈수록 그러한 경향이 짙어짐을 알 수 있다. 아마도 스란의 농촌까지는 조선인 여성을 데려가거나 네덜란드인 여성을 억류소에서 데려가거나 하지 못하고 그곳에 주류한 부대가 스스로 위안소를 설치·운영하여 여성을 직접 모으지 않으면 안 되는 사정이 있었다고 생각된다. 또한 촌장에게 명하여 여성을 모으게 한 일도 있었다. 갑작스럽게 설치·운영된 위안소는 대나무로 만들어진 작은 오두막과 같은 것이었다.

첫째, 남 스란 위안소의 특징은 현지에서 조업하던 일본 기업이 군의 위안부 제도의 일익一翼을 담당했다는 것이다. 구체적으로는 파레파레 Parepare에 있었던 조면繰綿 공장이다. 공장 부지 안에 있는 건물이 위안소로 사용되거나 공장 앞이 일본군 주둔지였다. 그곳에서 피해자가 된 친다Tjinda 씨는 조면 공장에서 어머니와 함께 일하던 중, 공장 내의 별동(위안소)으로 불려가 강간당했고, 이후 그곳에서 많은 병사를 상대하게 되었다. 그 후 어머니와는 만날 수 없게 되었다. 그곳에는 소녀가 여러 명 있었는데 서로 이야기하면 화내기 때문에 이야기를 별로 나누지도 못했다고 한다.[49] 조면 공장이 파레파레에 있었던 것은 당시 군의 요청으로 방적紡績 회사가 세레베스 남부에 진출하여 그곳을 생산 거점으로 했기 때문이다. 그러한 군산협력체제 가운데 공장 부지 내에 군인용 위안소가 만들어졌다. 이미 앞서 언급했듯이 보르네오에서는 "섬 안의 일본 기업 연합에게 위안소 설치와 감독을 지시하고 나중에 해군이 직접 관리했"[50]으며 스란에 이러한 군산협력체제가 있어도 이상하지 않다.

둘째, 남 스란 주에 보이는 특이한 형태는 비행장의 방공호가 주변 소녀들을 불러서 강간하는 장소가 됐다는 것이다. 마카사르에서 좀 더 남쪽으로 내려간 타카랄Takalar 현 본토파랑Bontoparang 마을에는 지금도 그 비행장이 있고 이를 인도네시아군이 사용하고 있다. 그 비행장 옆에 둥근 지붕을 덮고 있는 흙을 쌓은 듯한 벙커가 있으며 지금은 대나무로 둘러싸여져 있지만 벙커는 그대로 남겨져 있다. 당시 가까이 살던 아랑Alang 씨는 매일 그 벙커를 오라고 강요받았고 그곳에서 일본군 병사에게 강간당했다. 그녀는 17살 정도였는데 비슷한 소녀 15명 정도가 있었다고 한다. 그녀들은 이와 같은 일을 친척에게 알리면 죽게 될 것이라고 생각하여 숨겼다. 많은 병사를 상대로 한 것이 아닌 항상 정해진 병사들만을 상대했다고 한다.[51] 이것은 위안소라고 부를 수 있는 것이 아니다. 하지만 분명히 성 노예제이다. '강간장强姦場'이라는 표현이 실태에 가깝다.

인도네시아 정부의 대응

조사가 충분히 이뤄진 것이 아니라고 해도 증언은 어느 정도 모였다고 할 수 있다. 그러한 가운데 인도네시아 정부는 어떻게 대응하고 있을까. 1990년대부터 피해자나 지원 단체는 정부에 편지를 보내고 보고서를 제출해 왔다. 정부 관리와의 면담도 여러 차례 이뤄졌다. 인도네시아 정부는 이 문제가 어떠한 것인지 인지하고 있고 피해자나 지원 단체의 목소리를 전혀 무시하고 있지 않다. 그러나 인도네시아 정부가 피해자의 요구를 일본 정부에 대변하는 일은 없었다.

아시아여성기금을 어떻게 할지에 대해서는 1998년 5월에 강권적인 수마트라 정권이 무너지기 전에 교섭이 끝나 개인에게 보상금을 전달하지 못하고 정부가 고령자 시설을 건설하는 것으로 결론이 났다. 이것은 훗날 커다란 문제로 남게 된다. 일본 측은 1997년 1월에 이것을 발표하고, 3월에 인도네시아 대통령에게 수상의 사죄문을 전달했으며 그 후 3억 8,000만 엔(당시 환율로 약 90억 루피)을 10년에 걸쳐 거출한다는 각서에 조인했다.[52] 그러나 그로부터 1년 2개월 뒤 수마트라 정권은 붕괴했으며 민주화에 대한 기대감을 짊어진 새 정부가 발족했다.

신 정권하에서 노도怒濤와 같은 민주 개혁이 진행되고 과거 문제의 청산이 논의되는 가운데 아시아여성기금과의 매듭을 어떻게 지을지도 문제가 되었다. 피해자나 지원 단체는 피해자 개인의 요구가 전혀 고려되지 않고 있고, 정부가 만든 고령자 시설에 전 위안부 여성이 입주했다는 사실도 전혀 확인되지 않았다. 그러한 가운데 신 정권하에 일본과 다시 교섭해야 한다고 요구하는 목소리가 나오게 된 것이다. 그러나 이러한 목소리가 있다는 것을 알면서 일본 측도 인도네시아 측도 교섭의 재고를 제기하는 일은 없었다. 오늘날 인도네시아 정부는 일본과 양호한 외교 관계를 유지하기 위해 위안부 문제를 문제시하려고 하지 않는다. 그러나 피해자의 상황에 전혀 동정심을 갖고 있지 않은 것은 아니다. 일본 측이 어떠한 제안을 한다면, 인도네시아 정부가 그에 대응할 가능성이 있을 것이다.

3. 동티모르의 군 성 노예제

인도네시아의 위안소에 대한 문서 자료는 매우 적지만, 동티모르에 대한 것은 더 적다. 우리들이 의거할 수 있는 것에는 포르투갈 총독의 보고서나 포르투갈인이 남긴 약간의 재판 자료, 그리고 일본군 병사가 남긴 회고록이나 기록이 있다. 하지만 이러한 자료 속에 이 문제에 대해 언급한 부분은 아주 조금밖에 없다.

그 때문에 동티모르에서의 성 노예제의 실태에 대한 증언은 시민이나 연구자의 손에 의해 수집되었다. 독립 전인 1990년대 중반, 인도네시아의 전 병보중앙연락협회의 동티모르 지부가 일본 점령시대에 성적 폭력을 받았다고 하는 사람들을 등록하는 작업을 한 적이 있으며, 이것은 선구적인 정보 수집이었다. 조사를 본격적으로 하게 된 계기가 된 것은 2000년에 도쿄에서 개최된 여성국제범죄 법정으로 동티모르에서 참가한 법률 전문가와 NGO가 조사한 결과를 '기소장' 형태로 공표했으며 2명의 동티모르인이 도쿄의 법정에서 증언했다. 그 후 일본에서는 후루사와 기요코古沢希代子(현 동경여자대학 교수)와 필자가 현지를 방문해서 직접

증언을 모으며 다녔다. 2005년부터는 동티모르 인권협회Asosiasaun HAK
와 일본의 동티모르 전국협의회가 합동으로 조사했으며 그 성과가 동티
모르의 공용어 중 하나인 테툼어Tetun로 『사실과 정의를 위한 싸움－동
티모르의 일본군 성 노예제(1942~1945)에 관한 동티모르 인권협회·동티
모르 전국협의회 합동조사의 최종 보고서』(2016)라는 제목으로 간행되
었다.[53] 이 최종 보고서는 이제까지의 시민과 연구자의 조사, 일본의 문
헌 연구의 성과를 집대성한 것이다. 이 조사 결과의 일부는 액티브 뮤지
엄 여성들의 전쟁과 평화 자료관이 제작한 제4회 특별전 자료집 『동티
모르 전쟁에서 살아남은 여성들－일본군과 인도네시아 지배하에』(개정
판, 2012)로도 발표되었다. 또한 한국어로 읽을 수 있는 것으로는 후루사
와 기요코古沢希代子(2016)의 논문이 있다.[54] 아래는 이러한 연구에 의한다.

　일본군이 포르투갈령 티모르(현재의 동티모르)를 침공한 것은 1942년 2
월 20일이고 서티모르(네덜란드 령)를 공격한 것도 같은 날이었다. 전날
인 2월 19일에는 오스트레일리아의 다윈을 공습했으며 매우 큰 피해를
입혔다. 동티모르에서는 앞서 상륙한 연합군(오스트레일리아 군)과의 전투
가 1년 정도 계속됐다. 결국 오스트레일리아군은 철퇴했으며 동티모르
전역이 일본군의 지배하에 들어갔지만 제공권制空權, 제해권制海權은 연
합국 측에 빼앗겨 일본군은 고립된 상태로 종전을 맞이하게 되었다.

　동티모르가 인도네시아와 다른 점은 당시 포르투갈이 중립국이었다
는 것이다. 일본은 연합국군(오스트레일리아군과 네덜란드군)이 1941년 12
월 17일에 먼저 진주進駐했기 때문에 중립이 깨졌다고 주장했지만, 표
면상으로는 포르투갈의 주권을 존중했다. 그 때문에 포르투갈인을 억
류 시설에 집어 넣었지만 인도네시아와 같이 군정에 의한 점령체제를

갖추지는 않았다. 그러나 일본군은 적(오스트레일리아)과 통한 일본군과의 협력을 거부했다는 등의 이유로 주민을 처형했고, 그 외 동티모르를 오스트레일리아와의 전쟁의 거점으로 만들기 위해서 비행장이나 군용 도로의 건설, 주류한 일본군 부대를 위한 주거 건설과 식량 생산을 위해 주민을 동원했다. 그리고 군 위안소를 다수 설치했다.

침공 직후, 일본군은 여성을 요구하기 시작했다. 포르투갈 총독의 보고에 의하면 침공하고 얼마 되지 않은 1942년 2월 말 티모르인 기혼 여성이나 중국인 여성에 대한 폭행이 시작됐다.[55] 다른 포르투갈인의 책에 의하면, 일본군 병사에 의한 여성 폭행 사건이 심각해졌기 때문에 딜리 행정관이 일본 영사관에 자제를 요청하자, 폭행 사건을 멈추게 하고 싶으면 침략했을 때 내륙부에 도망간 매춘부들을 다시 불러 오게 하라고 했다고 기술하고 있다.[56] 그 요청은 총독에게 보내졌고 총독은 이 요구를 받아들였고 돌아온 여성들은 일본군에 의해 관리되었다.[57] 그러나 몇 개월 뒤 더 많은 여성을 요구받은 딜리 행정관은 이를 거절했다. 그러자 일본군은 "조선인 여성을 데려오는 것으로 문제를 해결했다."[58]

일본군은 수도인 딜리에서 조선인, 자바인, 티모르인 여성을 둔 군 위안소를 개설했다. 모두 시내 중심부에 있었는데 그중에서 조선인 여성을 둔 위안소는 총독부 청사 근처에 있었다. 어떤 일본 군인은 수기에서 1944년 2월 9일, 쿠팡(서티모르)으로 출발할 때까지 딜리에서 위안소 건설 작업을 감독했다고 적고 있다.[59] 그것은 군이 위안소 건설을 직접 지휘했다는 것을 의미한다.

현재 딜리에 있었던 조선인, 자바인 위안부에 대한 정보는 없다. 단, 당시 유년 시절을 딜리에서 보냈던 동티모르인, 아폰소 데 제수스Afonso de Jesus는 조선인과 자바인의 위안소에 자주 갔었다고 한다. 안에는 들어가지 않았지만 베란다에 걸터 앉아있으면 위안부들이 우유나 과자를 가져다 줬으며 위안부들은 자주 울었다고 했다.[60] 일본군은 리우라이 liurai라고 불린 현지의 왕들이나 촌장과 같은 전통적인 지도자에게 티모르인 여성을 모으게 했다. 딜리에서는 살레Saleh라는 아랍인을 통역으로 썼기 때문에 그가 촌장들에게 명령하여 여성들을 모았다.[61]

동티모르에는 잘 알려진 위안소가 하나 있다. 그것은 현재 보보나로 Bobonao 현의 산 속에 있는 마로보Marobo라는 온천지로 포르투갈은 그곳을 현지 병사 훈련장으로 사용했다고 한다. 온천을 매우 좋아하는 일본인은 그곳을 병사의 휴양소 겸 위안소로 사용했다. 마로보에 여성들이 모여 있는 것을 봤다는 전 병보兵補 조아킴 시메네스Joaquim Ximenes의 증언[62]이나 아버지가 마로보의 위안소에 여성을 보내도록 명령을 받았다고 하는 도밍고스 다 크루즈Domingos da Cruz의 증언이 있다.[63] 포르투갈은 다 크루즈의 아버지를 종전 후 일본군의 협력자였다고 유배지인 아타우로섬에 보냈고 그는 그곳에서 죽음을 맞이했다.

동티모르의 중부 산지인 엘메라Ermera 현 앗사베Atsabe의 리울라이에서 '도밍고스 앗사베'로 알려진 도밍고스 소아레스Domingos Soares는 일본군의 명을 받아 위안부를 징집하는 일에 관여했다. 마로보 온천에서 위안부로 지낸 마르타 아부 베레Marta Abu Bere 씨는 이 도밍고스 앗사베에 의해서 일본 병사에게 가게 되었다.[64] 도밍고스 소아레스는 전후 포르투갈 관청에 의해 일본군 협력자로 아타우로섬에 유배되었고, 그곳에서 도망쳐 인도네시아령 서 동티모르에 갔으며 동티모르와의 국경 가까이에 있는 아탐부아Atambua라는 마을에서 2003년에 생을 마감했다.[65]

동티모르의 제2의 도시인 바우카우에 있었던 위안소는 현지 주민의 집으로 만든 것이었다. 집이 위안소가 된 헤르메네길도 베로Hermenegildo Belo의 비디오 증언은 2000년 여성국제전범 법정에도 증거 자료로 제출 되었고 그 개요는 다음과 같다. 일본군이 바우카우에 왔을 때 아내와 함 께 산으로 도망쳤는데, 산에서 돌아와 보니 일본군이 그의 집을 빼앗아 버렸다. 그곳에는 바우카우, 옷스, 자바, 중국인 여성들이 있었다. 관리 하는 사람은 중국인 남성이었다. 기억하고 있는 일본군은 밤바, 미하라, 이마구마로, 이 중 이마구마는 사령관이었다. 장교들은 여성들의 집에 가지 않고 여성들이 그들의 주거지에 찾아갔다. 병사들은 여성들이 있 는 곳으로 갔다.[66]

바우카우에서 동부에 있는 라가에 가서 그곳에서 내륙으로 들어간 곳 에 바기아Baguia라는 마을이 있다. 이곳에 있었던 위안소에 대해서는 전 일본 병사로 바기아에 주류했던 이와무라 쇼하치岩村正八의 증언이 있다. 이와무라는 타이완 보병 제2연대의 병사로 1943년 1월부터 1945년 2 월까지 동티모르의 동쪽 지역을 중심으로 임무를 맡았다. 1944년 중반 바기아에서 위안소 건설에 종사한 것을 자신의 연표에 기록하고 있다.[67] 한편 동티모르인의 바기아 위안소에 대한 증언도 수집했다. 두 명의 증 언자는 바기아에 있었던 세 곳의 위안소를 지목하고 그중 와이무라 Waimuri의 위안소가 있었던 곳에는 일본 병사가 샤워했다고 하는 돌로 만 든 취수장이 남아 있다.[68]

헤르메네길도 베로의 증언으로 알 수 있듯이 장교나 부대의 사령관 급 의 군인들은 일반 병사들을 위한 위안소에 가지 않고 한 명, 한 명이 또는 여러 명이 한 명의 여성을 점유하는 형태를 취했다. 예를 들어 동부 바케

케Viqueque 현의 우아투비나로Uatubinaro라는 곳에서는 마타하리Matahari 라는 별명을 가진 일본인 군인이 있었고 그는 에스페란사 아마리아 페르 난데스Esperança Amalia Fernandes라는 여성을 점유했었다. 그녀는 다른 11 명의 여성과 함께 아우투비나로에 끌려갔지만, 자신은 마타하리만 시중 들면 됐기 때문에 다른 11명과 비교했을 때 아직은 괜찮은 상황이었다 라고 했다.[69] 또한 서부 보보나로Bobonaro현의 메모Memo마을의 부대는 계속해서 교대되어 시모무라, 가와노, 하라쿠라는 3대에 걸친 사령관에 게 점유된 여성인 에스메랄다 보에Esmeralda Boe가 증언했다.[70] 그녀는 자 신의 자택에서 사령관의 집을 다녔다고 했다. 또한 이 마을에는 두 곳의 위안소가 있었으며 인근의 마을에서 온 여성들도 있었다고 증언했다.

동티모르 사회와 정부

2006년 1월 6일과 7일 이틀간 동티모르의 수도인 딜리에 있는 카노 사회 수도원에서 '동티모르의 종군위안부의 역사를 알자' 공청회가 개 최되었다. 2005년부터 집중적으로 조사를 실행한 동티모르 인권협회 Asosiasaun HAK, 2000년 여성국제전범법정를 위해 조사를 실시한 동티 모르 여성연락협의회Fokupers, 일본의 지원단체로 실행위원회를 만들어 개최한 것이다. 개회사를 한 사람은 당시 딜리 교구의 리칼드 드 실바 사교司敎였고, 동티모르인 가톨릭 사제, 국회의원, 변호사도 참가했다. 6명의 생존자가 증언했고(1명은 비디오 증언) 그 외에 일본인 병사와의 사 이에서 태어난 사람, 보병(일본군의 보조병)이었던 사람, 여성을 모으러 다 녔던 리우라이의 아내도 이야기했다. 모인 사람은 약 200명으로 제2차 세계대전의 역사에 대한 높은 관심을 느낄 수 있었다.[71]

그 후로도 동티모르 인권협회는 패널 전시회나 세미나를 대학 등에서 개최하고 있으며 이에 대한 젊은이들의 관심은 매우 높다. 가장 최근의 이벤트는 2019년 2월 20일(일본군의 동티모르 침공 날) 딜리의 시 외곽에 있는 파즈paz 대학('파즈'는 포르투갈어로 '평화'를 의미한다)에서 개최한 일본군 성 노예제에 관한 세미나가 있었다. 이것은 동티모르 인권협회와 대학이 합동으로 개최한 것으로 참가자는 총 388명이고 그중 여성이 239명으로 여성이 높은 관심을 갖고 있음을 알 수 있다. 또한 사전 이벤트로 2월 18일에는 교육 텔레비전에서 일본군 성 노예제에 관한 토크쇼가 방송되었다. 토크쇼에서는 앞서 언급한 합동조사 보고서 「사실과 정의를 위한 싸움」(2016)의 테툼어 번역자인 조제 루이스 올리베이라José Luis Oliveira와 교육성 정책계획 협력국장인 안토니뇨 피레스Antoninho Pires 씨가 참가했으며 피레스 씨는 이 보고서가 자국의 역사를 교육과정에 포함시키는 데 귀중한 자료가 될 것이라고 했다.[72]

한편 정부는 이 문제에 대해서 움직이려는 입장을 전혀 취하고 있지 않다. 개개인의 정부고관이나 국회의원이 이벤트에 와서 인사를 하는 일은 있어도 그 이상의 행동은 취하고 있지 않다. 우선 피해자를 만나서 직접 이야기를 들으려고 하지 않는다. 일본 정부와 동티모르 정부는 양국 관계를 '미래 지향'의 방향으로 이끌어 가려는 데 합의하고 있으며, 이것이 의미하는 것은 "과거 문제는 건들지 않는다"는 것과 같다. 이제까지 우리들이 동티모르 정부 관계자로부터 들은 이야기에 따르면, 동티모르의 지도자들에게 고액의 원조를 주는 일본 정부에게 그 이상의 요구는 할 수 없다는 거리낌이 있고, 과거의 전쟁 피해에 대해 일본에게 사죄나 배상을 요구하면 인도네시아에 대해서도 그렇게 해야 된다는 여론이 형성되는 것을 두려워하고 있다. 그리고 동티모르 해방 투쟁의 최고 지도자로 독립 후 대통령, 수상을 거쳐 지금도 커다란 정치적 영향력을 갖고 있는 샤나나 구스만이 이 문제를 "수치스러운 일"이라고 여기고 있으며 피해자의 요구에 공감하고 있지 않은 것도 크다.

동티모르와 인도네시아는 일본 점유에 관해서 다른 입장을 취하고 있다. 인도네시아를 식민지로 한 네덜란드는 연합국의 일원이었지만, 동티모르를 식민지로 한 포르투갈은 중립국이었다. 포르투갈은 샌프란시스코 평화조약에도 가맹하지 않고 일본의 배상도 받지 않았다. 따라서 동티모르가 독립했을 때, 제2차 세계대전 중에 입은 손해를 일본에게 요청할 길이 남겨져 있었다고 할 수 있다. 그러나 동티모르 정부는 '미래 지향'의 슬로건 아래 그 어떤 행동도 하려고 하지 않는다.

4. 일본군 성 노예제, 그 후 여성들의 삶

연합국인 네덜란드의 식민지였던 인도네시아와 중립국인 포르투갈의 식민지였던 동티모르는 같은 '점령'이라고 해도 그 법적 지위는 서로 다르다. 점령의 목적도 서로 다르다고 할 수 있다. 인도네시아에서는 일본이 인도네시아인 민족주의자와 협력하여 군정하에 행정조직, 군사조직을 구축하고 교육을 보급시켰다. 동티모르에서는 군을 주류시켜 이를 오스트레일리아에 대한 방위선으로 하는 것이 목적으로 동티모르의 독립은 전혀 사정에 없고 행적조직 등의 점령체제를 구축하는 일은 없었다. 그러나 양국 사람들을 강제 노동에 종사하게 하고 여성들을 성 노예제로 몰아낸다는 점은 동일하다.

양국에서 일본군이 실시한 군 성 노예제는 큰 차이가 있다. 도시에서는 일견 매춘 숙소처럼 보이는 군 위안소를 설치했다. 당초 육군의 경우는 업자에게 운영하게 하는 허가제를 취하고 병참부가 그것을 관리했다. 해군의 경우도 업자에게 명령하여 관리·운영하게 했다. 단 인도네시아에서는 1943년 중반을 경계로 군이 직접적으로 관리·운영하게 됐다. 그러한 군 위안소는 호텔, 레스토랑 등의 건물을 이용하여 종래 매춘부였던 여성과 그렇지 않았던 여성들도 사기 또는 강제로 모아 일하게 했다. 그중에는 처음에는 일하는 것에 합의한 사람도 있었지만, 그 후 그만두고 싶다고 해도 군인의 협박으로 그만두는 것이 허용되지 않았다. 위안부들은 네덜란드인, 조선인, 중국인, 인도네시아인(자바인이나 그 외의 민족 집단) 등 다양한 지역의 출신자가 있었다. 현지에서의 위안부 징집이나 협박에는 육군의 경우 헌병대, 해군의 경우는 특별 경찰대(특경대)가 관여했다. 장교들을 위한 위안소는 클럽(구락부俱樂部)라고 불렸으며, 일반 병사용과는 구별되었다. 또한 상위 장교는 군 위안소에 가지 않고 한 명, 한 명이 마치 '현지 아내'처럼 여성을 점유하는 경향이 있었다.

한편 본래 매춘시설이 없었던 지방이나 촌락에서는 부대가 스스로 위안소를 설치했다. 인도네시아의 스란웨시와 동티모르는 이러한 점에서 매우 닮았다. 부대가 주류한 지역에 급히 건물을 지어 그곳에 전통적인 수장이나 촌장을 통해서 근처에서 모은 여성, 대부분의 경우 소녀들을 가둬두고 성 노예로 삼았다. 그중에는 방공호를 이용하여 근처의 소녀를 강제적으로 오게 하여 계속해서 강간한 사례도 있어 이러한 경우는

'위안소'라기보다 '강간장'에 더 가깝다고 할 수 있다. 동티모르에서는 여성들이 낮에는 일본군의 명령으로 노동해야 했고, 밤에는 지쳐 기운이 없는 가운데 병사들을 상대해야 했던 것이다.

이상과 같은 상황으로 미뤄보아 군이 위안소의 운영에 관여한 정도는 다양했다고 할 수 있다. 그러나 어느 정도 관여했든 허가를 발행하거나 업자에게 일을 시키거나 하는 등 군이 주도한 위로부터의 정책에 따라 실행되었음은 틀림없다. 자바나 보루네오에서는 점령기 후반, 그외의 지역 특히 농촌에서는 처음부터 군이 직접 설치하고 관리·운영하여 여성을 모으는 일에 관여했다.

성 노예제에 의해서 번롱翻弄당한 여성들의 운명은 인도네시아도 동티모르도 모두 매우 가슴 아픈 일이다. 자바인 여성은 자바뿐만 아니라 인도네시아의 군도(동티모르를 포함) 각지에 끌려갔고, 브루섬에 남은 여성들처럼 고향에 돌아가지 못한 사람들도 있다. 같은 나라라 하더라도 브루섬은 나중에 유배지가 되는 곳으로 외국에 끌려간 것과 다름없을 것이다.

전쟁이 끝난 후, 결혼하지 못한 여성도 많다. 가족주의가 강하고 가족이 인생을 지탱하는 중요한 집단과 같은 사회에서 결혼하지 못하면 커다란 고통을 짊어지게 된다. 또한 결혼해도 아이가 생기지 않거나 트라우마 때문에 남편과의 관계가 제대로 구축되지 못한 여성도 적지 않다. 스란웨시에는 '위안부'였던 것이 밝혀지면 친족이 죽일지도 모른다며 두려워하는 여성도 많다. 스란웨시에는 '시리siri'라는 친족의 자존심을 자랑스럽게 여기는 문화가 있으며 그것에 상처를 낸 사람은 '수치'로 엄하게 벌을 받게 되기 때문이다. 그 때문에 집에서 추방된 여성도 있다. 물론 성 노예였다는 것 자체가 사회적 차별 대상이 될 수 있기 때문에 공언할 수 없는 여성이 많다. 게다가 일본군의 협력자라고 간주될 우려도 있었다. 실제로 전후 포르투갈 식민지에 복귀한 동티모르에서는 포르투갈 관청에서 심문을 받고 굴욕적인 일을 겪은 여성도 있다.[73] 그녀들의 고통은 전쟁 중 일본군에 잡혀갔을 때만이 아니라 전후에도 계속 이어지고 있다.

주석

1   吉見義明 編,『從軍慰安婦關係資料集』, 大月書店, 1992, 31쪽.

2   위의 책, 37~50쪽.

3   吉見義明 編,『從軍慰安婦關係資料集』, 大月書店, 1995.

4   위의 책, 59쪽.

5   위의 책, 63~64쪽.

6   吉見義明, 제13부3「東南アジア・南西太平洋地域103 連合国軍總司令部翻訳通訳課 日本軍隊における生活利便施設(ATIS調査報告 第120号)」, 1992, 491~562쪽. 인용은 495쪽에 의한다.

7   吉見義明,「81－野戦高射砲第四五大隊第一中隊 陣中日誌」, 1992, 362쪽.

8   디지털기념관 위안부 문제와 아시아 연성기금 '위안부가 된 여성들-인도네시아' http://www.awf.or.jp/1/indonesia.html

9   後藤乾一,『近代日本と東南アジア 南進の「衝撃」と「遺産」』, 岩波書店, 1995, 223쪽.

10   山本まゆみ, ウィリアム・ブラッドリー・ホートン,「日本占領下インドネシアにおける慰安婦－オランダ公文書館調査報告」, 財団法人・女性のためのアジア平和国民基金'慰安婦'関係資料委員会 編,『'慰安婦'問題調査報告』, 1999, 112쪽.

11   後藤乾一,『近代日本と東南アジア 南進の「衝撃」と「遺産」』, 224쪽.

12   吉見義明・安原桂子,「日本占領下蘭領東インドにおけるオランダ人女性に対する共生売春に関するオランダ政府調査報告」,『季刊 戦争責任研究』4, 1994.夏, 44쪽.

13   벤 폴헤스트의 보고서의 원문은 네덜란드어로 되어 있으며 공개되어 있는 비공식 영어 번역을 일본어로 옮기고 해설을 첨부한 것이 요시무라(吉村)・야스하라(安原) 씨의 논고이다 (1994). 또한 가지무라(梶村)・무라오카(村岡)・가야스(糟谷)는 강제 매춘을 재판한 네덜란드 군 바타비아 임시 군법회의의 재판자료를 번역했으며 폴헤스트 보고서도 새롭게 번역하여 첨부하고 있다(2008). 212~246쪽. 참조.

14   吉見義明・安原桂子, 앞의 글, 48쪽.

15   위의 글, 48쪽.

16   위의 글, 48쪽.

17   위의 글, 49쪽.

18   위의 글, 50쪽.

19   위의 글, 50쪽.

20   위의 글, 55쪽.

21   위의 글, 55쪽.

22   위의 글, 55쪽.

23   위의 글, 51~53쪽.

24   山本・ホートン, 앞의 글, 122쪽.

25   吉見義明・安原桂子, 앞의 글, 44쪽.

26 벤 폴혜스트는 강제성을 상당히 좁게 해석하고 있다는 요시무라(吉村)의 지적은 옳다고 생각된다(吉村·安原, 앞의 글, 45쪽). 억류소의 열악한 상황에서 도망치기 위해 다른 선택지가 없는 가운데 '위안소'를 선택한 것이 과연 '자유의지'라고 말할 수 있는지 의문이 든다.

27 吉見義明·安原桂子, 앞의 글, 49쪽.

28 吉見義明, 「3 オランダ人慰安婦問題－スマラン慰安所事件の顚末」, 『從軍慰安婦』, 岩波書店, 1995, 175~192쪽. 가지무라(梶村)·무라오카(村岡)·가야스(糟谷)(2009)도 참조. 수마트라의 위안소에 들어간 네덜란드인 여성들 가운데 2명이 체험한 것을 책으로 출판했다. Jan Ruff-O'Herne. 1994. Fifty Years of Silence,Toppan(1999)『オランダ人慰安婦 ジャンの物語』木犀社(일본어 역). Jos Goos(1995) Gevoelloos op bevel:Ervaringen in Jappenkampen van Ellen van der Ploeg, Utrecht(네덜란드어).

29 吉見義明, 「105 オーストラリア軍看護婦に対する慰安要求事件」, 『從軍慰安婦關係資料集』, 大月書店, 565~573쪽.

30 남부 세레베스의 위안소 상황에 대해서는 요시무라(吉村)(1992)에 수록되어 있는 '조서'와 '보고'를 직접 참조했지만, '보고'는 고토(後藤)(1995)에서도 언급하고 있어 참고했다.

31 吉見義明 編, 『從軍慰安婦關係資料集』, 大月書店, 1992, 374쪽.

32 위의 책, 373쪽.

33 위의 책, 373쪽.

34 위의 책, 373쪽.

35 吉見義明·安原桂子, 앞의 글, 50쪽.

36 위의 글, 51쪽.

37 倉沢愛子, 「インドネシアにおける慰安婦調査報告」, 1999, 89쪽.

38 프람디아 아난타 토르는 일본 점령시대, 일본의 신문사에서 일하고 독립전쟁이 촉발하지 의용군으로 싸웠다. 그 때문에 네덜란드에 붙잡혀 2년간 투옥된 경험이 있다. 독립 후에는 공산당계 인민문화협회의 주요 멤버로 활약하고 그것이 이유가 되어 수하르트 정권 하에 체포되어 브루섬에 유배되었다.

39 倉沢愛子, 앞의 글, 92쪽.

40 위의 글, 93쪽.

41 투미나 씨는 1992년에 신학자(神學者) 기무라 고이치(木村公一) 씨에게 이야기기 한 것이 처음이다. 그녀의 증언에 대해서는 여성들의 전쟁과 평화 자료관(『「アジア解放」の美名のもとに インドネシア·日本軍占領下での性暴力』, 2016)의 증언 요지를 참조(15쪽).

42 Eka Hindra, Koichi Kimura, Momoe:Mereka Memanggilku, Esensi, 2007.

43 여성들의 전쟁과 평화 자료관(2016)의 마루디엠 씨의 증언 요지(16쪽)에 의한다. 또한 마루디엠 씨, 스할티 씨, 스하나 씨는 2000년 여성국제전범법정에 증언자로 참가했으며 증언은 법정에서도 다뤄졌다.

44 위의 책, 스할티 씨의 증언 요지(18쪽)에 의한다.

45 위의 책, 스하나 씨의 증언 요지(17쪽)에 의한다.

46 이 글의 동티모르의 성 노예제에 대한 절을 참조.

47 원고는 In Memory:Wanita Korban Kejahatan Perang Dunia II di Sulawesi Selatan (Ex. Yugun Ianfu), 2005.(제목에는 '추도'라고 적혀 있지만 아직 생존자가 많다)

48 스란웨시의 일본군 성 노예제에 대한 조사의 잠정적 보고는 松野・鈴木・水野(2016)를 참조 (한국어).

49 친다 씨의 증언은 2014년 9월 9일과 10일 파레파레에서 이뤄진 인터뷰를 바탕으로 하고 있다. 친다 씨는 松野・鈴木・水野(2017)의 J씨이고, 해당 논고에서 상세한 증언 내용을 소개하고 있다. 여성들의 전쟁과 평화 자료관(2016)에도 간단히 소개되어 있다(32쪽).

50 吉見義明・安原桂子, 앞의 글, 48쪽.

51 아랑 씨의 이야기는 따님의 2013년 2월 28일의 조사를 바탕으로 작성한 것이다. 따님은 松野・鈴木・水野(2017)의 Z씨이다. 여성들의 전쟁과 평화자료관(2016)에도 간단히 소개 되어 있다(32쪽).

52 倉沢愛子, 95~96쪽.

53 Asosiasaun HAK no Koligasaun Japonés sira ba Timor-Leste, Luta ba Lia Loos no Justisa:Relatóriu Finál ba Peskiza Konjunta Asosiasaun HAK ho Koligasaun Japonés sira ba Timor-Leste kona-ba Eskravidaun Seksuál Militár Japonés iha Timor-Leste, 1942~1945, Dili and Osaka:Asosiasaun HAK and Japan East Timor Coalition, 2016.

54 古沢希代子, 「東ティモールでの日本軍占領と性奴隷制被害」, 韓国女性開発研究所, 2016.

55 de Carvalho, *Manuel de Abreu Ferreira. Relatório dos Acontecimentos de Timor (1942~45)*, pp.223~224.

56 Santa, *José Duarte. Australianos e Japoneses em Timor na II Guerra Mundial 1941~1945*, 31쪽.

57 de Carvalho, 앞의 글, p.224.

58 위의 글, p.224

59 호쿠조 난류(北條南龍) 「수기」 제48사단 보병 47연대 제2기관총 중대『今なつかしい戦地の 思いで集』에 의함. 여성들의 전쟁과 평화 자료관(2012) 10쪽에 인용되어 있음.

60 Afonso de Jesus과의 인터뷰, 2005.5.29. Asosiasaun HAK no Koligasaun Japonés sira ba Timor-Leste (2016), p.29.

61 Afonso de Jesus과의 인터뷰에 의함. 2005.5.29. Asosiasaun HAK no Koligasaun Japonés sira ba Timor-Leste (2016), p.30.

62 여성들의 전쟁과 평화 자료관(2012), 12쪽에 인용되어 있음.

63 古沢希代子, 「東ティモールにおける日本軍性奴隷制(8)」, 『季刊・東ティモール』 10, 2003.10; Asosiasaun HAK (2016), p. 38.

64 마르타 아부 베레 씨의 증언에 대해서는 여성들의 전쟁과 평화 자료관(2012), 27쪽을 참조.

65 Asosiasaun HAK, pp.41~42.

66 위의 글, pp.112~113

67 이와무라 쇼하치(岩村正八)에 대해서는 여성들의 전쟁과 평화자료관(2012), 22~23쪽 참 조.

68 古沢希代子, 「東ティモールにおける日本軍性奴隷制(11)」, 『季刊・東ティモール』 17, 2005.1에 있는 증언. Asosiasaun HAK(2016), p.108.

69 Asosiasaun HAK, p.116.

70 에스메랄다 보에의 증언은 여성들의 전쟁과 평화 자료관(2012), p.28 참조.

71 공청회에 대해서는 여성의 전쟁과 평화 자료관(2012), p.45에 해설이 있다.

72 古沢希代子,「1942.2.20. 日本軍侵攻の日 UNPAZ(平和大学)で「日本軍性奴隷制」セミナー

開催 約400人が参加」,『季刊・東ティモール』71, 17~21쪽.

73 에스페란사 아마리아 페르난데스 씨는 전후 포르투갈 정부 관청에 의해서 3개월간 구속되었
    고 그 후 여러 달 장소를 바꾸어 구속되었고 심문을 받았다. 라우텐에서는 물이 없어서 도로의
    물웅덩이를 마셨다고 한다. Assosiasaun HAK (2016), p.118.

참고문헌

일본어 자료

女たちの戦争と平和資料館, 『改訂版 東ティモール戦争を生き抜いた女たち』, 日本軍とインドネシア支配の下で』, 2012.

女たちの戦争と平和資料館, 『「アジア解放」の美名のもとに インドネシア・日本軍占領下での性暴力』, 2016.

梶村太一郎・村岡崇光・糟谷廣一郎, 『「慰安婦」強制連行』, 金曜日, 2008.

川田文子, 『インドネシアの「慰安婦」』, 明石書店, 1997.

倉沢愛子, 「インドネシアにおける慰安婦調査報告」, 1999.

後藤乾一, 『近代日本と東南アジア 南進の「衝撃」と「遺産」』, 岩波書店, 1995.

プラムディア・アナンタ・トゥール, 『増補改訂版日本軍に棄てられた少女たち—インドネシアの「慰安婦」悲話』, コモンズ. 초판은 2004(원저 : Pramoedya Ananta Toer. 2001. Perawan Remaja dalam Cengkeraman Militer. Gramedia Populer).

山本まゆみ, ウィリアム・ブラッドリー・ホートン, 「日本占領下インドネシアにおける慰安婦—オランダ公文書館調査報告」, 財団法人・女性のためのアジア平和国民基金'慰安婦'関係資料委員会 編, 『'慰安婦'問題調査報告』, 1999

吉見義明 編, 『従軍慰安婦関係資料集』, 大月書店, 1992.

吉見義明, 『従軍慰安婦』, 岩波書店, 1995.

吉見義明・安原桂子, 「日本占領下蘭領東インドにおけるオランダ人女性に対する共生売春に関するオランダ政府調査報告」, 『季刊戦争責任研究』 4(1994.夏)(원문 : Bart van Poelgeest, Report of a Study of Dutch Government Documents on the Forced Prostitution of Dutch Women in the Dutch East Indies during the Japanese Occupation, Unofficial Translation. 24th January 1994).

한국어 자료

古沢希代子, 「東ティモールでの日本軍占領と性奴隷制被害」, 韓国女性開発研究所, 2016

松野明久・鈴木隆史・水野広祐, 「インドネシアでの軍性奴隷制のパターンと被害」, 韓国女性開発研究所, 2016.

기타 자료

Asosiasaun HAK, Koligasaun Japonés sira ba Timor-Leste. Luta ba Lia Loos no Justisa : Relatóriu Finál ba Peskiza Konjunta Asosiasaun HAK ho Koligasaun Japonés sira ba Timor-Leste kona-ba Eskravidaun Seksuál Militár Japonés iha Timor-Leste, 1942~1945. Dili and Osaka : Asosiasaun HAK and Japan East Timor

Coalition, 2016.

de Carvalho, *Manuel de Abreu Ferreira. Relaório dos Acontecimentos de Timor (1942 ~45)*, Edições Cosmós, Instituto da Defesa Nasional, 2003.

Santa, *José Duarte. Australianos e Japoneses em Timor na II Guerra Mundial 1941 ~1945*, Lisboa : Editorial Notícias, 1997.

저 자신이 책의 주제와 마주하게 된 계기가 있습니다. 그것은 하나의 재판 사례와 한 분의 '위안부' 피해자와의 사적 교류 체험이었습니다. 모두 아주 오래전 일입니다.

저도 지금까지 학자 증인으로 법정에서 진술을 하는 등 많은 재판 투쟁에 관여해 왔습니다. 그중에서 인상 깊게 남아있는 것이 1992년 5월 4일 위안부 피해자 분들이 일본 정부를 상대로 제소를 한 이른바 '부관재판(정식 명칭은 부산 종군위안부·여자 근로정신대 공식 사죄 등 청구 소송)'입니다.

원고는 하순녀河順女·박두리朴頭理·이순덕李順德 세 명의 할머니였습니다. 할머니들의 제소에 대하여 야마구치 지방 법원 시모노세키 지부는 1998년 4월 27일에 판결을 내렸습니다. 그 내용은 입법 부작위에 의한 국가 배상 책임에 대해서 일부 원고의 소송을 인정하여 피고인 일본 정부에 90만 엔의 지불을 명하는 판결이었습니다. 전면적인 승리라고는 할 수 없지만 부분적 승리였습니다.

그런데 2001년 3월 29일 히로시마 고등 법원은 야마구치 지방 법원 시모노세키 지부의 판결을 취하하여 원고의 소송을 기각하였습니다. 원고는 판결에 불복해 상고했지만 2003년 3월 25일 최고재판소(대법원)는 상고를 기각, 그 결과 원고의 패소가 확정되었습니다. 그래도 1심이긴 하지만 일본 정부에 지불을 명령한 판결은 당시 큰 진전으로 받아들여졌습니다.

특히 야마구치 지방 법원 시모노세키 지부에서는 원고 세 사람에게 각각 30만 엔씩의 위자료를 지불하라고 명령했으니 그 당시에는 지원자가 아니더라도 의외의 판결에 모두 놀랐었습니다.

당시 판결 기록을 요약해서 소개해보면 판결문에서는 위안부 문제의 본질을 파악하는 데 있어 과거의 인권 침해가 아니라 그 이상으로 전후의 인권 침해로서 이를 파악하고 있었던 것입니다. 그 인권 침해가 그것을 저지른 국가의 '부작위'에 따라 인권 피해자들이 소리를 내기까지 방치해 두었던 것, 그리고 줄곧 방치되어 왔던 것으로 인해 새로운 침해가 발생한 것을 엄격히 꾸짖었다는 것입니다. 이른바 법률 용어로 자주 사용되는 '부작위 행위'입니다. 그것이 바로 판결문의 골자이며, 그것 때문에 세 사람에게 총 90만 엔의 위자료로 지불하라고 한 것입니다.

전쟁 전의 일본 국가를 계승하는 현 국가에 과거의 인권 침해의 직접적인 책임은 부재하다 하더라도 인권 회복에 진력하지 않은 것은 인권의 최대 옹호자인 국가로서의 책임을 다하고 있지 않다는 뜻입니다. 국가는 인권의 최대 침해자가 될 수 있는 권능을 갖고 있기 때문에 동시적으로 인권 옹호와 인권 회복을 실현하는 권능을 가지고 있다고 파악하는 것이 근대의 국가 관념입니다. 판결문의 내용은 국가의 위험성과 역할 기대가 어디에 있는지를 적격하게 지적한 것이었습니다.

판결문 속에는 "일본국헌법 제정 이전의 제국 일본의 국가 행위에 의한 것이었더라도 이와 동일성이 있는 국가인 피고에게는 그 법익 침해가 실로 중대한 한 피해자에 대해서 더 이상의 피해의 증대를 초래하지 않도록 배려, 보증해야 할 조리상의 법적 작위 의무가 있다"('관부 재판 1심 판결문', 1998.4.27, 18쪽)는 내용이 있었습니다. 이것을 법률 용어로 '선행 법익 침해에 따른 후속 법적 보호 의무'라고 합니다. 매우 중요한 법 이

론입니다.

간단히 말하면 '위안부' 문제는 분명히 과거에 일어난 사건이며, 그 과거로 거슬러 올라가 그 죄를 묻는 것이 아니라 과거에 심각한 인권 침해를 입은 '위안부' 분들을 구제할 책임이 있는 국가가 그 의무를 게을리한 사실을 엄격히 추궁한 것입니다. 그 대상은 일본 제국이 아니라 현대의 일본 국가였습니다.

이러한 사법 판단은 과거의 침략 전쟁 그 자체를 비판할 뿐만 아니라 오히려 그 침략 전쟁의 사실을 인정하지 않고 은폐·왜곡하고 무책임론을 마구 펼치는 행위 자체가 문제시되는, 혹은 문제시해야 한다는 중요한 관점을 제기했던 것입니다.

그런 의미에서 1993년 8월 4일 당시 미야자와 기이치 내각의 관방 장관이었던 고노 요헤이 씨에 의해 발표된 '고노담화'는 과거 일본이 저지른 인권 침해 사실을 명확히 하고 그 구제를 호소한 것입니다. 그 담화의 일부에는 다음과 같은 문구가 있습니다.

본 건은 당시 군의 관여 아래 다수 여성의 명예와 존엄에 깊은 상처를 입힌 문제다. 정부는 이번 기회에 다시 한번 그 출신지가 어디인지를 불문하고 이른바 종군위안부로서 많은 고통을 경험하시고 몸과 마음에 치유하기 어려운 상처를 입은 모든 분에 대해 진심으로 사과와 반성의 뜻을 밝힌다. 또 그런 마음을 우리나라가 어떻게 표현할 것인지에 대해서는 식견 있는 분들의 의견 등도 구하면서 앞으로 진지하게 검토해야 할 일이라고 생각한다.

담화는 명확하게 '위안부'의 존재를 인정하고 그 구제를 위해 적극적으로 일본 정부가 대처해야 한다고 하고 있습니다. 즉, 전년의 관부 재판에서의 야마구치 지방 법원 시모노세키 지부의 판결을 받아 이른바 '선행 법익 침해에 따른 후속 법적 보호 의무'를 게을리했음을 인정하고 전후의 인권 회복에 나선다는 것을 강조한 것이라고 생각합니다.

이 담화가 있은 후 1995년 8월 15일 무라야마 도미이치 수상의 '무라야마 담화'가 나옵니다. 매년 이날에는 역대 수상이 뭔가 의견을 냅니다만 거기에는 다음과 같은 문구가 있습니다.

> 우리나라는 멀지 않은 과거의 한 시기, 국가 정책을 그르치고 전쟁으로의 길로 나아가 국민을 존망의 위기에 빠뜨렸으며 식민지 지배와 침략으로 많은 나라, 특히 아시아 제국의 여러분들에게 다대한 손해와 고통을 주었습니다. 저는 미래에 잘못이 없도록 하기 위하여 의심할 여지도 없는 이와 같은 역사의 사실을 겸허하게 받아들이고 여기서 다시 한번 통절한 반성의 뜻을 표하며 진심으로 사죄의 마음을 표명합니다. 또 이 역사로 인한 내외의 모든 희생자 여러분에게 깊은 애도의 뜻을 바칩니다.

'위안부'를 직접 나타내고 있지는 않습니다만, 식민지 지배 책임이 일본에 명확하게 존재함을 수상으로서, 즉 일본 국민의 총의로서 내외에 표명한 획기적인 담화였습니다만, 이 역시 현재까지 그 내용에 이의를 제기하는 사람들에게 계속해서 비판을 받고 있기도 합니다.

일본 국내에서는 과거에 저지른 잘못에 대한 사죄 행위를 지속적으로 반복하는 의미란, '위안부'뿐만 아니라 제국 일본의 전쟁 행위와 식민지 지배로 인해 돌이킬 수 없을 만큼 인권 침해를 입은 사람들을 구제하는 행위임을 자각적으로 받아들여야 할 것입니다.

가령 인권 피해자분들이 다 돌아가셨다고 하더라도 그분들의 가족·친지·친구를 포함하여 사죄와 구제로서 인권 회복을 추진하고 그 부負의 역사와 마주함으로써 다시는 같은 실수를 반복하는 일이 없도록 교훈화하는 작업이 필요합니다. 그러한 것들의 반복을 통해 잃어버린 일본에 대한 신뢰를 되찾을 수 있습니다. 사실 저의 서울 강연을 원고로 만든 책의 제1장은 이러한 문제의식을 바탕으로 한 것입니다.

이 두 담화에 대해 감정적인 비판은 논외로 하더라도 충분히 논의와 대상으로 삼아야 할 반론도 많이 있습니다. 물론 전부는 아니지만 제가 가장 신경이 쓰이는 반론을 하나만 들어보겠습니다.

'위안부'의 존재를 인정하고 그 인권 침해 사실을 부정하지 않는다 하더라도 '부작위의 행위'에 의해 그들이 '인격의 존엄성을 해칠 새로운 침해 행위'로 전후 일관되게 고통을 받고 있다는 구체적인 증거와 그 판단 자체가 과잉이 아니냐는 식의 말을 자주 듣습니다. 또한 전전에 받은 고통이라는 것은 육체적이고 직접적인 것에 비하여 전후의 그것은 정신적이고 후유증적인 고통이기 때문에 그것을 똑같이 취급하는 것은 문제라는 것입니다. 즉 전전의 '침해'와 전후의 '방치'를 같은 차원에서 일괄하는 것은 잘못됐다는 것입니다.

이것은 앞에서 언급한 법이론을 완전히 무시하는 것입니다만 이 견해에 수긍하는 사람도 적지 않은 것이 현실입니다. 법률 세계에서 인정이라는 개념이 중요하므로 무엇을 가지고 인정을 할지는 쉬운 일이 아닙니다. 그러나 피해자의 고통의 체험과 해소되지 않은 정신적 고통은 시간의 경과와는 관계없이 하나의 것입니다. 가장 중요한 것은 피해자의 심정에 다가가는 것이 아닐까 생각합니다.

참고로 '위안부' 분들과의 교류는 1992년 4월 13일에 제소된 '아시아 태평양 전쟁 한국인 희생자 보상 청구 소송'(통칭 한국 유족회 재판)에 원고로 참여하신 김옥주金玉珠 할머니 증언 모임 장소에서였습니다.

당시 김 할머니는 이 소송과는 별도로 위안부 때 모아두었던 군사우편저금의 반환을 요구하는 소송을 하시려고 지원자 동료들과 준비를 하고 계셨던 참입니다.

위안부 때 26,145엔의 저축 가운데 5,000엔을 체류지 버마 만달레이에서 조선의 친정으로 송금했다고 합니다. 당시 김 할머니의 고향에서는 한 1,000엔만 있으면 작은 집 한 채를 구입할 수 있었답니다. 큰돈이었던 겁니다. 그러나 실제로는 당시 5,000엔이나 되는 거액을 송금할 수 있는 시스템이 없었고 일본군이 버마 현지에서 발행했던 '루피군표'가 아니었을까 합니다. 그것은 환금도 불가능하고 거의 휴지와 마찬가지였습니다. 김 할머니가 모았다고 하는 당시의 액면가로 말하면 참으로 큰돈이었던 20,000엔 남짓의 돈도 바닥을 모르는 인플레이션으로 놀랄 정도로 소액이었습니다.

그것은 그렇다 치고, 그 나머지 예금의 원부가 김 할머니의 일본 이름이었던 '후미하라 요시코文原吉子'라는 이름으로 시모노세키 우체국에서 발견돼서 그래서 그곳에서 예금 반환 청구 소송을 하려고 한 것입니다. 지원자의 도움으로 김 할머니는 시모노세키에서 증언 모임을 열었습니다. 그래서 저는 야마구치시에서도 증언 모임을 개최하려고 준비를 시작했습니다.

1992년 5월 10일 김 할머니의 증언 모임을 야마구치시에서도 개최할 수가 있게 되어 제가 그 사회를 맡았습니다. 김학순 할머니가 첫 증언을 한 이듬해이기도 해서 넓은 장소가 가득 찰 정도로 많은 시민이 참가했습니다. 모임 장소는 야마구치시 미도리초에 있는 노동자복지중앙협의회 회관이었습니다.

그러나 김 할머니는 증언을 시작해 5분도 채 지나지 않아 슬픔이 복받치셨는지 오열을 멈추지 않았고 나의 판단으로 증언 자체를 중지하기로 했던 기억이 있습니다. 대신 할머니를 보살펴주던 한국정신대문제대책협의회(정대협)의 김신실金信實 여사의 강연으로 대신했었습니다.

증언 모임을 시작하기 전에 지원자 여러분과 함께 점심을 함께 했을 때 맛있게 담뱃대로 담배를 피시던 김 할머니에게 "담배 좋아하시나 봐요"라고 가벼운 대화를 하려고 물어봤는데 "담배가 유일한 낙이지요"라고 대답하셨던 것을 지금도 어제 일처럼 기억하고 있습니다. 제 감성 부족한 멍청한 질문에 가벼운 미소를 지으며 아주 자연스럽게 답을 해주신 그때의 광경을 인상 깊게 기억하고 있습니다.

생각해 보면 할머니가 "담배가 유일한 낙"이라 하게 만든 것은 다름 아닌 일본 제국의 소행이었던 셈입니다. 그 제국 일본의 소행을 전후 태생의 우리는 반복적으로 소급하여 분석과 비판을 축적해야 할 책무가 있으리라 생각합니다.

유감스럽게도 김 할머니는 소송도 제기하지 못하고 1996년 10월 26일 돌아가셨습니다. 아마도 억울한 마음을 가득 안고서 돌아가셨을 겁니다. 저는 김 할머니에게서 참으로 많은 것을 배웠습니다. 이 문제를 언급할 때마다 항상 김 할머니 생각이 납니다.

참고로 이 김 할머니가 저금을 했던 군사우편軍事郵便은 일본의 식민지였던 조선과 타이완, 그리고 일본에 지불되지 않은 계좌가 많이 존재한다는 것이 판명되었습니다. 조선이나 타이완 등을 합쳐 약 1,900만 건이 있다고 하고 그 잔고는 이자를 더하면 약 43억 엔에 달한다고 합니다. 여기에 일본 국내 분들을 포함하면 더욱 방대한 금액이 될 겁니다.

환불을 위해서는 통장이 필요한데 김 할머니의 경우는 이 통장을 잃어 버리시긴 했지만 운 좋게 시모노세키 우체국에서 원부가 발견되었기 때문에 시모노세키 법원(야마구치 지방 법원 지부)에 제소를 하려고 했던 겁니다.

이 군사우편 저금 반환 문제에 대한 일본 정부의 태도는 일관성이 결여되어 있습니다. 예를 들어 타이완인은 1995년부터 2000년의 5년의 기간을 두고 확정 채무의 120배를 지급했지만 한국인의 예금으로 한일 기본 조약으로 개인 청구권이 소멸되었다는 이유로 환불을 거부하고 있습니다. 징용공 문제에 대한 대응과 마찬가지입니다.

그런 문제도 있고 해서 이 문제에 대해서는 제 나름대로 계속 관심을 갖고 있습니다. 또한 김 할머니에 대해서는 그녀의 발자취가 남아 있는 버마 현지 취재를 바탕으로 모리카와 마치코森川眞智子 씨가 발표하신 〈문옥주文玉珠 버마 전선 방패 사단의 '위안부'였던 나〉(梨の木舎, 1996, 신장증보판 2015)라는 제목의 뛰어난 다큐멘터리를 참고해 주었으면 합니다. 거기에는 생전의 김 할머니의 생생한 이야기도 수록되어 있습니다.

관부 재판 때 야마구치 지방 법원 시모노세키 지부 판결에 나타난 기조는 반복되지만 '부작위의 작위'라는 국가 책임을 명시하고 있다는 것입니다. 이것이야말로 인권 옹호의 가장 큰 책임을 지는 국가의 책임이라고 생각합니다.

그런데 상급심으로 가면 갈수록 이 국가의 책임이 점점 희석되어가는 실태가 보입니다. 이것은 관부 재판 등에 국한된 것이 아닙니다. 마치 상급심으로 가면 갈수록 인권 구제보다도 국가 무답책론國家無答責論으로 기울어져 가는 것 같습니다. 지켜야 할 것이 국민에서 국가로 이전하고 있는 것입니다. 이러한 법원의 생태 자체도 문제시 삼아야 한다고 생각합니다.

전전 시기의 일본 제국 헌법의 시대라면 몰라도 1947년에는 '국가배상법'이 시행되고 있습니다. 이 법에서는 전시에 국가 권력이 저지른 불법 행위에 대해서도 인권 침해의 중대성이 인정되면 당연히 이 법을 적용하게 되어 있습니다. 따라서 '위안부' 관련 재판에서 상고를 기각하거나 하는 법원의 판단은 굳이 말하자면 '위안부'의 인권 침해가 중대성을 띠는 것은 아니라고 판단을 한 것이 아니겠습니까?

박용구 교수가 '서문'에서 설명하시고 있는 것처럼 2018년 12월 8일 한국, 타이완, 일본 3개국 연구자가 서울 한국외국어대학교에 모여 위안부 문제의 논의 방법과 검증을 둘러싼 논의의 장을 공유했습니다. 그뿐만 아니라 박 교수의 발안으로 심포지엄에서의 강연과 보고를 원고화해서 한 권의 책으로 한국과 일본에서 동시에 출판하자고 했습니다.

내게는 한국의 소중한 '동생'인 박 교수의 제안이기 때문에 한마디로 이를 받아들였습니다. 박 교수는 내가 회장을 맡고 있는 '동아역사문화학회'(2009년 창립)의 부회장이며 동시에 이 학회의 기관지『동아역사문화연구東亞歷史文化硏究』의 편집장이기도 합니다. 이 잡지는 올해 11호가 발행되었습니다. 이러한 연구 교류의 연장 선상에서 이번 한일 공동 출판의 기획도 실현될 수 있었던 것 같습니다.

한일 두 나라의 국가 간 혹은 정부 간에서는 아직도 불화와 갈등이 계속되고 있지만 연구는 국경을 넘어 미래를 공유하고자 하는 가능성을 제시하는 역할을 담당하고 있다고 생각합니다. 가령 국가 간 혹은 정부 간 교류에 차질이 생기더라도 연구 교류는 그 알력에 방해를 받지 않는다는 것을 이번 기획은 충분히 보여주고 있다고 생각합니다.

그런데 한국과 타이완 저자의 일본어 번역 원고는 제가 감역자로서 이런저런 의견을 내고 수정안을 제시했습니다. 그중에는 나의 이해 부족 때문에 잘못된 수정안이 있었을지도 모릅니다. 과도한 제안이 집필자 선생님들을 불쾌하게 만들지는 않았나 걱정이 됩니다. 그 점 널리 해량 바랍니다.

마지막으로, 이번의 일본어판 출판 기획을 흔쾌히 수락해 주신 사회평론사社會評論社 마쓰다 겐지松田健二 사장님과 편집을 담당하신 이타가키 세이이치로板垣誠一郎 씨에게 이 자리를 빌어 거듭 감사의 말씀드립니다.

또한 한국에서는 소명출판에서 출판을 담당하고 있습니다. 소명출판은 동아시아 인문학 구축을 지향하는 매우 리버럴한 출판사입니다. 그런 점에서 일본의 사회평론사와 지향하는 바가 서로 같습니다. 일본과 한국의 출판사가 같은 생각으로 사용 언어는 달라도 같은 책을 출판해 주시는 것은 연구 교류와 출판 교류의 동시 작업으로 이해하고 싶습니다. 그리고 이 교류는 한국연구재단의 지원으로 실현되었습니다. 이 자리를 빌려 거듭 감사의 말씀 드립니다.

한국과 일본에서 동시에 출판하는 이 책을 양국의 조금이라도 많은 독자가 읽어주시기를 진심으로 기대하고 있습니다. 그리고 그것이 양국 독자의 연결로 이어지길 바랍니다.

고케쓰 아쓰시

필자 소개

박용구 朴容九, Park, Yong-Koo

1961년생. 한국외국어대학교 교수. 한국일어일문학회 부회장. 東亞歷史文化學會 부회장. 주요 저서로『지역학의 현황과 과제』(공저, 한국외국어대학교출판부),『글로벌시대의 일본문화론』(보고사),『일본인의 생과 종교』(공저, J&C) 등 다수가 있다.

고케쓰 아쓰시 纐纈厚

1951년생. 일본 메이지대학(明治大学) 특임교수. 식민지문화학회(植民地文化学会) 대표. 동아역사문화학회(東亜歷史文化学会) 회장. 주요 저서로『近代日本政軍関係の研究』(岩波書店),『文民統制』(同),『日本政治史研究の諸相』(明治大学出版会),『侵略戦争』(筑摩書房),『日本海軍の終戦工作』(中央公論社) 등 다수가 있다.

신기영 申琪榮, Shin, Ki-Young

1969년생. 오차노미즈대학 인간문화창성과학연구과 및 젠더연구소 준교수. 주요 저서로『東アジア地域秩序理論』(공저, 社会評論アカデミー),『脱戦後日本の思想と感性』(공저, 博文社),『Risk and Public Policy in East Asia』(공저, Ashgate) 등 다수가 있다.

이지영 李芝英, Lee, Ji-Young

1969년생. 동국대학교 일본학연구소 전문연구원. 주요 저서로『少子化時代の家族政策』(공저),『다문화주의와 페미니즘』(공저, 한울아카데미),『경쟁과 협력의 한일관계』(공저, 논형),『젠더와 세계정치』(공저, 사회평론) 등 다수가 있다.

한혜인 韓惠仁, Han, Hye-In

1967년생. 성균관대학교 동아시아역사연구소 객원연구원. 주요 저서로『전후의 탄생 – 일본 그리고 조선인이라는 경계』(공저, 그린비),『한일수교 50년 상호이해와 협력을 위한 역사적 재검토』(공저, 경인문화사) 등 다수가 있다.

이상훈 李相薰, Lee, Sang-Hoon

1961년생. 한국외국어대학교 교수. 주요 저서로『日本政治-過去と現在の対話』(공저, 大阪大学出版会),『일본의 정치과정-국제화 시대의 행정개혁』(보고사),『일본을 알아야 한일관계가 보인다-지역학적 한일관계시론』(J&C),『일본형 시스템-위기와 변화』(공저, 일조각) 등 다수가 있다.

이철원 李哲源, Lee, Cheol-One

1961년생. 한국교통대학교 교수. 주요 저서로『지역학의 현상과 과제』(공저, 한국외국어대학출판부) 등이 있고 주요 논문으로「신중국의 성립 시기(1949-1954)의 외교 정책에 관한 연구-이데올로기의 영향을 중심으로」(『中国研究』 75, 2018),「中國共產主義傳播過程上的社會文化的認同 : 新村主義事例中心」(『中国研究』 78) 등 다수가 있다.

양멍저 楊孟哲, Yang -Meng Che

1958년생. 타이페이교육대학(台北教育大学) 교수. 주요 저서로『台灣歷史影像』(藝術家出版),『日治時代台灣美術教育』(前衛出版, 日本語版은 同時代社),『台灣日治時代美術教育研究』(南天出版),『太陽旗下的美術課-臺灣日治時代美術教科書的歷程』(五南出版) 등 다수가 있다.

마쓰노 아키히사 松野明久

1953년생. 오사카대학(大阪大学) 국제관계학부 교수. 주요 저서로『グローバリズムと公共政策の責任』(共著, 大阪大学出版会),『アジアの市民社会とNGO』(共著, 晃洋書房),『フード・セキュリティと紛争』(共著, 大阪大学 글로벌코퍼레이션센터) 등 다수가 있다.